INVENTAIRE
Y² 37.878

930

SIX SEMAINES

dans

UN PHARE

LE PHARE D'EDDYSTONE.

SIX SEMAINES

DANS

UN PHARE

PAR

H. GARNIER

PARIS
THÉODORE LEFÈVRE, ÉDITEUR
RUE DES POITEVINS

Le port de Saint-Georges.

LA TOUR DE CORDOUAN

A quatre kilomètres environ à l'ouest de Royan, à l'entrée de la Gironde, se trouve le charmant village de Saint-Georges, moelleusement étendu au bord de la mer, dans laquelle il vient baigner ses pieds. A gauche, la pointe de Valière, toujours fumeuse, battue de la lame, trouée et fouillée en tous sens, lui donne en raccourci les airs d'une falaise de Bretagne. A droite, la pointe de Suzac, ombragée d'yeuses et de chênes-liéges, ressemble, grâce à sa végétation méridionale, à un bloc détaché de la Provence. Derrière, la lisière du marais de Cheneaumoine, herbue et touffue, rappelle la Normandie par sa fraîcheur et sa verdure. Ce village, petit chef-d'œuvre de la nature, résumé de l'Italie et de la Normandie, idylle de la Méditerranée, est le refuge des baigneurs de Royan, qui, toujours à la recherche d'une promenade, ont fini par le découvrir et s'y installer.

La dune qui sépare Saint-Georges de la mer possède une flore à part dans l'histoire de la botanique, on en respire les senteurs balsamiques de plus d'un quart de lieue. L'espace est pourtant très-étroit; le sable fin côtoie l'herbe de la prairie ; le pin maritime murmure auprès du saule qui s'incline sur un ruisseau. Et sur tout cela un ciel d'une richesse et d'une délicatesse de tons à désespérer le génie d'un peintre, jette les reflets de sa lumière d'azur.

Un grand poëte y a écrit un de ses meilleurs livres et passé une de ses années les plus agréables, loin du tourbillon parisien.

« La population de Saint-Georges, dit Michelet, va bien à cette nature. Rien de vulgaire, nulle grossièreté, une petite tribu protestante échappée aux persécutions, une honnêteté primitive : la serrure n'est pas encore inventée dans ce village. »

Je crois que si notre grand historien était encore de ce monde et qu'il revînt à Saint-Georges, il modifierait les lignes qui précèdent, mais à coup sûr il ne toucherait pas aux suivantes :

« La Gironde en cet endroit n'a pas moins de trois lieues de large. Avec la solennité des grandes rivières d'Amérique, elle a la gaieté de Bordeaux. Royan est un lieu de plaisir d'où on vient de tous les lieux de la Gascogne. Sa baie et celle de Saint-Georges sont gratuitement régalées du spectacle de jeux folâtres auxquels les marsouins se livrent, dans la chasse aventureuse qu'ils viennent faire en pleine rivière, jusqu'au milieu des baigneurs. A cette gaieté des eaux, joignez la belle et unique harmonie des deux rivages : les riches vignes du Médoc regardant les moissons de la Saintonge, son agriculture variée. Le ciel n'a pas la beauté fixe, quelquefois un peu monotone de la Méditerranée. Celui-ci est très-changeant. Des eaux de mer et des eaux douces s'élèvent des nuages irisés qui projettent sur le miroir d'où ils viennent, d'étranges couleurs, verts, clairs, roses et violets. Des créations fantastiques, qu'on ne voit un moment que pour les regretter, décorent de monuments bizarres, d'arcades hardies, de ponts sublimes parfois, la porte de l'Océan ! »

Tout près de ce village, à la pointe même de Valière, on pouvait voir, il y a une dizaine d'années, une petite maison jetée là comme l'épave d'un vaisseau naufragé.

Cette maison était blanche, à volets verts ; elle se cachait derrière un rideau de tamaris et de chênes-liéges du côté de la campagne, mais restait à nu du côté de la mer, exposée aux mugissements de la vague et aux fureurs de la tempête. En avant était un joli jardin rempli de fleurs et disposé comme le pont d'un navire. Chaque carré portait un nom marin. Les arbres étaient les mâts, leur feuillage les voiles, les murs étaient des haubans avec un seul sabord ouvert sur la falaise, qu'on descendait à pic jusqu'au rivage où, dans une petite crique creusée de main d'homme, se balançait une petite embarcation.

Inutile de dire que cette maisonnette appartenait à un marin.

Le propriétaire en effet était un ancien capitaine au long cours. Il s'appelait de Valgenceuse, mais tout Saint-Georges et les environs jusqu'à Royan ne le connaissaient que sous le nom de « père Vent-Debout. » Il vivait là avec un vieux marin connu lui aussi sous le nom de Clinfoc.

La position isolée de cette maisonnette allait bien aux deux vieux loups de mer dont l'existence avait été laborieusement remplie par de nombreux voyages et qui, trop vieux pour voyager encore, mais non fatigués du spectacle de la mer, s'étaient retirés dans cet ermitage pour voir l'Océan et entendre sa voix nuit et jour. C'était toujours être à bord. Ils avaient changé de cabine, voilà tout.

De plus, la petite embarcation leur permettait quelques excursions sur la Gironde et l'Océan. Par le beau temps, le *Polar star* (l'*Étoile polaire*) — c'était le nom du bateau — était toujours en mer, et les deux marins touchaient du pied et de la main les points principaux du splendide panorama qui se déroulait sous leurs yeux du haut de leur terrasse.

Panorama splendide s'il en fût!... En face s'élève majestueux le phare de Cordouan, que la mer a laissé seul sur son rocher en séparant son île de la pointe de Grave; à côté le Verdon, bâti au milieu des dunes et des marais salants, çà et là des îles, des bancs de sable, des phares; à droite, Royan; à gauche, Suzac et Méchers; partout des dunes pleines d'ajoncs et de pins, des prairies couvertes d'eupatoires et d'iris, des marais, des étangs, des routes bordées de peupliers, et dans le fond opposé à la mer, des forêts de chênes-lièges, abritant les vignobles du Médoc!

Mais nous reverrons ces paysages en détail, il est temps de faire une plus ample connaissance avec nos deux marins.

M. de Valgenceuse, à l'époque où remonte cette histoire, c'est-à-dire vers 1860, pouvait avoir entre soixante-dix et soixante-quinze ans. Lui-même aurait été, je crois, très-embarrassé de préciser son âge. La vie des marins a de ces anomalies. Il y en a dont l'âge ne remonte pas plus haut que leur entrée comme mousse sur un bateau à voiles. Le nôtre n'était pas tout à fait dans ce cas, mais soit paresse, soit insouciance, il ne se préoccupait pas d'une année de plus ou de moins à son avoir.

Il n'avait eu qu'un amour : son vaisseau, qu'une pensée : la mer. Aujourd'hui, il se reposait. Donc il était mort et les années ne comptaient plus pour lui.

Ce vieillard, type du vrai marin, était petit, sec, nerveux. En marche, au repos, assis ou couché, son corps avait toujours ce mouvement fébrile d'une corvette à l'ancre. Sa tête expressive, couronnée de cheveux blancs coupés ras et s'allongeant en deux petites mèches le long des joues, percée de deux yeux gris toujours en mouvement, dont l'un clignait de minute en minute avec rapidité, hâlée par le vent et le soleil qui en avaient respecté les coutures et les trous, car la petite vérole y avait fait ravage, présentait un ensemble dur au premier abord, mais sympathique pour peu qu'on la considérât attentivement. La bouche était gracieuse. Un fin sourire en soulevait souvent les lèvres minces, laissant voir une rangée de dents encore très-blanches, car, chose étrange ! ce marin n'avait jamais ni fumé ni chiqué. Tel était le portrait de monsieur de Valgenceuse, ou plutôt du père Vent-Debout.

Dès l'âge de huit ans il était mousse : un coup de tête. Son père alla le chercher dans l'Inde et le ramena pour le mettre au collége ; à quinze ans, il en sortait pour entrer à l'école navale d'Angoulême. Pendant les trois premières années qu'il voyagea sur le vaisseau-école, il fut toujours malade. Lui, déjà très-laid, fut encore affligé de la petite vérole. On ne l'appelait plus que l'écumoire. Les quolibets de ses camarades le dégoûtèrent de la marine de l'État. Il fut même obligé d'aller sur le terrain pour faire taire les jeunes moqueurs, et, comme il avait grièvement blessé son adversaire, comme, en somme, c'était un très-mauvais élève et qu'il n'aurait pas fait un brillant officier sous tous les rapports, pas plus à son banc de quart que dans un salon, on le força à donner sa démission. Ce qu'il fit sans aucun regret. Il revint à Royan, sa patrie, et rentra dans sa famille où il fut très-mal reçu.

Pendant son absence, madame de Valgenceuse avait eu un fils. Les enfants qui arrivent tard sont presque toujours accueillis comme les enfants du bon Dieu. On ne les attend pas et ils viennent. Les parents sont déjà vieux et ils acceptent avec joie cette nouvelle manne de la Providence.

Le petit Paul avait deux ans quand son aîné voulut reprendre sa place au foyer de la famille. La place était prise. On ne comptait pas sur le marin. Le cœur des parents, sans se fermer tout à fait, n'avait laissé qu'une très-petite ouverture pour laisser passer leur ancienne affection. Le premier était toujours aimé ; il n'était plus le chéri. C'était le fils, ce n'était plus le bijou. Enfin c'était un homme, et on avait un enfant.

Ce fut une grande douleur pour le marin quand il comprit le peu de place qu'il avait dans l'affection de sa mère. Il se prit à détester son frère, et, honteux de cette haine invincible qui lui mordait le cœur comme un serpent, il s'enfuit de la maison.

Son titre d'élève de la marine royale le fit bien venir à la Rochelle où il trouva passage sur un trois-mâts marchand à titre de second. Dix ans après, il obtenait le brevet de capitaine au long cours et voyageait pour son compte. Cette fois, il fut mieux reçu à la maison. Voici pourquoi.

Paul avait grandi. C'était un bel enfant, peut-être même au type un peu trop efféminé. Sa pâleur et ses cheveux blonds, sa taille frêle et élancée, son regard naïf et ingénu semblaient lui donner tous les reflets de sa mère dont il était la vivante image. Auprès de Paul, Vent-Debout avait l'air d'un Quasimodo sans bosse à côté d'un Esmeralda. La laideur de l'un faisait ressortir la beauté de l'autre. La rudesse du marin contrastait avec la douceur et les manières polies de l'enfant.

Comme bien vous le pensez, Paul était l'adoration des vieux parents. Mais dans tout ciel bleu, il y a un nuage, si petit qu'il soit. Paul qui avait treize ans, dont son père aurait voulu faire un notaire ou un médecin, et sa mère, un prêtre ou un professeur, résistait à tous leurs projets avec une seule idée, celle d'être marin, — comme son frère.

Les vieux parents étaient désolés. L'arrivée de leur fils aîné leur rendit du courage. Ils essayèrent de mettre de leur côté

Vent-Debout et le prièrent de tâcher de détourner son frère de ses projets de vie maritime, en lui faisant un sombre tableau de cette vie si tourmentée, si dangereuse, à laquelle il se vouait sans la connaître.

Mais Vent-Debout n'aimait pas Paul. Il fit tout pour combattre cette aversion et n'y put réussir. Il se rappela que, si ses parents l'avaient aimé comme ils aimaient Paul, il ne serait pas parti une première fois comme mousse, n'aurait pas franchi le seuil de l'école navale et, lui aussi, aurait pu goûter les joies d'un foyer dont il était déshérité depuis longtemps. Il se dit que ce serait punir son père de l'avoir traité trop sévèrement et sa mère de l'avoir aimé très-peu parce qu'il était laid, en leur enlevant ce fils que l'un gâtait et que l'autre aimait trop parce qu'il était beau. C'était mal, il le sentait, car il était bon, et peut-être que la moindre caresse de sa mère l'eût fait revenir à de meilleurs sentiments; mais sa mère, toujours froide pour lui, n'avait des yeux que pour Paul.

Ce qui l'exaspérait encore plus, c'est que Paul l'aimait et le comblait de prévenances. L'enfant sentait que ses parents n'aimaient pas son frère et il tâchait de racheter leur froideur en aimant bien son frère. Il en résulta le contraire de ce qui devait arriver. Vent-Debout eut l'air de répondre à cette amitié, mais en dessous il se disait : Hypocrite!... il lui rendait ses caresses et aurait voulu le battre. Il l'embrassait et s'éloignait pour ne pas mordre.

- Au lieu de le détourner, il l'engagea au contraire à se faire marin. Il lui proposa même de l'emmener ; mais comme il aurait fallu pour cela s'évader de la maison paternelle, sans la bénédiction des vieux parents, Paul refusa. Du reste, il voulait aller à l'école navale. La marine marchande lui souriait peu. Officier de l'État, à la bonne heure. Une épaulette et des aiguillettes d'or et l'honneur de servir son pays! c'est bien préférable et cela séduit davantage une jeune imagination.

Par malheur Paul, qui ne cachait rien à sa mère, lui raconta un soir les propositions de son frère. Ah ! ce fut une scène épouvantable. Vent-Debout se démasqua dès lors et il dit à sa famille tout ce qu'il avait sur le cœur. Ce fut long.

Quand il eut fini, il se sentit soulagé et partit. Paul fut le seul qui pleura.

Le trois-mâts de Vent-Debout était mouillé au port de la Rochelle. Notre marin alla dans cette ville et se logea à l'hôtel en attendant le jour du départ. Il devait se rendre à la Martinique, transporter des marchandises de toutes sortes pour le commerce de l'île, une de nos plus belles colonies.

Il avait déposé ses fonds chez le notaire de la famille Valgenceuse. Il devait même y laisser une somme assez ronde que le notaire ferait fructifier et dont il capitaliserait les intérêts jusqu'à son retour. Sa première visite fut pour son argent qu'il voulait emporter pour le placer hors de France, résolu qu'il était de ne plus y revenir, du moins de très-longtemps.

Là, il apprit ce qu'il ignorait et ce que sa mère par délicatesse lui avait laissé ignorer. C'est que son père était à peu près ruiné. Certes la fortune des Valgenceuse était loin d'être considérable, mais elle suffisait largement aux besoins des deux vieillards. Restait la question d'élever Paul, et on sait ce que coûte l'éducation d'un enfant et ce qu'il coûte encore quand il fait ses premiers pas dans la vie. M. de Valgenceuse, pour arrondir cette modique fortune et laisser à Paul les moyens de faire figure dans le monde où il lui marquait d'avance sa place au premier rang, s'était lancé dans des spéculations hasardeuses qui n'avaient pas réussi et ne lui avaient laissé que le strict nécessaire. Ce n'est qu'au prix des plus grandes privations qu'on parviendrait à élever Paul et encore ne lui laisserait-on pas une obole pour débuter dans la carrière qu'il embrasserait.

Vent-Debout y remédia. Au lieu de transporter sa fortune hors de France, il la laissa toute au notaire, et la mit au nom de son père, à qui il écrivit ces mots :

« Pour élever Paul. Fasse Dieu qu'il ne soit pas marin et ne quitte pas sa mère ! »

Puis il partit cette fois pour toujours. Il ne devait revenir que trente ans plus tard.

Un soir, dans un café de Saint-Denis, il lut dans un journal daté du 10 septembre 1847 : « Une douloureuse nouvelle : Le capitaine de frégate, Paul de Valgenceuse, vient de mourir d'une fièvre endémique dans les parages de l'Australie, où il croisait, chargé d'une mission du gouvernement. Paul de Valgenceuse était sorti un des premiers de l'École polytechnique et se destinait au service des ponts et chaussées, quand la mort de sa mère le fit changer de vocation. Il entra dans la marine où depuis il avait fait un brillant chemin. C'était un de nos officiers les plus distingués. Tous ceux qui l'ont connu comme homme et comme marin s'associeront, nous n'en doutons pas, au deuil de notre marine déjà si éprouvée.

« Paul de Valgenceuse laisse une veuve et un enfant sans fortune. On nous assure qu'il y a de par le monde un sien oncle, capitaine de vaisseau marchand qui, depuis trente ans, n'a pas revu sa famille. Si ces lignes lui tombent sous les yeux, il se rappellera peut-être cette famille qu'il a délaissée, en retrouvant un neveu à élever et à secourir. »

Le père Vent-Debout n'avait jamais entendu parler de sa famille. Il avait bien entendu citer le nom de Valgenceuse à l'ordre du jour, mais il ne pensait pas que ce fût son frère qu'il savait *élève* de l'École polytechnique, d'où il *sort* peu de marins. Parfois le souvenir de Royan lui revenait dans ses moments d'ennui, mais il le chassait bien vite et se tuait le corps et l'âme dans des voyages, où trop souvent les naufrages lui prenaient le lendemain ce qu'il avait gagné la veille. C'était le Juif-Errant de la mer. Seulement il avait dans sa poche autre chose que cinq sous.

Quand il rencontrait des compatriotes, il se gardait bien de parler de la France. Du reste il était cosmopolite, et il avait fini par oublier sa nationalité et même son nom. Ce n'était plus que le père Vent-Debout.

Mais en lisant ces lignes du journal, Vent-Debout disparut pour reprendre le nom de Valgenceuse. Il se sentit même soulagé en apprenant qu'il avait des devoirs à remplir, une veuve à consoler, un neveu à élever, et en songeant surtout que, sur le déclin de sa vie, Dieu lui donnait le moyen de racheter, tout un passé d'indifférence et d'égoïsme.

Il se leva, prit le journal et se rendit à bord.

— Clinfoc, cria-t-il.

— Capitaine, répondit une voix.

— Écoute ! Et Vent-Debout lut l'article.

— Nous allons en France. Fini de naviguer. Il faut trouver mon neveu et sa mère.

— Vous aviez donc un frère, vous ? c'est du joli.

Et le marin tourna le dos en grognant.

Ce Clinfoc, que nous retrouvons à Saint-Georges avec le capitaine, était un vieux dur à cuire. Depuis trente ans, il n'avait pas quitté le père Vent-Debout. Au physique, il était aussi laid que son maître. Au moral, il était aussi bon. Seulement il grognait toujours.

La façon dont ces deux hommes s'étaient connus mérite d'être rapportée.

Un jour le père Vent-Debout eut à bord une violente discussion avec un jeune officier, fruit sec de l'école navale qui, comme son capitaine, s'était lancé dans la marine marchande. Vent-Debout détestait tout ce qui lui rappelait l'école. Celui-ci entre autres avait le don de l'agacer. D'abord il était joli garçon, et Vent-Debout ne voulait pas qu'on fût joli garçon. C'est pour cela qu'il aimait Clinfoc. La discussion tourna en dispute, comme toujours : le capitaine avait tort, et le jeune officier, fort de son droit, de plus, continuellement taquiné par son chef, s'emporta au point de le frapper. Il dit bien que c'était pour se défendre, car Vent-Debout avait levé la main sur lui, mais le code de marine est inflexible. Un capitaine est roi à bord. Personne n'est au-dessus de lui, si ce n'est Dieu. La mort devait être son châtiment.

Vent-Debout fit mettre aux fers l'imprudent officier et assembla son équipage. Il ne voulait pas punir sans jugement. Peut-être aussi que dans le fond du cœur il se croyait trop coupable pour être juge et bourreau.

Il posa la question d'usage :

— Cet homme est-il coupable ?

Tous répondirent : Oui. Un seul dit : Non. C'était Clinfoc.

L'officier ne fut pas passé par les armes. Vent-Debout se contenta de le débarquer à la première escale, et Clinfoc devint, depuis ce temps son matelot, son domestique, sa chose, son ami.

Mais quel ami !... ne trouvant jamais rien à sa guise, voulant obéir sans qu'on le commandât, donnant des conseils quand on ne lui demandait rien et ne répondant rien quand on voulait son avis, avec cela, bon, prévenant, bavard, brutal, emporté comme un lion, doux comme un enfant, paresseux ou travailleur à ses heures, et n'aimant rien que sa pipe allumée ou son maître en colère.

En disant qu'il ne l'avait jamais quitté, nous nous sommes un peu trop avancé, car Clinfoc une ou deux fois se brouilla avec son maître et disparut. Seulement, il se passa un fait très-curieux, c'est qu'une fois séparés, le maître et le matelot n'eurent qu'une pensée, celle de se retrouver et qu'un moyen d'y arriver, celui de se chercher. Des deux, c'était à qui ne reviendrait pas le premier. Voilà pourquoi, ils revenaient en même temps.

Ils étaient indispensables l'un à l'autre. Quand ils étaient d'accord, ils s'ennuyaient et bâillaient à se décrocher la mâchoire. Se disputaient-ils, ils en riaient de plaisir.

Quand Clinfoc eut appris de son maître qu'il avait un frère, que ce frère était mort loin de France, laissant une veuve et un enfant sans fortune, il devint furieux. D'abord parce que le capitaine qui lui contait tous ses secrets lui avait caché celui-là, ensuite parce qu'il voyait poindre à l'horizon une famille qui le détrônerait, et régnant en despote sur les affections de son maître, lui enlèverait les droits qu'il croyait avoir sur son capitaine.

De son côté, le capitaine faisait des réflexions analogues.

Un enfant? J'aurais pu aimer mon frère, j'aimerais aujourd'hui son fils, mais mon cœur est fermé comme une noix de coco. Aimer, non : faire mon devoir, c'est possible. Je ferai mon devoir, mais ce pauvre Clinfoc? Que va-t-il dire de tout ça? Il va bien s'ennuyer si je le délaisse, ça ne l'amusera pas non plus de changer son affection de place et de soigner des étrangers qui ne nous rendront en échange que de l'indifférence ou de l'ingratitude. Qui sait même si, en les soignant, nous ne les détesterons pas? Ça s'est vu, Clinfoc serait de force à les mettre dans du coton tout en les égratignant. Moi, je serai froid, je le sens et je ne me réchaufferai jamais. C'est pour mon frère que je vais déroger à mes vieilles habitudes, ce n'est pas pour une femme et un enfant dont je n'ai que faire et que je ne verrai qu'une fois, que je ne verrai peut-être pas du tout. Il y a des notaires et des banquiers. Avec cela la poste. Peuh! que j'aie leur adresse et ce sera bientôt fait. Console-toi, Clinfoc.

Mais Clinfoc n'entendit pas de cette oreille-là. Quand son

maître voulut le consoler avec les réflexions précédentes, il se mit en colère.

— C'est honteux, capitaine, d'avoir ces idées-là sur votre vieux Clinfoc, dit-il. Et il retourna tellement le père Vent-Debout que celui-ci n'eut pas de cesse qu'il n'eût retrouvé sa belle-sœur et son neveu.

Il les retrouva dans la maison paternelle, cette même maison où il avait laissé son jeune frère entre deux vieillards et d'où il était parti le cœur brisé. La maison était toujours la même, sombre et froide dans une des rues les plus retirées de Royan. L'intérieur seul avait changé. La main d'une femme y avait passé. C'était jeune et coquet. L'appartement des vieux parents morts depuis tant d'années n'avait subi aucune modification. Les anciens meubles avaient été respectés. Le souvenir en était l'hôte. C'était le passé à côté du présent.

Cette maison représentait toute la fortune des Valgenceuse et encore était-elle hypothéquée pour une forte somme. La veuve se trouvait dans une gêne à laquelle les économies ne pouvaient plus remédier et qu'un faible secours du ministère de la marine n'avait pu atténuer. La misère était imminente, cette misère honteuse bien plus terrible que les misères tarifées par la charité publique, ou inscrites aux bureaux de bienfaisance. Heureusement que la Providence veillait sur la veuve et l'orphelin. Un matin du mois de février 1848, elle frappait à la porte des Valgenceuse. Une vieille bonne vint ouvrir. Clinfoc entra, c'était le messager de cette Providence.

— Madame Paul de Valgenceuse, demanda-t-il.

— C'est ici, monsieur, lui fut-il répondu, mais la bonne dame est bien malade et ne reçoit personne. Si c'est quelque chose qu'on puisse lui dire?

Clinfoc se retourna vers le capitaine qui était resté dans la rue et n'osait franchir le seuil de la maison qui l'avait vu naître.

— Vous avez entendu, monsieur, dit-il.

— Oui, mon ami, reste là, j'entrerai, moi.

Et tremblant, se tenant aux murs pour ne pas tomber, fermant les yeux pour ne pas voir son père et sa mère dont les ombres pâles et menaçantes surgissaient devant lui, il entra, passa devant la bonne stupéfaite et monta au premier étage. Une porte était entr'ouverte, c'était celle de la chambre où sa mère l'avait reçu la dernière fois. Il poussa la porte et resta muet de terreur, en voyant, assise dans une chaise longue, en face d'une petite table sur laquelle était un portrait entouré de fleurs, une jeune femme vêtue de deuil tenant sur ses genoux un enfant de cinq ans qui, les mains jointes, semblait implorer la figure du portrait.

Le bruit de la porte grinçant sur ses gonds fit lever les yeux à madame de Valgenceuse. L'enfant tourna la tête.

A trente ans de distance, le père Vent-Debout croyait retrouver son frère assis sur les genoux de sa mère. Ce qui rendait l'illusion complète, c'est que l'enfant — à cette époque il avait à peine cinq ans — était la vivante image de son père à l'âge où Vent-Debout se rappelait l'avoir vu. Même pâleur, mêmes cheveux blonds bouclés, même regard doux et voilé. La ressemblance était frappante.

Quand il recouvra l'usage de la parole, le père Vent-Debout murmura :

— Paul! Paul! est-ce toi?

L'enfant se leva et avec cette crânerie des enfants de cet âge alla se poster devant le capitaine.

— Tu me connais donc toi? dit-il.

— Paul, viens ici, mon enfant, fit la mère confuse.

— Il s'appelle Paul! cria le vieux matelot. Et, tombant à genoux, il enveloppa de ses deux bras l'enfant étonné.

La mère se pencha en souriant.

— Embrasse ton oncle, dit-elle.

— Merci, madame.

L'enfant ne se le fit pas dire deux fois.

— Ah! tu es mon oncle? Papa doit-être bien content là-haut. Maman ne sera plus seule, n'est-ce pas que tu ne nous abandonneras pas?

A ces mots de Paul, le capitaine qui depuis son départ n'avait pas pleuré une seule fois se mit à sangloter. O larmes bienheureuses, si elles avaient pu noyer les remords du passé!....

Clinfoc parut à son tour; sa figure tuméfiée et ses yeux rouges attestaient qu'il avait pleuré.

— C'est assez pleurer, mon capitaine, dit-il d'une voix rude, il faut agir.

— Croquemitaine! cria Paul effrayé.

— Tu fais peur à cet enfant... Madame, c'est mon fidèle matelot, un autre moi-même. Ne craignez rien. Il a l'air bourru, mais il est bon comme du pain blanc.

— Alors *pourquoi* qu'il ne vient pas m'embrasser? dit Paul.

— Fichu moussaillon, si ce n'était pas par respect pour la mère... je te flanquerais le fouet. Dieu! qu'il est beau, ce gredin-là! Comment allons-nous faire pour qu'il nous aime bien?

Clinfoc, moitié riant, moitié pleurant, avait pris l'enfant dans ses grosses mains calleuses et le dévorait de baisers.

Paul sautait et riait. Il se sentait à l'aise, pauvre enfant qui n'avait pour compagnon que la douleur de sa mère et n'avait pas encore pu sourire à la joie et à l'amitié!

Madame de Valgenceuse ne disait rien, mais elle était heureuse. Laissons-la pour un instant à ce moment de bonheur qui fut de si courte durée, car elle ne survécut que peu de temps à son mari, et repassons à vol d'oiseau les quelques événements qui se succédèrent après sa mort.

Tant que sa belle-sœur vécut, le père Vent-Debout voyagea

pour arrondir la fortune de son neveu. L'enfant placé au collége de Royan y commença ses études. Quand sa mère mourut, il fallut bien que le capitaine fît ses adieux à l'Océan et il s'installa dans la maison qu'il avait fait bâtir à la pointe de Valière. Dès qu'il eut quinze ans, Paul entra au lycée Henri IV, à Paris, où il se prépare aux examens de l'école navale au moment où commence ce récit.

Nous voilà revenus à cette maisonnette de Saint-Georges où nous n'avions fait que passer, et où nous retrouvons les deux vieux marins en grande conversation, le capitaine se promenant de long en large, Clinfoc arrosant ses fleurs.

— Vous n'avez pas besoin d'aller de l'avant à l'arrière, comme si vous étiez de quart, dit le matelot, on peut se causer face à face en se regardant dans les écubiers.

— Si je veux me promener, moi, je ne suis donc pas libre, riposte le capitaine en s'arrêtant.

— Le vent est à la bourrasque ce matin.

— Eh ! non, vieux bête, le temps est au beau fixe. Ne sais-tu pas le nom du mois dans lequel nous entrons ?

— Oui, je le sais.

— Parions que non.

— Parions que si, capitaine. C'est le mois des vacances.

— Les vacances ? et ça ne te dit rien ?

— Oh ! ma foi rien, sinon que le petit va venir nous faire enrager pendant deux mois.

Le petit, c'était Paul qui, malgré son âge et sa taille élancée comme un mât de misaine, était toujours resté « le petit » pour Clinfoc.

— Oui, il va venir, reprend le capitaine, mais autre chose me préoccupe.

— Ça ne m'étonne pas, toujours des idées !

— Clinfoc, tu m'impatientes à la fin...

— Voilà ! des sottises au pauvre vieux matelot.

— Il y a des moments où tu me taquines... C'est insupportable.

— Je n'ai pas ouvert la bouche.

— Va-t'-en au diable !...

— J'ai bien le temps d'y aller, je serai bien sûr de vous y retrouver. Si vous croyez que le bon Dieu recevra deux vieux marsouins comme nous.

— Le fait est que nous ferions de fichus matelots à son bord.

— C'est pas tout ça, qu'allons-nous faire cette année pour amuser le petit ?

Le capitaine s'arrêta devant son matelot.

— Voilà l'idée qui me préoccupe.

— Fallait le dire et ne pas courir tant d'embardées. D'abord il faut lui faire aimer la mer à cet enfant puisqu'il veut être marin.

— Ce n'est peut-être pas un bel état ?

— Peuh ! à notre âge, comme ça quand on se repose, mais autrement.

— Oui, la marine marchande, c'est pas fameux.

— Ça vaut bien la marine militaire où l'on meurt sans le sou !

Nouvelle dispute que nous ne reproduirons pas. Nous n'arriverions jamais au bout.

— Savez-vous une chose, dit Clinfoc pour couper court aux discussions, eh bien ! c'est qu'il faut d'abord laisser arriver le petit et, une fois qu'il sera ici, nous aviserons...

— C'est ça, il sera bien temps.

— Eh bien alors, capitaine, nous ferons ce qu'il voudra.

— Il y a une heure que je me tue à te le dire !

— Capitaine, vous avez raison !...

Mais chacun d'eux avait son projet qu'ils ne voulaient pas se soumettre l'un à l'autre ; comme le maître et le domestique n'étaient jamais d'accord, chacun s'arrangeait pour ne faire que ce

2

qu'il avait dans la tête. En cas de réussite, ils s'en glorifiaient ; si ça ne réussissait pas, ils s'en rejetaient la faute.

La conversation continuait toujours sur le même thème avec les mêmes disputes, quand on sonna à la porte. Le capitaine alla ouvrir. C'était le facteur avec une lettre timbrée de Paris.

— Hé ! Clinfoc, cria le père Vent-Debout, une lettre de Paul.

— Bon Jésus ! serait-il malade ?

— Animal ! il nous annonce son arrivée.

L'oncle, malgré cette assurance, n'ouvrit la lettre qu'en tremblant. Clinfoc le suivait de l'œil pour savoir si la nouvelle était bonne ou mauvaise. Tout à coup le capitaine poussa un cri de joie et sauta au cou de son matelot. Puis les deux vieux se mirent à pleurer silencieusement en se tenant les mains.

— Le grand premier prix de mathématiques au concours de la Sorbonne !

Voilà tout ce que peut dire le capitaine qui cette fois, avec patience, explique à Clinfoc comme quoi Paul faisait ses « spéciales » et aurait pu déjà passer ses examens ; que tous les lycées de la Seine concouraient ensemble et que c'était un grand honneur, la plus grande preuve d'intelligence et de travail que d'être le premier de tous ces élèves les premiers dans leurs lycées respectifs.

— Moussaillon ! fit Clinfoc, et dire que c'est moi qui l'ai élevé !

— Pas possible ! riposta le capitaine furieux.

— Oh ! ne nous disputons pas, ce n'est pas l'occasion. Qu'allez-vous faire ?

— Ça ne te regarde pas !

— Je parie que vous irez à Rochefort prendre le chemin de fer, et, une fois à bord d'un wagon de 1re classe, vous partirez pour Paris. Adieu, mon bon Clinfoc. Je vais chercher le petit, assister à son triomphe, et je te le ramènerai...

— Je n'ai pas besoin de tes conseils.

— Vous n'y pensiez pas.

— Ça c'est vrai. Va faire ma malle. Il y a des moments où tu vaux mieux que moi.

— Tristes moments alors !...

Le jour même, poussé par Clinfoc qui ne le laissa pas une minute tranquille, le capitaine partait pour prendre l'express, et « voguait à pleines voiles pour la capitale. » Le vieux matelot resta seul, triste, maussade et, n'ayant plus son maître pour se quereller avec lui, il profita de ses loisirs pour préparer la « cambuse » du petit. Il y passa tout son temps, défaisant le lendemain ce qu'il avait fait la veille, et se parlant à lui-même :

— Tu vieillis, Clinfoc. Quoi ! ne rien trouver pour amuser cet enfant ? Il va s'ennuyer à mourir entre deux vieilles marmottes. Quand il était petit, ça passait. Mais aujourd'hui, c'est un homme, un premier prix au concours des... comment a-t-il dit ça le capitaine ? Enfin, n'importe !... Puisqu'il veut être marin, je lui apprendrai le métier. Il filera son nœud sous mon écoute. Nous pâquerons de la toile, nous bourlinguerons sur la Gironde et l'Océan au besoin. Tiens, au fait, nous visiterons les côtes... Oh ! nous irons à Cordouan !

Ce projet devint une idée fixe chez le vieillard. Il ne s'occupa que de la faire entrer dans la tête du capitaine quand il serait de retour.

— Bah ! je lui dirai que je ne veux pas et il voudra. Quant au petit, nous avons l'habitude de faire ce qu'il veut ; ça ne sera pas difficile.

Enfin, le grand jour arriva. Clinfoc de son côté avait fait le voyage de Rochefort, afin d'embrasser le collégien quelques heures plutôt. Il attendait les voyageurs à la gare, — à l'extérieur, ce qui faisait enrager le vieux matelot qui aurait tant voulu voir arriver le train, et courir au compartiment où il aurait entrevu la figure de son jeune maître. Mais il n'y avait pas moyen. En France, — est-ce un bien, est-ce un mal ? nous ne sommes pas compétents pour le juger, — ce n'est pas comme en Belgique et en Allemagne, où les gares sont ouvertes à tout venant. Il faut attendre au dehors ou dans de petites salles, derrière des grillages, sans avoir le droit d'aller se promener sur le quai. Aussi Clinfoc faisait-il les cent pas sur la place, guettant de l'oreille le sifflet du train et, de l'œil, le panache de la locomotive.

Justement, ce jour-là, le train était en retard, ce qui n'est pas étonnant pour un express. Et comme Clinfoc était en avance, il s'ensuivit pour lui plus d'une heure désagréable à attendre. Cependant, grâce aux complaisances d'un facteur de la gare, il put violer la consigne et aller s'asseoir sous la halle. C'est de là qu'il s'élança vers le train dont le sifflet annonçait l'arrivée.

Paul avait la tête à la portière : Clinfoc eut peine à le reconnaître, et il n'aurait pas bougé s'il n'avait vu le père Vent-Debout derrière le jeune homme qui lui criait :

— Bonjour Clinfoc, ça va bien ?

— Le petit ! pas possible.

Et il arriva juste au moment pour recevoir dans ses bras « leur neveu. »

— Comme tu es changé, petit !... Bonjour, mon capitaine. Bien portant ? moi aussi. Mais regardez-moi ce grand gaillard-là !

— Avec ça que j'ai attendu d'être à Royan pour le regarder.

Paul allait avoir seize ans, c'est l'âge où l'homme se dégage de son adolescence. Encore enfant comme caractère, il a des tendances à prendre toutes les allures masculines et veut être homme de fait, ne l'étant pas de droit. Il parle haut, lève la tête, cligne des yeux en regardant ceux qui passent, frise la moustache... qu'il aura un jour, et fume des cigares qui lui font mal. Il ne veut pas qu'on le prenne pour un collégien, et sa plus grande préoccupation est de se mettre à la mode du jour, et de fréquenter des jeunes gens déjà sortis du collége.

Paul, qui allait avoir seize ans, possédait beaucoup de ces défauts, qui disparaissaient complétement, il faut le dire, dès qu'il était dans la compagnie des deux vieux marins. Là, c'était toujours l'enfant gâté, et ce n'était qu'un enfant.

Le petit, comme l'appelait toujours Clinfoc, était grand, bien fait, un peu fluet, mais solidement charpenté. Sa figure pâle, sa chevelure blonde et bouclée lui donnaient un air efféminé et souffrant qui seyaient bien à sa nature douce et mélancolique. Pourtant il avait un caractère ferme ; très-chatouilleux sur tout ce qui touchait à son amour-propre, il ne se laissait pas marcher sur le pied, recommandation spéciale de Clinfoc, son premier maître en l'art « de se conduire en société. » Il était bon mais vindicatif, docile mais entêté, travailleur à ses heures mais rêveur par excellence. Il n'aimait pas à contredire mais ne souffrait pas qu'on le contredît. Plein de respect pour tout ce qui lui était supérieur, il était très-réservé avec ceux qu'il sentait ses égaux ou croyait ses inférieurs. Avec ces défauts et ces qualités, il ne pouvait qu'être soldat ou marin. Il avait choisi la marine en souvenir de son père et pour faire plaisir à son oncle dont l'ambition était de voir son neveu monter sur le *Borda*, et tenir, dans la marine de guerre, le rang qu'y avait tenu le capitaine Paul de Valgenceuse.

Tel était en quelques lignes le portrait du jeune homme qui venait pendant ses vacances distraire les deux vieillards.

Les premiers jours que Paul passa à Saint-Georges ne furent marqués par aucun incident. Il ne sortit que très-peu, et ne s'occupa qu'à se laisser dorloter par son oncle et Clinfoc qui chacun de leur côté, chacun à leur tour, cherchaient à se l'accaparer.

C'est que le capitaine et son matelot étaient brouillés depuis l'arrivée de Paul. Voici pourquoi :

On se rappelle la conversation des deux marins avant l'arrivée de leur neveu ; chacun d'eux cherchait les moyens d'amuser pendant ses vacances leur jeune hôte. Or la première chose qu'avait fait le capitaine en arrivant à Paris, avait été de demander à Paul ce qu'il voulait pour sa récompense. Paul avait répondu : « *un Lefaucheux.* » Et le capitaine s'était empressé de lui faire cadeau d'un fort beau fusil de chasse à deux coups, acheté chez Lefaucheux. Après le cigare, le fusil est le rêve du collégien : les moustaches elles-mêmes ne viennent qu'après.

Le jeune homme, de retour à Saint-Georges, n'avait eu qu'une seule préoccupation, celle de se servir de son Lefaucheux, et le capitaine lui avait acheté un port d'armes.

Clinfoc était furieux. Ce fusil dérangeait tous ses plans et puis le capitaine n'avait pas le droit de faire à son neveu un cadeau, sans que lui, Clinfoc, en fût prévenu. C'était contre toutes les règles. D'ailleurs, le capitaine n'avait-il pas dit lui-même qu'on attendrait le retour du petit pour savoir le genre de distractions qu'on lui fournirait ?

De là vinrent des disputes qui aboutirent à une grosse bouderie. Paul se chargea de les rapatrier. Un beau matin, il prit Clinfoc à part et lui dit :

— Tu sais que mon oncle m'a acheté un Lefaucheux ?

— Un beau cadeau pour un marin !

— Eh bien, il ne veut pas que je m'en serve parce que ça te fait de la peine.

— Ah ! il a bien tort.

— Demande-lui pour moi la permission. Venant de ta part, il n'osera pas la refuser.

— Et où t'en serviras-tu ?

— Partout, sur les côtes, en mer, à la tour de Cordouan, où je tuerai des mouettes.

— Justement, c'est là que je voulais te conduire.

— Je veux bien y aller, moi, mais avec mon fusil.

— Sans doute. Je vais trouver le capitaine.

— Paul s'en alla en riant. Le coup était bien lancé. Il savait que Clinfoc voulait à toutes forces l'emmener faire des excursions en mer, et que le capitaine, dont c'était aussi l'idée première, s'y refusait parce qu'il voulait que son neveu utilisât son fusil et son port d'armes. Le seul moyen de tout concilier était de faire les excursions projetées en compagnie du Lefaucheux.

Clinfoc alla trouver le capitaine.

— Le petit ne se sert donc pas de son fusil ? Valait pas la peine de le lui acheter.

— Eh ! c'est lui qui ne veut plus. Il préférerait aller en mer.

— Peuh ! en mer.

— Si je veux qu'il y aille, moi.

— Dame ! Il en apprendra plus sur les bancs de notre bateau que sur les bancs de son collége.

— Je l'ai toujours dit.

— Et puis en mer, il pourra se servir de son Lefaucheux. Il s'apprendrait à tirer, en tirant sur les hirondelles de mer.

— Touche-là, Clinfoc. Nous sommes deux vieilles bêtes de nous disputer quand nous nous entendons si bien. Va pour la mer. Nous irons à Cordouan.

— Et le petit ira chasser. Il nous tuera des lapins.

— Et des perdrix.

— Aux choux, mon capitaine !...

Dès ce jour, les vacances de Paul se passèrent en promenades. Inutile de dire que le Lefaucheux était de toutes les parties, ce qui finit par agacer tellement le capitaine, qu'à un certain moment il ne put s'empêcher de s'écrier, devant son matelot :

— Maudit fusil ! Il nous portera malheur.

— Et ce sera bien fait !

— Si j'avais su ?

— Voilà ! on fait tout sans consulter son vieux Clinfoc !

Mais Paul était si content de son fusil que c'eût été un crime de lui reprocher son bonheur. Aussi les deux vieillards supportèrent-ils le Lefaucheux, le portèrent même, car dans de longues routes, il fatiguait parfois le jeune homme.

Tous les ans, la première visite de Paul dans le pays, était pour Royan. Ses souvenirs d'enfance l'y auraient infailliblement appelé, quand même il n'y aurait pas eu la tombe de sa famille. C'est là qu'il allait prier d'abord, avant les quelques visites qu'il avait à rendre et les poignées de mains à donner. Quant à Royan, il le connaissait assez pour lui préférer Saint-Georges. Nous, qui ne le connaissons pas, accompagnons le jeune homme pour relever le peu de curiosités que cette ville balnéaire fournit à l'appétit des touristes.

« Royan est bâtie sur une roche escarpée, à l'embouchure et sur la rive droite de la Gironde, où elle a un petit port de commerce défendu par un fort. »

Voilà ce qu'en dit la géographie. Paul pourrait mieux nous renseigner, car il connaissait la ville à fond et avait même esquissé une histoire de son passé, qu'il eût été facile de retrouver dans ses papiers. Cette histoire est assez curieuse.

Il y a deux siècles, cette petite ville, si animée et visitée chaque été par 40,000 baigneurs, n'était qu'un point imperceptible sur la carte, un port d'une excessive modestie, fermé par une double rangée de piquets, pour économiser la dépense d'une jetée, et visité seulement par les forçats, qui descendaient la Gironde en gabare, en allant prendre possession de leur domicile à Rochefort. Royan comptait à peine un millier d'habitants, relégués sur un rocher, sans route, sans industrie, sans église, sans monuments, si ce n'est çà et là un moulin à vent, le château de Norel, et un prieuré où Brantôme écrivait ses chroniques. Il n'avait aucunes marchandises pour faire du cabotage. Le port à fond de vase, à sec toute la journée, n'avait que quelques chaloupes de passage et des barques de pilote, presque toujours au large en quête de navires. Son seul simulacre de commerce était le transit des huîtres de Marennes, que les jolies femmes de la Tremblade, coiffées de leurs colossales pyramides renversées de linon, accompagnaient jusqu'à Bordeaux.

A cette époque, cette ville s'appelait bourg et eût dû être appelée village, car une maison d'un étage y passait pour une prétention. Les maisons n'avaient qu'un rez-de-chaussée parqueté en argile, éclairé par la porte, à la fois cuisine, salle à manger et chambre à coucher, le tout surmonté d'un grenier où le pêcheur suspendait ses filets et la ménagère ses bottes d'échalotes. Un toit en saillie, avec tuiles bombées, projetait au soleil son ombre sur un mur blanchi à la chaux et décoré d'une treille de muscat, qui abritait le banc de bois où le maître venait prendre le frais et deviser avec le passant.

Il n'y avait pas de trace de rue. Le sol creusé par les roues des charrettes et le pied des bœufs offrait partout des mares et des fondrières. Quelquefois la mer faisait irruption dans la ville et démolissait des murs qu'on relevait jusqu'à une nouvelle voie de fait de la marée.

La population était ignorante, indifférente à la marche du progrès. Il fallut que la civilisation vînt la trouver pour en faire ce qu'elle est aujourd'hui, et la forcer à faire la prospérité du pays en embellissant Royan et en se mettant au niveau de notre époque.

Voici comment Eugène Pelletan raconte cette métamorphose.

— « Du moment que la population royannaise eut à loger une invasion de baigneurs, elle dut songer à créer de tous côtés des logements. Celui-là rebâtit sa maison de fond en comble ; celui-ci exhaussa son rez-de-chaussée. La démolition gagna de proche en proche ; la masure partout abattue ressuscita sous une brillante toilette de pierre de Saint-Savinien. La vitre chassa le canevas de la croisée ; la jalousie succéda au contrevent.

« Le conseil municipal, de son côté, pava les trois rues de Royan avec des moellons semés de distance en distance par raison d'économie. N'importe, c'était toujours un programme de pavé, un pavé futur en attendant le macadam. Nous disons les trois rues, bien que le maire alors régnant dans un excès de patriotisme en ait extrait au moins quinze ou vingt, en les divisant à l'infini par de savants calculs.

« Royan, une fois rebâti et pavé, voulut compléter son organisation. Il n'avait pas de mairie. Le maire avait jusque-là marié dans sa cuisine les garçons et les filles de sa commune. Le conseil municipal acheta la maison légèrement monumentale d'un ancien capitaine au long cours. Il planta sur la corniche un bâton tricolore orné d'un drapeau. Il grava ensuite sur une plaque cette inscription : *Hôtel de ville*.

« Une mairie exige une place pour la symétrie du décorum. On jeta par terre la halle séculaire de Royan et, sur l'emplacement, on installa une fontaine surmontée d'une colonne. Ce fut la place de Royan. On y passait une fois par mois la revue de la garde nationale.

« Le conseil général, pendant ce temps, donnait à son tour le tracé d'une route macadamisée pour relier Royan par terre au reste du royaume. Une diligence roula sur la chaussée pour en faire l'expérience. L'expérience réussit. La diligence roule encore. Or, pendant qu'elle allait et venait, la population royannaise marchait de conquête en conquête. Elle n'avait qu'un perruquier, elle eut une académie de coiffure. Elle n'avait pas d'apothicaire, elle eut un pharmacien, avec un serpent enroulé autour d'un caducée sur la devanture de son officine. Elle n'avait qu'un maître d'école pour tous les sexes et pour tous les cultes, elle eut des écoles primaires pour les deux sexes et les deux communions. Elle n'avait que des auberges ou des guinguettes, elle eut des hôtels, des restaurants, des cafés, des boutiques de confiserie et de pâtisserie. »

On ne peut rien ajouter à ce tableau, sinon que les chemins de fer ont fait de Royan une ville de bains de premier ordre.

La seule chose du passé que regrettât le capitaine était une sorte de fête de printemps qu'il n'avait vue qu'une fois, dans son enfance, et qui avait disparu depuis l'empire.

Cette fête tout italienne s'appelait l'*Infiorature*. Paul aimait particulièrement à se la rappeler. Son oncle se faisait un plaisir de lui en parler.

Chaque année, aux derniers jours d'avril, les jeunes filles allaient de porte en porte chercher des fleurs dont chaque jardin leur faisait une aumône. Parfois même, on les laissait piller les parterres et elles sortaient de là avec des gerbes de bouquets. Ces bouquets servaient à faire une coupole de fleurs qui *contenait* deux couronnes *enfermées* l'une dans l'autre comme des boules d'ivoire. Au moment où le dernier soleil d'avril disparaissait derrière Cordouan, la coupole, illuminée de chandelles de résine, paraissait au-dessus du principal carrefour, sur une corde tendue d'un grenier à l'autre des maisons. Les jeunes gens prenaient les mains des jeunes filles, et formaient sous ce lustre embaumé une première ronde qui en renfermait deux autres, l'une d'adolescents, l'autre de marmots. Les trois âges de la vie, représentés par les trois couronnes, tournaient les uns autour des autres aux refrains de la cornemuse.

— J'ai été un de ces marmots, ton père aussi, disait le capitaine à Paul.

Mais Paul, débarrassé des visites qu'il devait faire à Royan, plus calme après son devoir rempli à la tombe de sa famille, courait dans les dunes et sur la plage, et on aurait été très-mal venu de lui parler du passé, du présent et de l'avenir de Royan. Ce qu'il lui fallait puisqu'il avait la liberté, c'était le grand air.

Pourtant il est des spectacles qui ont beau être familiers à votre vue, vous ne pouvez vous en détacher facilement. Les conches de Royan sont de ce nombre. Figurez-vous des plages en pente douce et d'un sable fin *comme l'ambre*, chauffé à mer basse par le soleil offrant aux baigneurs des bains de différentes qualités. Là, les lames expirent doucement ; ici elles déferlent avec fureur. Il y en a pour tous les goûts. Paul fit comme les autres. Il se baigna et se serait même baigné avec son fusil, s'il avait pu. Quand il fut fatigué de se baigner, il reprit son excursion commencée et ne revint pas à Royan, où son Lefaucheux lui était inutile. Avant d'aller en mer, il obtint des deux marins qu'ils l'accompagneraient à pied dans les environs de Saint-Georges et le long des côtes. Nous le retrouvons avec son Lefaucheux, l'un portant l'autre, d'abord à la pointe de Suzac, où il pêcha des moules, et dans la charmante conche des dames, où il ne put s'empêcher de prendre un nouveau bain.

De Suzac à Saint-Georges, la promenade est charmante par une belle nuit d'été, les lames phosphorescentes font jaillir du sable des milliers d'étincelles, tandis qu'au loin la tour de Cordouan, à moitié noyée dans l'ombre, tourne et retourne son disque de feu.

Le lendemain Paul et ses hôtes allaient dans leur bateau jusqu'à Meschers, où l'oncle fit au neveu un petit cours d'histoire. C'est là, en effet, que le vaisseau *le Régulus*, traqué par une flotte anglaise, vint terminer sa glorieuse carrière.

— Il fallait se rendre ou périr, disait le vieux marin. Le capitaine, d'accord avec son équipage, prit le parti héroïque de brûler son navire. Il jeta les poudres à la mer et alluma la chemise soufrée. La flamme envahit bientôt le vaisseau de la Sainte-barbe au haut des mâts ; les canons encore chargés partaient l'un après l'autre comme pour sonner le glas de l'agonie. Ce fut pendant trois jours et trois nuits une lutte entre l'eau et le feu, jusqu'à ce que le vaisseau, éclatant par le milieu, disparut sous les lames.

On alla voir les trous de Meschers. Ce sont des grottes creusées dans la falaise, sur la façade d'un rocher perpendiculaire, à quarante pieds au-dessus de la Gironde. Une rampe étroite taillée dans le roc, circule d'un trou à l'autre sans parapet du côté de l'abîme. Jadis ces trous étaient-ils habités ? En tous cas, il reste à peine un souvenir de ce village aérien ; de là on descendit jusqu'à Talmont, qui n'a de curieux qu'une chapelle romane, bijou d'architecture, qui est bâtie sur la pointe d'une falaise sans cesse minée par la mer.

Pendant ce temps, le Lefaucheux jetait sa poudre aux oiseaux de mer sans permettre au plomb qu'elle accompagnait d'en toucher un seul. Il est vrai de dire que Paul n'était guère plus heureux dans les chasses qu'il faisait aux environs. Clinfoc n'en était pas fâché : il lui tardait tant que Paul se dégoûtât du fusil, pour écouter les leçons de marine qu'il lui donnait en mer, et prendre goût à la visite qu'il avait projetée de lui faire faire à la tour de Cordouan !...

Une autre fois on fit une excursion à la pointe de Grave. On débarqua au Verdon, endroit qui prend chaque jour de l'importance et dont le port reçoit tous les vaisseaux venant de Bordeaux, quand le mauvais temps les arrête, et de là on remonta vers l'*anse des Huttes*, où commence ce gigantesque travail presque achevé, que les hommes ont entrepris pour empêcher les flots d'envahir la plage, et d'emporter toute cette langue de terre, ne laissant que des écueils, là où il y a un petit port et un phare.

Aujourd'hui la pointe de Grave est cuirassée contre l'Océan par des jetées parallèles au rivage, composées de blocs artificiels et naturels qu'on a précipités dans les flots du haut des wagons de transport. Il était temps qu'on opposât ces brise-lames à la mer, car les flots avançaient de cinquante mètres par an ! Depuis vingt ans on y travaille et la Gironde peut espérer ne pas voir l'Océan lui ravir cette partie de son département.

On était trop près des bains du vieux Soulac pour ne pas leur rendre une visite. Depuis le chemin de fer, ils ont enlevé beaucoup de baigneurs à Royan. Le plus curieux à voir, c'est l'église de *Notre-Dame de la fin des Terres*, dont le clocher sert de balise à la navigation ; cette église, qu'on répare aujourd'hui, avait été, comme la ville qui l'entourait, ensevelie dans le sable. C'était là autrefois, que débarquaient les rois et les capitaines anglais qui se rendaient à Bordeaux. Du reste depuis des siècles, la mer, en envahissant les dunes, a englouti une ville, deux villages, un château, un prieuré et comblé un port important. Le vieux Soulac se relève au milieu des ruines et des souvenirs de son passé.

La beauté imposante du paysage qui entoure ou plutôt prolonge les environs de la pointe de Grave, fit du tort au fusil de Paul qui resta près de deux jours dans l'inaction sur le bras ou les épaules de Clinfoc ; mais cette inaction ne pouvait durer. Le littoral est rempli de dunes boisées où le lapin et la perdrix rouge sont en assez grande quantité. Dans les petites échancrures formées par la morsure des lames sur le sable, il y avait des vols d'oiseaux aquatiques, de sarcelles surtout qui offraient plus d'une cible au chasseur. Paul s'en donna à cœur joie, au grand désespoir des jambes des deux vieillards. En fait de lapin, de perdrix, de sarcelle, Paul ne rapporta qu'une courbature et beaucoup de fatigue : on a beau avoir un bon fusil, il faut encore être adroit. Paul ne l'était pas.

— Tu tires trop vite, criait l'oncle.

— Prends garde à nos jambes, criait Clinfoc. C'est vrai, ça ; il nous arrivera malheur avec ton fusil ; quand tu vises Saint-Georges, c'est pour attraper Cordouan !

Paul riait. Son amour-propre n'était pas plus atteint que le gibier qu'il visait, et il partageait ses plaisirs entre son fusil qui l'amusait et les excursions qui lui plaisaient. Une fois, cependant, le fusil passa un vilain quart d'heure.

Tous les trois — on pourrait dire tous les quatre, car le Lefau-

Le *Polar star* à la pointe de la Coubre.

cheux faisait nombre — étaient allés jusqu'à la Tremblade et Marennes ; ils avaient visité les claires où on engraisse les huîtres et l'estuaire de la Seudre qui communique avec la grande mer par le terrible pertuis de Maumusson tant redouté des navires et dont le sourd mugissement s'entend, quand la tempête souffle, jusqu'à plus de dix lieues dans l'intérieur des terres. Ils étaient allés jusqu'à Brouage, ville aussi insalubre que Marennes à cause des marais qui l'entourent. Paul avait tenu à voir ces deux villes qui se partagent la gloire d'avoir fourni l'héroïque équipage du vaisseau républicain *le Vengeur*. L'excursion avait duré plusieurs jours, et on revenait dans le *Polar star*, sur lequel on avait embarqué trois marins de la côte. A peine eurent-ils doublé la pointe de la Coubre, qu'un vent violent prit la barque par le travers et faillit la faire chavirer. Les marins luttèrent contre le vent, et, pour ne pas courir le risque d'être jetés à la côte, prirent la haute mer où ils furent assaillis par la tempête.

Le capitaine ne riait plus : Clinfoc ne parlait pas. Pour eux la vie de Paul était en danger, et cela suffisait pour faire entrer dans leur âme le sentiment de la peur qu'aucune tempête, si violente qu'elle fût, n'y avait jamais fait naître. Paul avait gardé son sang-froid, quoique son cœur battît à rompre sa poitrine, et il aidait, comme il pouvait, la manœuvre. Ce fut la première leçon de son apprentissage de marin.

Par malheur, la nuit arrivait et le capitaine mit le cap sur le point le plus rapproché de la côte. Bientôt, dans l'ombre de la nuit naissante, apparut un feu brillant.

— Pontaillac, dit Clinfoc.

— Tâchons d'aborder, si le ressac n'est pas trop fort, répondit le capitaine.

Mais le vent changea subitement ; la lame devint terrible et jeta violemment la barque sur la côte. Le contre-coup précipita Paul dans la mer : son oncle n'eut que le temps de le saisir par les basques de son habit, mais il fut entraîné avec lui, pendant que Clinfoc, seul, étourdi, manœuvrait le *polar star* dégagé du sable vers des lumières qui scintillaient sur le rivage. Quand il se retourna et qu'il ne vit plus son maître et le jeune homme, il poussa un cri terrible ; la barque alla à la dérive, et heurta le

Le phare de Pontaillac.

sable avec le gouvernail dont la barre frappa le vieillard et l'étendit évanoui.

Quand il revint à lui, il se retrouva au coin d'un bon feu, dans la maison du gardien du phare de Pontaillac. Paul et le capitaine étaient près de lui. Quand on put se parler, on éclata de rire.

— Une tempête dans un vase d'eau, dit le capitaine.

— Sommes-nous rouillés, dit le matelot.

— Mon pauvre fusil, dit Paul.

— Et la barque ?

— Elle n'a rien de rien. Plus solide que nous, la vieille !

Ce qu'il y avait donc de plus malheureux dans ce naufrage, c'était la perte du Lefaucheux, qui était tombé dans l'Océan.

— Bah ! dit le gardien qui leur donnait l'hospitalité, nous le trouverons à marée basse.

Paul s'endormit sur cet espoir. Tout le monde en fit autant.

Le lendemain, comme l'avait prédit le gardien, la marée était basse. Le *Polar Star* était resté sur le sable. Le gouvernail seul était endommagé ; la brigantine avait été emportée par le vent. Pendant que le capitaine et son matelot réparaient ces dégâts, Paul cherchait son fusil ; pourtant, il faut le dire à sa louange, sa curiosité de touriste et de marin l'emporta, quand il aperçut le phare de Pontaillac. Le gardien le lui fit visiter.

Ce phare est bâti sur des sables mouvants. En cas de déplacement possible de l'édifice, on l'a construit en charpente ; il a la forme d'une pyramide quadrangulaire, tronquée à la hauteur de la lanterne et composée de quatre solides poteaux que relient des entretoises et des croix de Saint-André. Des boulons en fer assemblent les pièces. La cage de l'escalier est renfermée entre quatre poteaux verticaux qui ajoutent à la solidité de l'ensemble. L'échafaudage repose sur un petit mur en maçonnerie qui lui fait une base immuable et le met à l'abri de l'humidité du sol. La chambre de service est située au-dessous de la lanterne, sur la plate-forme qui couronne le monument. Le gardien habite une petite maison à proximité du phare, celle où nous avons retrouvé nos naufragés.

Paul était émerveillé, c'était le premier phare qu'il eût vu de près, et, bien que celui-ci fût de troisième ordre, il emportait de sa visite une profonde impression. Aussi quand il eut rejoint son oncle, il lui dit à brûle-pourpoint :

— Quand allons-nous à Cordouan?

— Bravo, répondit Clinfoc, dont les efforts tendaient à ce but depuis que Paul était auprès d'eux. Bravo! et pour la peine, voilà son Lefaucheux.

— Quel bonheur! où était-il?

— Dans le sable en train de sécher.

— Quel nettoyage!

— Il en avait besoin, depuis qu'il fait son service!

Le soir on était de retour à Saint-Georges, et le lendemain, par une journée splendide, on faisait voile pour Cordouan. Le Lefaucheux que Clinfoc avait passé la nuit à nettoyer était encore de la partie. Clinfoc n'avait jamais été si joyeux. Le capitaine seul bougonnait. Pourquoi? parce que son matelot avait réussi à faire ce qu'il voulait en forçant Paul à le demander.

La tour de Cordouan, en effet, est pour les baigneurs et les habitants de Royan l'excursion la plus fréquentée, le but de promenade le plus agréable, bien qu'il soit très-difficile d'y aborder, et, une fois qu'on y est, de s'embarquer pour le retour; mais chaque voyage est marqué par un de ces accidents qui font toujours rire, dans le genre de celui que Clinfoc raconta à Paul pendant la traversée de Saint-Georges à Cordouan :

— Tu sauras, petit, d'abord et pour lors, que pour débarquer à Cordouan il faut les plus grandes précautions. La mer baigne le rocher, qu'elle bat avec furie par le mauvais temps, ne laissant qu'un méchant bout de rocher large comme ma langue pour poser pied. Si la mer est mauvaise, le débarquement est impossible. Or les dames sont les plus curieuses, naturellement, et il

La tour de Cordouan.

en vient en quantité voir la tour. Ce sont elles qui sont la cause d'une foule de petits accidents dont s'amusent les gardiens, les matelots et les voyageurs. En voici un bien connu de Royan.

— Et ton Lefaucheux, petit! Voici des mouettes qui passent.

— Tout à l'heure, mon oncle. Continue, Clinfoc.

— Pare à virer, capitaine. Tenez le gouvernail, moi, je tiens la conversation.

— Tu t'en acquittes à merveille, vieux bavard.

— La suite, ou je prends mon Lefaucheux.

— Voilà. Une grande barque pontée, *le Triton*, dans le genre de celle que tu vois là-bas, c'est peut-être bien la même, partit un dimanche matin de Royan avec une société composée d'une quinzaine de personnes.

— Davantage.

— Oui, capitaine, il y avait entre autres une famille anglaise, le père, la mère, deux filles et un fils : le père, gros, court et rouge ; la mère, grande et sèche, les filles insignifiantes, et le cadet, — ils l'appelaient cadet! — insupportable.

— Des types anglais, quoi! ça se ressemble comme les asperges.

— Oui, capitaine. La route fut bonne. Le débarquement s'opéra sous de moins bons auspices. J'ai oublié de te dire que les embarcations ne peuvent jamais aborder. C'est un petit *youyou* conduit par un gardien du phare, qui vient chercher les voyageurs, et dès qu'il touche l'unique et étroit fond de sable par lequel on puisse aborder, il faut, sous peine d'entrer dans la mer jusqu'à la ceinture, accepter le secours des épaules des marins. Quand la mer est forte, cela devient impossible, tu comprends.

— Mais tu l'as déjà dit!

— Oui, capitaine. Les Anglais une fois arrivés durent faire comme les autres, ce qui leur fit jeter des cris d'horreur. Voir leurs filles portées sur le dos d'un homme! *Schoking!* mais il fallut en passer par là. L'Anglais et son fils, les filles mêmes passèrent tant bien que mal. Vint le tour de la maman. Le malheur voulut que le marin qui s'offrit pour la porter à califourchon fût très-petit. C'était le père La Gloire, avec lequel nous ferons connaissance. L'Anglaise avait des jambes à n'en plus finir. Elle préféra les laisser baigner dans l'eau, plutôt que de les voir passer sous les bras d'un homme. C'était bien assez, trop même, de lui passer les bras autour du cou. Ce qui fit qu'elle fut trempée jusqu'aux genoux. Ce petit accident n'était que le prélude de ce qui va suivre.

— Tu l'as oublié, je parie... attends !

— Non, capitaine. La société une fois débarquée s'éparpille sur le rocher et dans la tour. Bref, elle y fait ce que tous les voyageurs y font, ce que nous y ferons nous-mêmes. Inutile de t'en parler, puisque nous y allons. Au bout de deux heures, il faut se rembarquer. La mer est devenue plus forte. Le capitaine du *Triton* conduit lui-même les voyageurs du petit canot au lougre. On ne rit plus. Chacun fait silence, s'il n'y a pas de danger sérieux, tout au moins faut-il des précautions. On se hâte surtout, car la mer en grossissant pourrait faire chavirer la barque et couper la retraite aux voyageurs. Quatre voyages se font sans encombre. Il ne restait plus que les Anglais à passer. Déjà les marins avaient pu aborder le petit canot et y déposer leur fardeau. Le dernier allait y toucher à son tour. Celui-ci portait la grande Anglaise. Tout à coup, — je crois toujours qu'il l'a fait exprès, pour venger Trafalgar ! — une vague plus forte bouscule le marin, qui perd pied et tombe avec l'Anglaise dans la mer. Le canot est éloigné par cette secousse d'au moins cinquante mètres. Pendant ce temps le marin qui avait disparu sous la vague reparaît en traînant par la jupe l'Anglaise à moitié suffoquée, que le brave homme avait jugé à propos de ne pas lâcher pour qu'elle n'allât pas à la dérive contre le rocher où elle eût trouvé la mort. Quant au canot au lieu de revenir, il gouvernait sur le lougre, le capitaine ayant jugé à propos de ne pas compromettre en attendant plus longtemps son bateau et la vie des autres passagers. L'Anglaise était sauvée, elle avait pris un bain forcé; voilà tout ; mais le plus curieux, c'était de voir la tête et d'entendre les cris de son mari et de ses enfants que le *Triton* emportait vers Royan ! Le plus drôle enfin, c'était de voir l'Anglaise rentrer au phare. Quels cris ! quelle colère surtout quand elle fut obligée d'endosser un habit de marin pour pouvoir faire sécher ses vêtements !

— As-tu fini ?

— Non, capitaine. L'Anglaise resta prisonnière à Cordouan. Le *Triton* ne put reprendre la mer à cause du mauvais temps que trois jours après. Enfin, elle put quitter sa prison et rentrer à Royan, où les baigneurs lui firent une ovation. La malheureuse fut obligée de quitter la ville. Elle était devenue un objet de curiosité, et peut s'en fallût qu'on ne lui fît un charivari sous ses fenêtres. Tu vois, petit, qu'il faut se méfier de Cordouan.

— Il faut espérer que nous n'y resterons pas si longtemps.

— Qui sait ? Il n'est pas rare de voir y séjourner des voyageurs plus longtemps encore.

— Nous y voici.

Dès qu'il fut débarqué, Paul ne s'occupa plus que de sa visite au premier phare de France, et il inspecta Cordouan dans tous ses détails. Cette tour mérite que nous ouvrions une large parenthèse pour lui faire les honneurs d'une description spéciale.

Michelet, cet éloquent historien de la mer, a fait une peinture exacte des violences du golfe de Gascogne, « cette mer de contradictions, cette énigme de combats, qu'un ingénieux naturaliste compare à un gigantesque entonnoir qui absorberait brusquement. » Dès les temps les plus reculés les marins ont cherché à amoindrir les effets de cette mer impitoyable en éclairant l'entrée de la Gironde. Aussi faut-il remonter très-haut pour trouver l'origine du phare de Cordouan. Ce qu'on peut affirmer, c'est que, quand il fut construit, le rocher sur lequel il s'assied aujourd'hui était réuni à cette côte de Médoc, où nous avons vu la mer opérer ses ravages, lors de la visite de Paul à la pointe de Grave.

On a des gravures du treizième siècle qui le représentent sous l'aspect d'un monument à l'architecture mauresque, ce qui ferait supposer que les Maures de Cordoue l'auraient bâti et lui auraient laissé leur nom. D'aucuns prétendent que c'est le Prince Noir qui en a ordonné la construction, pendant la domination anglaise en Gascogne. Quoi qu'il en soit, de l'édifice ancien

Ancienne tour de Cordouan.

il reste peu de chose. Chaque siècle lui a apporté une modification, depuis l'architecte Louis de Foix qui a commencé en 1584 jusqu'à l'ingénieur Teulère qui, en 1789, en a fait ce qu'il est aujourd'hui.

Au point de vue de l'ampleur des proportions, de la majesté

de l'aspect, de la richesse de l'ornementation et de l'excellence de la distribution intérieure, ce phare occupe le premier rang non-seulement parmi les monuments analogues de la France, mais encore parmi ceux du monde entier. Ce n'est plus cette œuvre de la Renaissance avec sa coupole, ses clochetons, ses sculptures, ses arcades et ses colonnes, que nous a transmise la gravure. Les formes trop nues de nos constructions modernes ont quelque chose de sec qui contraste avec l'élégance et la richesse de l'œuvre ancienne, dont il reste encore assez de traces pour nous la faire regretter. Mais on s'en console en pensant que la tour qui n'avait alors que 37 mètres de haut en a 63 aujourd'hui, et que le salut des navires y a gagné ce que l'art a perdu. Le bas de l'édifice est toujours intact sous son architecture de la renaissance. Au-dessus s'élève majestueusement la nouvelle tour avec ses quatre étages et sa lanterne vitrée, et le voyageur, saisi d'admiration, ne peut s'empêcher de rendre hommage à ce magnifique monument qui s'élève avec tant de hardiesse au sein de l'Océan.

— Pendant six mois de séjour que nous fîmes sur cette plage, dit Michelet que nous sommes encore heureux de citer, notre contemplation ordinaire, je dirai presque notre société habituelle, était Cordouan. Nous sentîmes combien cette position de gardien des mers, de veilleur constant du détroit en faisait une personne. Debout sur le vaste horizon du couchant, il apparaissait sous cent aspect variés. Parfois dans une zone de gloire, il triomphait sous le soleil. Parfois pâle et indistinct il flottait, dans le brouillard et ne disait rien de bon. Au soir, quand il allumait brusquement sa rouge lumière et lançait son regard de feu, il semblait un inspecteur zélé qui surveillait les eaux, pénétré et inquiet de sa responsabilité. Quoi qu'il arrivât de la mer, toujours on s'en prenait à lui. En éclairant la tempête, il en préservait souvent et on le lui attribuait. C'est ainsi que l'ignorance traite souvent le génie, l'accusant des maux qu'il révèle. Nous-mêmes, nous n'étions pas justes. S'il tardait à s'allumer, s'il venait du mauvais temps, nous l'accusions, nous le grondions. « Ah ! Cordouan, Cordouan, ne saurais-tu donc, blanc fantôme, nous amener que des orages ! »

Une restauration complète du phare de Cordouan a été exécutée dans ces dernières années. Elle a eu pour but de remplacer les pierres rongées par le temps, et elles étaient nombreuses surtout au dehors, et de faire revivre les sculptures qu'on avait grand'peine à retrouver tant elles étaient dégradées.

La tour s'élève au milieu d'une plate-forme circulaire sur laquelle s'ouvrent les logements construits dans le rempart. Au rez-de-chaussée est l'entrée du phare ou porte de mer, précédée d'un large escalier, puis le vestibule. Autour de ce vestibule sont le magasin, la cuisine, le bûcher, la forge, une chambre d'ouvriers et des chambres réservées. Au premier étage est la chambre de service, ou *les appartements du roi ;* au second, la chapelle ornée de sculptures, avec le buste de Louis de Foix, au-dessus de la porte. Un escalier à palier, conduit de là à la lanterne, partie la plus curieuse du monument.

On reconnaît, dans les moindres dispositions, l'intelligente économie qui préside à l'emménagement des navires et fait doubler l'espace disponible en mettant à profit le moindre recoin. Le haut de la tour est plus particulièrement destiné au service des gardiens. Le dernier étage, sous la lanterne, renferme des vases d'huile, des verres, des lampes de rechange, un thermomètre, un baromètre, un chronomètre. La cage de l'escalier qu'on vient de gravir avant d'y arriver est fermée par une voûte plate que supporte un mince palier. Pour s'élever plus haut on monte une échelle de fonte et on entre dans la chambre de quart où chaque nuit veille un des gardiens. La voûte, les murs, le parquet sont revêtus de pierres de diverses couleurs. L'appareil d'éclairage pénètre dans cette chambre par une ouverture circulaire du plafond ; on arrive enfin sous la coupole et on a sous les yeux un

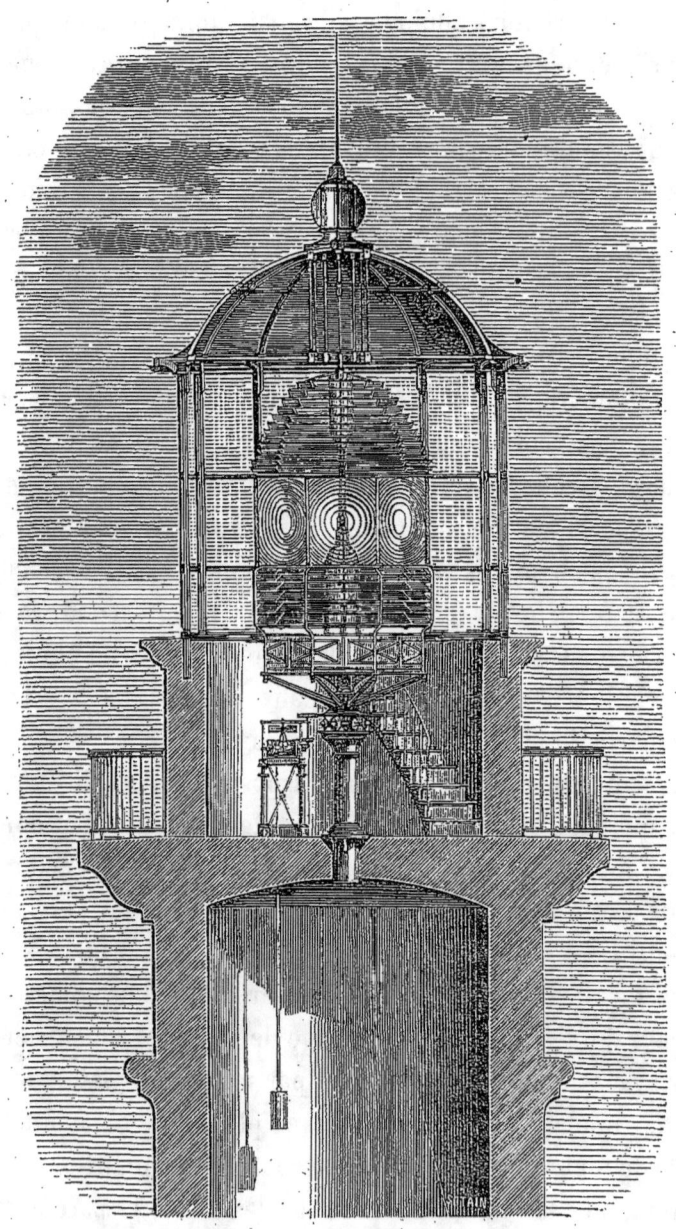

Intérieur de la lanterne.

de ces magnifiques présents que la science fait de temps en temps aux hommes comme pour répondre à cette question décourageante qu'on lui adresse si souvent dans le monde : « A quoi bon ! »

L'appareil est enfermé dans une lanterne octogonale en glaces très-épaisses et recouvertes d'un dôme en cuivre surmonté d'un paratonnerre. Comme le feu qui brille au front de l'édifice est l'âme du phare, la lampe est l'âme de l'appareil. C'est une lampe carcel perfectionnée par Arago, sur les données d'Argant et de Borda, instrument remarquable par la blancheur et l'intensité de la lumière et par la longue durée de sa marche. Celle-ci peut fonctionner plus de douze heures sans qu'il soit nécessaire d'y toucher. L'appareil est de premier ordre, à éclipses de minute en minute, dans lequel les éclats blancs alternent avec des éclats rouges. C'est l'appareil lenticulaire à échelons de Fresnel ; sa lumière porte à 27 milles. Le feu à éclipses est reproduit par la rotation d'un tambour octogonal formé de huit grandes lentilles à échelons, accolées les unes aux autres. Les faisceaux lumineux qui partent de ces lentilles parcourent successivement toutes les parties de l'horizon qu'ils éclairent l'un après l'autre. Les éclipses ont lieu dans l'intervalle du passage de deux faisceaux lumineux successifs au même point. La vitesse de rotation du tambour détermine le temps qui sépare les différentes visions. Des feuilles planes de verre rouge sont placées contre les lentilles qui doivent produire les éclats de couleur. Le tout forme un vaste dôme de 3 mètres de hauteur.

Tel est dans son ensemble ce patriarche des phares, qui a eu l'honneur d'expérimenter le premier le système lenticulaire d'Augustin Fresnel, le seul dont on se serve aujourd'hui.

« En présence des nombreux services que Cordouan a rendus, dit M. Léon Renard, nous nous demandons si, parmi tant de monuments élevés par l'orgueil des hommes, il en est beaucoup qui soient aussi respectables que cet Abraham des phares. Dans ce nombre, nous n'en trouvons pas un qui mérite à nos yeux une plus profonde vénération. Plus noble et plus utile que les trophées dont les conquérants ont semé leurs pas sanglants ou les bornes fastueuses données par les nations à chacune des étapes de l'histoire, il sera aussi plus durable, car ceux-ci n'appartiennent qu'à quelques individus ou à des nations, Cordouan, lui, appartient à la race humaine!... »

Quand il revint de sa visite au phare, Paul était complétement étourdi; il avait voulu tout voir en une seule fois, et, comme cela arrive souvent ; les souvenirs de ce qu'il avait vu se brouillaient dans sa tête. Comme le moment de se rembarquer pour Saint-Georges n'était pas encore venu, et qu'il avait trop mal à la tête pour recommencer l'ascension à la lanterne, il reprit son fusil et descendit sur le rocher que la marée basse laissait à découvert sur une longueur de plus d'un kilomètre. Son oncle et Clinfoc l'accompagnèrent dans cette promenade assez accidentée, car à chaque instant, il faut monter et descendre, éviter les flaques d'eau et les pierres mouvantes, marcher enfin dans l'attitude d'un acrobate sur la corde. Mais il y a des cancres et des moules pour les pêcheurs et des goëlands pour les chasseurs. Paul allait à la chasse!...

Il ne fut jamais aussi maladroit que ce jour-là. Soit qu'il fût préoccupé par sa visite au phare, soit qu'il fût légèrement fatigué, — depuis quinze jours il ne s'était pas reposé, — soit enfin que son Lefaucheux commençât à l'ennuyer, il se lassa vite de tirer sans succès sur les oiseaux de mer qui passaient à sa portée comme pour le narguer et dont il ne pouvait atteindre un seul. Il donna son fusil au capitaine et descendit du côté de la mer où il disparut bientôt à la recherche des cancres qui peuplent les anfractuosités des rochers.

L'oncle était très-embarrassé du Lefaucheux. S'il n'avait pas été si éloigné de la tour, il l'eût remis à un gardien. Clinfoc se tenait à l'écart et avec son couteau fouillait les pierres pour y trouver des crabes. Quand il releva la tête et qu'il vit le capitaine seul :

— Où est le petit ? cria-t-il.

— Il pêche !

— Et il vous a laissé son fusil ? oh ! là ! là ! vous avez l'air d'un requin qui a trouvé une lunette d'approche.

— Dirait-on pas que c'est la première fois que je touche un fusil ?

— Oh ! vous n'en avez pas touché souvent dans votre vie ? dit Clinfoc en s'approchant.

— Avec ça !

— Vous êtes bien aussi adroit que le petit, je parie.

— Tu paries ? Eh ! bien, moi, je vais te prouver qu'un capitaine au long cours sait tirer comme un gabier d'infanterie. Le premier goëland qui passe, gare à lui.

— Oh ! ne tirez pas, vous lui feriez peur, à ce pauvre oiseau, tenez en voici un.

— Justement. Tiens ! regarde !...

Et piqué au jeu, l'oncle vise un goëland, le suit un instant dans son vol et fait feu. Un cri d'effroi des gardiens qui étaient sur la plate-forme, un gémissement y répondent. Les deux vieillards restent atterrés, mais soudain Clinfoc, retrouvant sa vigueur, part comme une flèche et roule plutôt qu'il n'arrive auprès de Paul, étendu sans connaissance derrière une grosse roche.

Voici ce qui s'était passé. Le jeune homme, courbé en deux, fouillait les pierres pour en déloger les crabes. Au moment où son oncle, qui ne le voyait pas et le croyait plus loin, lâchait la détente, il se relevait et se trouvait entre le fusil et l'oiseau visé. Il reçut la charge entière dans la cuisse et tomba en poussant le cri de douleur qui fit accourir le vieux matelot. Le capitaine devina plutôt qu'il ne vit l'accident. Ses jambes tremblantes lui refusèrent tout service, et il fut obligé de s'asseoir pour ne pas tomber.

Pendant ce temps, Clinfoc déchirait les vêtements de Paul et mettait sa blessure à nu. Deux gardiens arrivaient avec une petite pharmacie de poche et, tant bien que mal, on disposa un premier appareil afin d'étancher le sang. Puis, Clinfoc, prenant dans ses bras le jeune homme, toujours évanoui, le transporta à la tour. Quand Paul revint à lui, il était déjà déshabillé et couché dans un bon lit. Il souffrait horriblement, mais il essaya de sourire et demanda son oncle.

Le capitaine était à la même place, le fusil en main, attendant des nouvelles pour savoir s'il ne devait pas se punir lui-même avec l'arme qui avait tué son neveu. On lui envoya un gardien qui l'amena, toujours pâle, muet, insensible, dans la chambre où Paul reposait. Clinfoc était déjà parti pour Royan. Il allait chercher un médecin, mais comme la mer était très-forte, il ne pouvait pas être de retour avant le lendemain. Heureusement que le plus vieux des gardiens se connaissait en blessures. Dès que Paul fut revenu à lui, il leva le premier appareil et constata que la blessure, quoique grave, n'était pas dangereuse : que pas un grain de plomb n'était resté dans la plaie, que l'os n'était pas attaqué et affirma que, s'il ne survenait aucune complication, on n'aurait pas besoin de lui couper la jambe. Un docteur n'eût pas mieux parlé. Le gardien lava la blessure, rapprocha les chairs et fit le premier pansement.

— Là, dit-il, quand ce fut fait, le docteur peut arriver quand il voudra, nous avons le temps d'attendre. Dormez, jeune homme, le repos vous fera du bien.

Paul dormait déjà. Son oncle passa la nuit sur une chaise sans verser une larme, sans proférer une parole. Au jour Clinfoc arriva avec le docteur. Celui-ci fut satisfait du pansement, et, après avoir examiné attentivement la plaie, affirma qu'il répondait de la vie, mais encore de la jambe du malade. Seulement, il ne fallait pas songer à le ramener à Royan, avant un mois au moins.

Alors on vit un vieillard se lever en tremblant et tomber à genoux devant le lit de Paul. C'était le capitaine, qui pouvait enfin pleurer et parler :

— Mon pauvre enfant, je ne suis sur terre que pour faire du mal à ceux que j'aime. Pourquoi Dieu me laisse-t-il vivre ? Est-ce pour faire souffrir les autres ? Ah ! pourquoi ne m'a-t-il pas enlevé plus tôt, quand tu n'avais que cinq ans ! Clinfoc aurait veillé sur toi, et tu ne serais pas, à l'heure qu'il est, en danger de mort.

— Mon oncle, dit Paul d'une voix faible, vous me faites mal. Relevez-vous et embrassez-moi. Ce ne sera rien, allez.

— Ne le faites pas parler, dit le docteur, du repos et pas d'émotions.

— Allons, capitaine, c'est pas le tout, il faut vous reposer. Au lit. J'ai bien assez d'un malade sans que vous vous donniez la fantaisie de vous rendre malade aussi.

Cette fois, c'était Clinfoc qui parlait et arrachait le capitaine du lit de Paul pour le conduire dans une autre chambre, où il le coucha comme un enfant. Les deux vieux marins s'étaient embrassés en pleurant. Ils n'avaient pu se dire autre chose.

Paul fut très-bien soigné et guérit rapidement ; mais la convalescence fut longue. Le docteur avait demandé un mois ; il fallut six semaines pour que le blessé pût marcher. Le jeune homme était désolé, à cause de ses examens que cette maladie allait retarder, et, malgré les bons soins du gardien, la présence de son oncle et la bonne humeur de Clinfoc, il s'ennuyait et trouvait le temps long.

Les gardiens, d'accord avec le capitaine, lui firent une proposition, celle d'occuper les soirées par des récits maritimes, choisis dans les souvenirs de leur vie accidentée de marins. Cette proposition sourit à Paul. L'un d'eux lui dit :

— Il n'y a pas besoin d'être à Royan pour guérir un malade, vous l'avez vu. Nous nous connaissons en blessures. Nous saurons bien aussi vous désennuyer, et puisque vous devez entrer dans la marine, nos récits commenceront votre instruction. Nous causerons, à moments perdus, sans prétentions, sans ligne suivie, au hasard, comme cela nous viendra.

— Si nous commencions tout de suite, dit Paul.

— Ce soir, je commencerai.

Celui qui venait de parler s'appelait Chasse-Marée. C'était le grand papa de La Tour. Ancien marin de l'Empire, légèrement boiteux, il avait bien près de soixante-dix ans. Quand il parlait, on l'écoutait comme un oracle. Il y avait avec lui cinq autres gardiens : le père La Gloire, dit Courte-Échine, le même qui avait transporté l'Anglaise trop longue ; Cartahut, Provençal qui avait vu la Crimée ; Yvonnec, bas-breton, peu parleur et très-superstitieux ; Rabamor, un hercule comme force, mauvaise tête, ne s'entendant avec personne, méchant, disait Chasse-Marée, parce qu'il ne buvait jamais que de l'eau, ce qui était vrai ; enfin Antenolle, le plus jeune, très-fort sous son apparence délicate, bon nageur, grand pêcheur, mais ayant toujours le mal de mer. C'est pour cela qu'il s'était mis gardien de phare, et encore, quand le vent soufflait trop fort, il était malade.

Voilà quels étaient les hôtes de Paul, chargés de le distraire pendant les longues veillées des jours brumeux d'octobre.

Ce fut, le soir même, le grand papa Chasse-Marée qui commença, sans autre préambule, ces récits que nous voudrions voir charmer nos lecteurs comme ils ont charmé notre jeune blessé. Nous lui laissons la parole.

LA CHASSE.

Combat dans la baie de Lagoa.

CHAPITRE PREMIER

RÉCIT DE CHASSE-MARÉE.

Chasse-Marée, mousse à bord du *Brûle-Gueule*. — La *Preneuse* et le capitaine l'Hermite. — Vaisseaux anglais au mouillage. — L'Ile-de-France. — Croiseurs anglais. — Combat. — Madagascar. — La baie de Lagoa. — Combat de nuit. — Fuite. — Combat contre le *Jupiter*. — Après la bataille. — Tristesse à bord. — Retour à l'Ile-de-France. — La chasse. — Combat désespéré de la *Preneuse*. — L'Hermite fait prisonnier. — La *Preneuse* est coulée. — Les pontons. — Combat d'un Breton et d'un nègre. — Évasion. — Retour de Chasse Marée au ponton. — Le *Triton*, corsaire. — Saint-Mâlo. — Abordage du *Kent*.

Je suis né à Rochefort il y a bien longtemps, si longtemps que je ne me le rappelle plus. Je suis plus vieux que ce siècle, voilà tout. J'ai fait comme mousse les campagnes de l'empire. Il m'en est resté quelques souvenirs, qui ne se sont si bien gravés dans ma tête, que parce qu'étant sur les pontons de l'Angleterre, je n'avais pas d'autre distraction que de rêver au passé puisque l'avenir m'était défendu.

Ces souvenirs, monsieur Paul, je peux vous les raconter, si cela vous fait plaisir. C'est d'une autre époque, mais d'une de ces époques dont on aime à parler : elle est assez glorieuse pour cela. J'ai fini ma carrière avec elle, car, blessé dans un combat, à vingt ans, je n'ai été bon à rien depuis, et je dois m'estimer heureux d'être gardien d'un phare. Voilà quarante ans que je n'ai pas été à terre, et je vous assure que je ne m'en plains pas.

— Nous non plus, grand-papa, cria le père La Gloire.

— Vous ne pouvez, répondit Paul, me faire un plus grand plaisir que de me parler des guerres maritimes de l'empire.

— Ne vous emballez pas, monsieur Paul, reprit Chasse-Marée. Je n'en sais pas tant que vous avez l'air de le croire. Le marin est comme le soldat : il ne voit qu'un coin de la bataille.

— Oui, dit Paul, mais dans ces coins-là, il y a des traits d'héroïsme.

— Toujours, non ; souvent, oui. En voici quelques exemples :

— Nous étions en guerre avec l'Angleterre, comme vous le savez, et nous n'étions pas les plus forts malgré l'alliance des Espagnols. Pourtant nous leur avons fait payer plus d'une fois leurs victoires. Aussi loin que remontent mes premiers souvenirs, je me vois dans la rade de Manille, novice à bord du *Brûle-Gueule*. Mon vaisseau faisait partie d'une division franco-espagnole. La division se composait de deux vaisseaux et de deux frégates espagnoles. De notre côté nous n'avions que le *Brûle-Gueule* et la *Preneuse*, mais en revanche nous avions pour chef le capitaine L'Hermite.

— Ah ! ah ! fit le père Vent-Debout à qui ce nom était bien

LES DEUX VAISSEAUX ANGLAIS.

connu. Tous les marins aussi dressèrent l'oreille. L'Hermite était respecté par eux comme Surcouf.

— De Manille, nous fîmes voile pour la mer de Chine où nous espérions rencontrer des convois anglais chargés de marchandises. En vue des îles Ladrones nous apprîmes qu'un de ces convois était mouillé à trente mille de nous tout au plus. Jugez de notre joie, quand, partis sur cette piste, nous aperçûmes, le lendemain, deux vaisseaux anglais ancrés auprès d'une petite île.

Les Anglais, surpris à l'improviste, comprirent en voyant nos forces supérieures aux leurs qu'ils ne pourraient pas lutter ; ils coupèrent leurs cables, appareillèrent à la hâte en jetant par dessus bord tout ce qui les encombre, ils se dirigèrent vers la rivière de Canton. La chasse commença aussitôt. La marche des Espagnols est fabuleuse, ils nous auraient facilement rendu un bon tiers de leurs voiles et auraient encore conservé leur avance sur nous. Nous étions furieux de cette supériorité de marche qui allait leur permettre d'aborder les premiers l'ennemi, lorsqu'à notre grand étonnement nous les vîmes se ralentir peu à peu et se laisser gagner à vue d'œil par nos deux vaisseaux. Du reste, la chasse allait bien, nous nous étions rapprochés sensiblement des Anglais. Le *Brûle-Gueule* et la *Preneuse*, laissant en arrière la division espagnole, se trouvèrent bientôt à une portée de canon des Anglais.

Le feu s'engage aussitôt, nous échangeons plusieurs bordées. Les artilleurs ne pointaient qu'aux mâtures, et tous leurs efforts ne tendaient qu'à un but, celui de causer à l'ennemi quelqu'avarie qui retarde sa marche et donne aux Espagnols le temps de nous rejoindre.

Le feu durait avec vivacité de notre part, mais sans produire de résultat apparent, lorsque les signaux des vaisseaux espagnols nous donnèrent l'ordre de cesser le combat. Nous fûmes obligés d'obéir et de rallier la division, mais nos commandants furieux qu'on compromît ainsi l'honneur de notre pavillon allèrent relâcher à Batavia, et de là, où nous laissâmes la division espagnole, nous appareillâmes pour l'Ile-de-France.

Notre traversée fut heureuse et nous arrivâmes sans accident en vue de l'île. C'était à la tombée de la nuit. Le capitaine L'Hermite n'apercevant aucune couleur ennemie dirigea la route de manière à attaquer le port Maurice en passant sous le vent de la colonie. Cependant comme nous pouvions d'un instant à l'autre nous trouver en présence des Anglais, qui bloquaient l'île, nous nous tînmes sur nos gardes toute la nuit.

Dès le matin, l'ennemi étant au large, nous pûmes gouverner vers le petit port de la rivière Noire. Seulement pour gagner le fond de la baie, à peine abritée par deux petites pointes, il fallait louvoyer, et les Anglais, qui nous avaient aperçus, nous gagnaient de vitesse. Notre perte semblait certaine. Heureusement que L'Hermite nous commandait, et qu'avec lui on pouvait compter sur les ressources de la ruse et du courage.

Il connaissait la côte et savait qu'il y avait assez d'eau pour nous. Il comprit de suite que l'ennemi ne pouvait nous couper le chemin et qu'il pourrait mettre ses deux navires en sûreté. En effet, louvoyant bord sur bord, nous eûmes à endurer le feu ennemi toute la journée, sans qu'il nous fût possible de lui répondre autrement que par nos canons de retraite. A quatre heures, nos deux navires s'embossèrent, et présentant le travers à la division anglaise, commencèrent à engager le feu avec plus de régularité. Les bordées se succédèrent sans interruption jusqu'à la nuit. Nous n'eûmes pas beaucoup à en souffrir, mais les Anglais, voyant qu'ils ne pouvaient se rendre maîtres de nous, orientèrent pour gagner le large. Cette retraite devait cacher un piége. Le capitaine L'Hermite fit prendre toutes les mesures de sûreté.

Le lendemain, au point du jour, nous installâmes nos embossures de manière à pouvoir spontanément présenter nos batteries au large et recevoir dignement l'ennemi. Bloqués comme nous l'étions, nous ressemblions à une souris guettée par un chat. Notre position était si critique, que personne n'entrevoyait le moyen d'en sortir, seulement avec cette habitude des dangers qu'ont les marins, chaque équipage se reposait avec confiance sur L'Hermite, persuadé que, tant qu'il serait vivant, on n'avait pas à craindre de tomber entre les mains des Anglais.

Notre capitaine confirma cette opinion en prenant une précaution à laquelle personne n'avait songé et qui nous mit en sûreté en triplant nos moyens de défense.

Il fit mettre les équipages à terre, fit creuser les récifs de la pointe de la baie la plus avancée et y plaça une batterie de 24 canons de 18 et de 12 ; à ces canons qui n'étaient d'aucune utilité à bord des deux navires, car leur position ne leur permettait de se servir que d'une batterie, il joignit la moitié des équipages.

Et nous attendîmes sans crainte la visite de messieurs les Anglais. L'inquiétude avait été remplacée chez nous par l'ennui, et nous ne désirions plus que le retour de l'ennemi pour en finir avec lui, et rentrer dans le port Maurice. Pendant huit jours Monsieur se fit attendre, mais le neuvième jour il se présenta, croyant le succès assuré, une triste désillusion l'attendait.

A son attaque brusque et formidable, nous répondîmes par un tel feu de nos deux navires, qu'un moment il s'arrêta presque surpris et humilié. Puis lorsque tout à coup notre batterie de terre construite à fleur d'eau, c'est-à-dire à l'abri des coups de l'ennemi, joignit aux nôtres son feu dont pas un coup n'était perdu, la stupéfaction des Anglais se changea en fureur, et ils redoublèrent d'efforts.

Fureur impuissante et efforts inutiles. Leur acharnement ne contribua qu'à doubler leurs pertes et à augmenter leur honte.

Avant la fin du jour, l'ennemi était obligé de cesser le feu et de lever, par suite de l'état déplorable dans lequel il se trouvait, le

La batterie de terre joignit son feu à celui des navires.

blocus de la colonie. Quelques jours après nous entrions triomphalement au port Maurice, au milieu des acclamations de la population entière.

L'admiration que j'éprouvais personnellement pour le capitaine l'Hermite était si forte, que je demandai à passer à son bord, quand la *Preneuse* dut reprendre la mer. Si j'avais su ce qui m'attendait, j'aurais peut-être réfléchi : j'étais jeune ! Aujourd'hui je ne m'en repens pas, bien au contraire.

Nous fîmes voile vers Madagascar, et de là vers la pointe occidentale de l'Afrique, où nous mîmes en panne devant un des plus admirables paysages qu'on puisse imaginer. La baie était immense et entourée de montagnes gigantesques d'une forme bizarre, échelonnées en amphithéâtre ; c'était celle de Lagoa où il existe un mouillage fréquenté par les baleiniers de toutes les nations neutres, ou par les bâtiments ennemis de la France : ce mouillage était protégé par un fortin anglais. Nous l'apprîmes trop tard à nos dépens.

— Faites orienter sous toutes les voiles et gouvernez sur la crête, au pied de laquelle j'aperçois cinq navires à l'ancre, dit le capitaine L'Hermite en s'adressant à l'officier de quart. Voilà peut-être assez de captures pour terminer notre croisière.

Puis il donna des ordres pour déguiser notre navire en navire de commerce. Le changement ne fut pas long à faire : les canons furent halés en dedans, et les sabords de la batterie fermés. Le pavillon Suédois monta à la corne et flotta perfidement, tandis qu'un petit nombre de gabiers serrent et dégréent lentement les perroquets et menues voiles, afin de donner à penser que l'équipage n'est composé que de peu d'hommes. Enfin, à la tombée de la nuit, notre frégate mouilla en s'embossant aussi près que possible du plus gros des navires, dans la baie de Lagoa.

Notre position ne laissait pas que d'être critique. Ignorant la force des navires qui nous entouraient, sauf le plus rapproché qui nous paraissait d'un très-fort tonnage, nous ne savions pas si nous jouions le rôle d'un vautour guettant la proie, ou celui d'un vautour pris au piége.

Quant au capitaine, voulant d'abord savoir à qui il avait affaire, il annonça qu'il patienterait toute la nuit. Ce délai nous permettait d'attendre la brise du large, ce qui améliorerait notre situation, en nous permettant d'attaquer avec avantage.

Il était nuit noire, rien ne bougeait dans la baie ; seulement à plusieurs reprises des canots silencieux passèrent près de nous sans répondre à nos demandes ou à notre appel. A travers les sabords ennemis on voyait de temps en temps passer des fanaux. Il s'exécutait un mouvement que nous ne pouvions comprendre, mais que L'Hermite devina en faisant placer chacun à son poste de combat.

A peine toutes nos dispositions étaient-elles prises, qu'un globe de feu illumina la gauche de la baie, et un boulet passa en sifflant au-dessus de nous..

— Hisse le pavillon français ! ouvre les sabords, s'écrie notre capitaine en se précipitant sur son banc de quart.

Cinq épouvantables décharges semblèrent y répondre et vin-

Combat de nuit.

rent se croiser sur nous en éclairant les couleurs anglaises qui flottaient aux mâts de cinq vaisseaux. Notre capitaine nous cria à travers son porte-voix :

— Feu partout, feu !

Un volcan éclata : une fois l'action régulièrement engagée, quand nous eûmes réparti notre feu sur nos adversaires, nous reconnûmes à la lueur du canon que les forces qui étaient devant nous étaient considérables : à tribord nous avions à combattre trois grands baleiniers, à babord un vaisseau de la Compagnie des Indes, une corvette à trois mâts et le fortin Anglais, dont les boulets venaient à chaque instant ébranler la coque de notre frégate !

Ce spectacle nous eût découragé en tout autre moment ; avec L'Hermite, personne n'avait peur. Tout le monde avait l'enthousiasme et l'espérance.

Le feu continua jusqu'à minuit avec une ardeur qui, loin de se calmer, semblait au contraire s'accroître. A cette heure-là, le vaisseau de la Compagnie amena, avec ses couleurs, les fanaux qui les éclairaient. C'était notre première victoire, et la possession de ce riche et puissant navire nous récompensait de notre courage.

— Embarquez les yoliers, lieutenant, faites armer vos hommes et allez prendre possession de ce navire qui se rend, s'écria l'Hermite au milieu de nos hourras.

Le feu cessa un instant, mais je ne sais pourquoi à certains signaux échangés entre les baleiniers et la corvette, nous pressentîmes une trahison. En effet, à peine la yole était-elle partie que le vaisseau qui avait amené ses couleurs, hissa de nouveau son pavillon et recommença le feu.

La yole revint sans avoir été atteinte. Le capitaine L'Hermite haussa les épaules et cria :

— Courage, enfants, pointez en plein bois, toujours en plein bois ! ce vaisseau est à nous !

Tandis qu'on s'acharnait sur ce vaisseau que foudroyait notre artillerie au babord, une sautée en vent permettait à la corvette de se placer en proue de la *Preneuse* et de l'accabler d'un pointage d'enfilade auquel nous ne pouvions répondre qu'avec nos quatre canons de chasse. Dix fois les batteries du vaisseau se turent, mais dix fois de nombreuses embarcations lui apportèrent de nouveaux combattants et son feu recommença toujours.

Jusqu'alors l'obscurité avait régné sur la bataille, lorsque la lune parut enfin à l'horizon et nous montra le spectacle de nos tristes désastres.

Quel tableau ! manœuvres, poulies, bastingages, voiles, gréements, mâtures et canots fracassés par les boulets jonchaient de leurs éclats le pont ensanglanté, comme s'il eût reçu une pluie de sang. Au milieu de ces débris gisaient des matelots morts ou blessés. Ces derniers furent ramassés. Quant aux cadavres on les jeta par-dessus le bord sans qu'un adieu les suivît au fond de la mer. Qui sait si, parmi eux, il n'y avait pas des cœurs qui battaient encore !

Le combat continuait toujours, mais chacun comprenait que nous étions perdus. Notre capitaine lui-même avait des moments de désespoir et d'émotion qui n'étaient pas de longue durée ; mais son âme était trop fortement trempée pour ne pas faire face au danger qui nous menaçait.

Tout à coup un boulet vint couper notre embossure, et notre frégate privée de cette dernière ressource qui la maintenait dans une position tenable céda aussitôt à l'impulsion de la marée et dérivant, entraînée par le courant, présenta son flanc à l'artillerie du fortin. Ce funeste contre-temps déchirait le cœur du capitaine.

— Il ne nous reste plus qu'à partir au plus vite, dit-il avec amertume, stimulez les gabiers. Les moments sont précieux.

Les officiers sans mot dire font exécuter cet ordre, et l'Hermite toujours debout sur son banc de quart examine avec sa longue vue dans la ligne du vent. A travers les éclaircies de fumée il voit un gros point noir qui s'avance vers nous. C'est un brûlot que les chaloupes anglaises remorquent à notre intention.

Les gabiers ont vu arriver ce vaisseau incendiaire. A bord, l'épouvante est à son comble.

— Ce n'est rien, enfants, s'écrie notre capitaine avec indifférence, c'est un de nos ennemis qui a pris feu et qu'on remorque au large.

Ce mensonge généreux ramena un peu de confiance, et les travaux nécessaires à notre fuite furent poussés avec vigueur, mais bientôt le doute ne fut plus possible. Le brûlot avançait à vue d'œil, et on distinguait la flamme rouge et ardente qui s'élançait des écoutilles du navire incendiaire. Un quart d'heure lui suffisait pour nous accrocher. L'Hermite, renonçant alors à nous tromper, s'écria d'une voix calme et vibrante pendant que nos canons tiraient toujours avec énergie :

— Range aux drisses des huniers et aux écoutes ! Gabiers de la grande hune, on n'attend plus que vous !

Les malheureux gabiers étaient à moitié asphyxiés.

— Au fait ! rien ne presse, reprit le capitaine en se promenant tranquillement, les mains derrière le dos, ce brûlot passera loin de nous !....

Les gabiers reprirent leur travail avec ardeur.

Cette fuite nous froissait tous, mais il fallait éviter ce maudit brûlot qui était presque bord à bord avec nous. Hésiter eût été un crime.

— Hors le petit foc ! coupe le câble, borde et hisse les huniers, crie le capitaine.

Aussitôt la frégate, dégagée de ses liens et obéissant à l'impulsion du vent et à ses voiles en lambeaux, glisse et s'échappe sur la pleine mer. A peine quelques minutes s'étaient-elles écoulées depuis l'appareillage, qu'une détonation terrible fit trembler la *Preneuse* et éclaira d'une immense gerbe de flamme, la scène de carnage que nous quittions avec bonheur. C'était le brûlot qui sautait.

Peu après, d'épaisses ténèbres nous enveloppèrent. Nous forçâmes de voiles afin que l'ennemi, au jour naissant, ne pût jouir de la vue des graves avaries que nous avions éprouvées. Quoique l'équipage fût accablé de fatigue, il n'en resta pas moins debout jusqu'au lendemain, occupé à enverguer de nouvelles voiles, jumeller les bas mâts et les vergues, étancher les nombreuses voies d'eau de la carène et raccommoder les embarcations. Ce travail difficile fut terminé tout d'un trait.

Nous espérions qu'un temps favorable nous récompenserait de nos pertes et de nos fatigues en nous permettant de prendre notre revanche; mais il était dit que rien ne nous réussirait dans cette fatale croisière. La brise passa de l'ouest au sud. A peine le jour paraissait-il à l'horizon, que nous fûmes assaillis par un ouragan si violent, qu'un moment la frégate fut engagée. Elle reprit enfin son équilibre et recouvra son sillage, mais il fallut orienter vent arrière et fuir ces funestes parages sans l'espoir de nous venger.

Pendant trois jours et trois nuits, la tempête continua avec la même violence, et nous pûmes enfin prendre un repos dont nous avions tant besoin.

A peine commencions-nous à goûter les douceurs du sommeil que la tempête nous éveilla encore. Cette fois elle fit bien. Nous étions dans les dangereux passages des bancs des aiguilles, lorsque la vigie signala un navire, au vent à nous, par le bossoir de tribord et gouvernant pour nous accoster.

C'était l'heure de la soupe, et chacun n'en sauta pas moins de joie quand le capitaine L'Hermite cria :

— Suspendez le souper de l'équipage! Branle-bas général de combat! En haut larguer le petit hunier et le perroquet de fougue! n'arrivons pas, timonier!

Grâce au surcroît de voilures tombées du haut de ses vergues, la *Preneuse* s'élance, et bientôt nous pûmes apercevoir le vaisseau ennemi du haut des bastingages.

Le doute n'était plus possible. C'était un navire de guerre que nous avions par notre travers. Restait à reconnaître sa nationalité.

A ce moment la tempête redoubla de violence. Vingt fois, des vagues énormes nous rapprochèrent à une si petite distance de l'ennemi, que nous crûmes à un abordage. Si nos prévisions se fussent réalisées, notre perte et la sienne étaient certaines, pas un seul homme n'eût survécu à la catastrophe. Enfin L'Hermite profita d'un moment d'éclaircie pour opérer la reconnaissance.

— Hissez notre numéro, dit-il.

— A peine notre numéro était-il monté à la corne qu'une détonation retentit. C'était le vaisseau ennemi qui assurait ses couleurs anglaises. Les deux commandants prononcèrent le mot : Feu ! en même temps. Les deux bordées éclatèrent comme un coup de tonnerre, et bien que nous eussions tiré du côté du vent, la mer embarqua à pleins sabords. Il nous était déjà impossible de continuer l'action de la batterie. La fatalité s'acharnait après nous.

Pour surcroît d'ennui, les blessures mal bouchées de la carène, malheureux souvenir du combat de Lagoa, laissaient pénétrer l'eau dans la cale, et quatre pompes suffisaient à peine à l'étancher. Encore fallait-il des hommes pour les mettre en mouvement.

Le capitaine commanda alors froidement une manœuvre qui nous mit bientôt hors de portée de notre adversaire. Cela ressemblait à une fuite. Mais comment aurions-nous fait pour combattre ? Le crépuscule arrivait, l'ombre de la nuit nous entoura bientôt et toutes les longues vues signalèrent que le vaisseau anglais avait disparu. Une fois ceci bien constaté, le capitaine ordonna de laisser arriver vent arrière pour faire fausse route et de paqueter tant bien que mal les voiles au plus vite.

L'équipage prit un peu de repos. Seul l'Hermite souriait en se promenant sur le pont, et je le voyais ne pas perdre un seul détail de la manœuvre, tout en inspectant l'horizon. Chacun était resté à son poste de combat, et quand la lune perçant les nuages éclaira la mer, le capitaine montra à ses officiers le vaisseau ennemi qui nous chassait encore dans notre fausse route.

Le capitaine n'eut plus à s'inquiéter de la manœuvre, il fit reposer tout l'équipage et resta seul sur le pont avec le premier lieutenant.

Ce qu'ils se dirent, je me le rappelle, car j'étais placé en surveillance aux drisses, et leur voix montait jusqu'à moi, la tempête s'était apaisée, et les premières lueurs de l'aube nous annonçaient une belle journée.

Position désespérée... Il faut l'enlever à l'abordage... La première volée à boulets ronds au pied de son grand mât... les autres à deux boulets... à fleur d'eau... pour le démâter et le couler... Puis nous approcherons avec les armes d'abordage.

Diable, me dis-je, ça va chauffer! Le jour arriva, et j'allai prendre du repos. A midi je fus réveillé par le bruit du canon. La bataille s'engageait.

— Tout le monde sur le pont. A vos pièces les servants! Pointez à fleur d'eau!

— Messieurs, continua le commandant, j'avais l'ordre de fuir devant des forces supérieures. Vous êtes témoins que je l'ai fait. Mais maintenant fuir serait une lâcheté. Feu partout! et à l'abordage!

Cette dernière partie de son commandement était en réponse au navire anglais qui, arrivé à une portée de fusil, nous hélait d'amener nos couleurs. Mais celui-ci, surpris au dépourvu par notre témérité, ne put malgré toute la promptitude possible diminuer de voiles pour nous maintenir bord à bord. Déchaîné par la supériorité de sa marche, il dut nous laisser en arrière.

— Ah! s'écria L'Hermite, il est tombé dans le piége que je lui tendais. Rien ne peut nous empêcher maintenant de lui passer en poupe et de l'aborder. La barre dessous, timonier, en haut tout le monde! A l'abordage! hissez les grappins!

Et la frégate venant du lof met le cap sur le travers de son ennemi. Le feu de la mousqueterie commence. Les deux navires sont prêts de se heurter. Les Anglais tuent nos gens placés à découvert sur les gaillards. Nos matelots, l'œil flamboyant, maudissent la distance qui les sépare des Anglais. Hélas ! la *Preneuse* trahie par sa marche, au lieu d'atteindre avec sa poulaine l'embelle de son ennemi pour l'aborder favorablement, touche seulement son couronnement du bout de son beaupré. Le *Jupiter* (c'est alors qu'on découvre le nom du vaisseau anglais) nous dépasse de l'avant ! Plus d'espoir d'en venir à l'arme blanche !

— Envoyez-lui la volée en poupe. Pointez son gouvernail et ne tirez qu'à coup sûr, crie L'Hermite aux canonniers.

L'abordage n'a pas lieu, et cependant au bruit des tambours, aux rugissements de nos matelots cloués sur le pont par les longues piques des Anglais, on croirait les deux navires aux prises. Tout à coup un horrible craquement domine le tumulte de la bataille. C'est notre boute-hors de clinfoc qui se rompt contre la dunette du *Jupiter* et qui tombe à la mer avec sa voile. Malgré cette avarie la *Preneuse*, continuant sa course, lâche d'enfilade et à bout portant sa volée dans l'arrière du vaisseau. L'effet est immense. Elle massacre les équipages du *Jupiter*, le désempare de son gouvernail et de ses voiles, mutile et disperse la sculpture de la poupe et fait voler en éclats ses yoles élégantes !

La *Preneuse* alors, profitant de l'état d'immobilité dans lequel notre terrible canonnade a mis le *Jupiter* en le désemparant de ses huniers, lui lâche une seconde volée en poupe qui réussit aussi bien que la première.

Les avaries du vaisseau anglais, quoique considérables, sont bientôt réparées, et le feu recommence avec une violence effrénée. Nos voiles se déchirent, nos vergues se brisent, nos mâts volent en éclats, les morts encombrent le tillac, et le cri des blessés perce de temps en temps le bruit de la canonnade. On ne voit rien, on n'entend rien, on se bat !...

Alors, une voix celle de L'Hermite domine la bataille :

— Nous sommes vainqueurs ! Le *Jupiter* coule !

Là se place une scène dont le souvenir est aussi vivant pour moi aujourd'hui, que s'il ne datait que d'hier.

Les Anglais se sont aperçus qu'une submersion les menace. Qu'ils s'oublient un instant, et leur vaisseau est perdu. Bientôt nous apercevons les matelots du *Jupiter*, qui, à travers la fumée du canon, se précipitent sur son flanc mutilé, en escaladant les bastingages. Ces malheureux, s'affalant en dehors par des cordages, essayent de clouer des planches, d'enfoncer à coups de masse des tampons, des matelas, des morceaux d'étoupes pour réparer la mortelle avarie que nos boulets ont faite. Mais chacun de ces hardis travailleurs subit une mort affreuse. Les uns sont broyés par nos boulets, les autres blessés mortellement tombent dans la mer, qui soulève autour d'eux des nuages d'écume. D'autres, atteints par les balles, sont parvenus à saisir un cordage et traînent pendants et mutilés le long du sillage du *Jupiter* en appelant au secours. Appel impuissant ! Les leurs ne peuvent les secourir, car nous dirigeons notre feu sur ceux qui tentent leur sauvetage. A chaque coup de fusil, une bouche se tait, un cadavre tombe.

— Jamais les Anglais ne parviendront à fermer cette brèche, dit L'Hermite. Ce vaisseau est perdu. Qu'on prépare nos canots pour sauver l'équipage !

Le *Jupiter* change alors de tactique. Il évente son grand hunier et oriente sous toutes voiles au plus près. Puis après avoir pris un peu d'air sous cette allure et nous avoir dépassés d'une centaine de toises, loin de se prêter à une rencontre qui dépend de lui seul, prend la fuite devant nous, salué par nos cris de rage.

Nous prenons les mêmes amures en boulinant au plus vite les lambeaux de nos voiles et nous poursuivons l'ennemi qui se sauve en tirant sur nous en retraite et nous gagne de plus en plus de vitesse. La chasse ne dura pas longtemps. Le *Jupiter* disparut à nos yeux pendant que notre frégate démâtée et sans voiles pouvait à peine obéir au vent, qui faiblissait déjà.

En jetant les yeux sur notre pont inondé de sang, nous sentîmes combien nous venions de payer cher une gloire stérile. Ah! si du moins la capture du *Jupiter* nous avait dédommagé du sang versé! Puis ce fut l'appel général, et rien ne peut rendre la douleur de L'Hermite, quand il se vit privé des meilleurs et des plus braves de son équipage!

Les jours qui suivirent notre victoire furent des plus tristes. Le grand nombre de blessés rendait le service pénible à bord. Le manque de provisions et le mauvais temps qui nous amenait à chaque instant de terribles tempêtes augmentaient nos fatigues, et commençaient à jeter la maladie dans l'équipage.

Une seule idée nous soutenait, c'est que nous voguerions bientôt vers l'Ile-de-France. Mais, en attendant, nous croisions toujours, cherchant un vaisseau dont la capture récompenserait nos fatigues, quand le scorbut et la gangrène se déclarèrent à bord avec violence. Ce fut alors un spectacle bien autrement affreux que celui de la bataille. Tous les jours, au lever du soleil, on transportait sur le pont les malades pour leur faire respirer l'air. C'était hideux à voir, ces malheureux, pâles comme des cadavres, maigres comme des squelettes et brisés par la douleur, n'ayant plus la force de se plaindre et attendant avec impatience l'heure de la délivrance ou de la mort.

Mais notre capitaine avait des ordres, il devait s'y conformer, et je vous laisse à penser, ce que cet homme si bon devait éprouver en voyant souffrir son équipage, qu'il aimait tant, sans lui donner la satisfaction de retourner à l'Ile-de-France, c'est-à-dire le repos et le salut ! Cela dura jusqu'au 30 octobre, dernier jour de notre croisière.

Quand on nous annonça cette nouvelle, les transports de joie éclatèrent de toutes parts ; les mourants se croyaient convalescents, les malades guéris. Et pourtant notre retour fut long et pénible. Chaleur étouffante, calme plat continuel. Manque d'eau et privation de nourriture.

Ce ne fut que le 10 décembre à la tombée de la nuit, que nous vîmes éclore à l'horizon, entre nous et le soleil couchant, la silhouette bleuâtre de l'Ile-de-France, terre promise que nous devions voir sans la toucher.

Une fois la situation de la frégate bien connue, on orienta la voilure de manière à pouvoir entrer dans le grand port le lendemain matin, si la colonie se trouvait bloquée. La nuit fut paisible, nos vigies s'assurèrent qu'aucun signal de danger n'était fait. Au sommet du Morne on n'apercevait que des feux isolés et tremblants, ceux des habitations des colons et des planteurs.

Le 11, au matin, la *Preneuse* hissa son numéro pour se faire reconnaître. Les vigies des montagnes apprenaient au gouverneur notre arrivée et notre position, et, à dix heures, le vent du large ayant remplacé la brise de terre, nous voguions bon frais vers la capitale des îles, quand soudain deux voiles masquées jusqu'alors par la côte apparurent à nos yeux. Le doute n'est plus possible, ce sont deux vaisseaux anglais. Cette apparition nous a frappés comme un coup de foudre, quand on a vu ces deux vaisseaux pincer le vent dans l'intention de nous couper le chemin.

— Avez-vous peur, enfants ? dit L'Hermite. Nous allons tâcher de leur échapper, mais si vous préférez la gloire d'un combat inégal, vous serez satisfait, car je doute que nous puissions entrer au port sans combattre. Lieutenant, faites gouverner entre le Coin de mire et la côte, afin que nous puissions entrer dans le chenal, cela raccourcira le chemin, en nous éloignant du port. Le chenal est peu fréquenté par les vaisseaux de haut bord, mais je n'y connais pas d'écueil.

Cette manœuvre était hardie, mais avec L'Hermite on obéissait, on ne discutait pas. Chaque homme gagne sa place de service. Un grand silence règne à bord. Enfin nous poussons un cri de joie, la frégate vient de franchir la passe en gagnant une lieue sur l'ennemi. Encore deux heures de bon vent, et nous pourrons jeter l'ancre au mouillage à bout de bordée. Mais la brise, jusque-là vive et régulière, s'éteint complétement et nous livre aux chances périlleuses d'un calme plat. La marée qui monte nous drosse vers le rivage, dont le fond est plein d'un corail tranchant qui coupe nos câbles. Dans ce cas, nous sommes sûrs, si le calme plat continue, d'échouer à la côte et de tomber dans les mains des Anglais. Retenus eux-mêmes par le calme, ils n'attendent que le vent pour venir profiter de leur trop facile conquête. Triste alternative, le combat vaut mieux.

Le capitaine L'Hermite a charge d'âmes ; il ne veut pas exposer la vie de son équipage avant d'avoir épuisé tous les moyens de retraite. Sur son ordre, on prend bâbord-amure, et on court au large pour revirer ensuite vers le port. Les voiles mises en ralingue derrière poussent le navire vers la terre, mais, malgré toutes les précautions, la *Preneuse* est trop près de la côte. A peine les voiles sont-elles boulinées, qu'un froissement subit de la quille, suivi de ce cri : Nous touchons ! vient renverser toutes nos espérances. Les coups de talon que donne la frégate se succèdent et font vibrer la mâture. L'avant du navire tourne vers la terre. Sa marche est arrêtée.

L'Hermite, pâle mais tranquille, fait serrer les voiles et mettre les embarcations à la mer pour mouiller au large une ancre de bossoir. Il voulait forcer la frégate à présenter son travers au large de manière qu'elle pût se défendre. Tous les objets du bord qui pouvaient gêner sont jetés à la mer. On embarque les blessés, et d'autres embarcations nous amènent des munitions et du renfort. Toute la population de l'île couvre le pourtour de la baie, attendant avec anxiété le résultat d'un combat devenu inévitable. Il s'agissait de l'honneur de la France ! une frégate désemparée et échouée à la côte contre deux vaisseaux anglais au large !...

Tout est prêt. On vire sur l'ancre de bossoir. Les charpentiers attaquent à grands coups de hache le pied des mâts chancelant au tangage, qui, privés d'appui et poussés à la mer par les rafales, tombent dans la mer. Par malheur le grand mât et celui de misaine, déracinés les premiers, arrachent avec une telle violence le mât d'artimon encore debout, qu'il parcourt le gaillard d'arrière tuant et blessant sur son passage les hommes qui viraient au cabestan, pour se rompre sur les passavents de tribord. Enfin la *Preneuse* cédant aux efforts du cabestan et du délestage présente au large sa double ceinture de canons. On établit des béquilles destinées à la maintenir dans une position à peu près verticale, et tous les canons de la batterie de bâbord remplacent ceux des gaillards de tribord. A peine tous les préparatifs sont-ils terminés qu'un épais nuage de fumée déchiré par les flammes nous annonce que les Anglais, poussés par ce même vent qui nous a fait défaut, et leur vient à présent en aide, sont à portée de canon. Le combat commence. Il est environ trois heures. La rage, la vengeance, l'amour-propre sont en jeu. On se fera tuer jusqu'au dernier ; mais on ne se rendra jamais. L'Hermite l'a dit, il faut pour nous vaincre que l'ennemi nous démolisse sur place. Nos couleurs nationales ne s'abaisseront pas.

La canonnade dura deux heures, et notre feu a causé les plus grands ravages à l'ennemi. Que la fatalité cesse de nous poursuivre, et nous sommes vainqueurs. Mais au moment où les Anglais se consultaient pour cesser ce combat si désastreux et si humiliant pour eux, un immense cri de joie retentit sur leurs vaisseaux. Nous sommes perdus ! Les boulets ennemis ont brisé les appuis qui la soutiennent, la *Preneuse* est tombée sur son flanc

La *Preneuse* à la côte.

de tribord, nos batteries sont submergées, nos ponts mis à découvert, et l'Anglais recommence son feu !

Toute résistance était impossible. Il ne nous restait qu'à mourir avec dignité.

Mourir ! l'Hermite ne le voulait pas.

— Amène les embarcations ! tout l'équipage à terre ! ne craignez rien, enfants, la *Preneuse* ne tombera pas dans des mains anglaises. Je reste seul à bord pour incendier la frégate.

— Partir, quand les boulets et la mitraille pleuvent sur nous, jamais, s'écrient les officiers, et l'équipage y répond en n'obéissant pas pour la première fois à son capitaine. Les blessés sont mis à l'abri, mais tout ce qui est valide reste là et attend. Alors L'Hermite est vaincu par l'émotion. Depuis longtemps la fièvre le minait, et il n'avait trouvé des forces que dans le désir de se venger et de combattre ; mais quand, à bout d'efforts, il vit que son navire était définitivement perdu avec tout son équipage, cet homme de fer pâlit, ferma les yeux et tomba évanoui.

Le lieutenant résolut au moins de sauver le capitaine ; mais l'inclinaison de la carène du navire était telle qu'il nous fut impossible de le transporter dans une embarcation. On fait accoster la yole par la hanche de tribord sous le feu de l'ennemi. Efforts impuissants ! la yole mitraillée par le feu des vaisseaux coule à pic entraînant dans ses débris sanglants les hommes qui la montent.

L'Hermite est étendu entre le banc de quart et le tillac. Le lieutenant agenouillé lui tient la tête. Ses officiers l'entourent. L'équipage, muet de désespoir, fixe ardemment les yeux sur ces vaisseaux qui lui envoient la mort et auxquels ils ne peut répondre. Le vide se fait autour du capitaine. L'officier qui le tenait se lève brusquement et retombe baigné de sang. Un biscaïen lui a troué la poitrine. En retombant il tend les bras au capitaine, l'attire à lui et l'embrasse au front. Ce baiser éveilla l'Hermite. En voyant le ravage que la mort avait fait autour de lui, il sourit amèrement, et se levant avec effort :

— Messieurs, pardon ! c'est moi qui suis cause de ce désastre, dit-il. Voici mes derniers ordres. Qu'ils soient exécutés sur-le-champ. Le feu à la frégate et que tout l'équipage descende à terre !... Maintenant, amenez le pavillon et abandonnez-moi aux Anglais qui ne vont pas tarder à nous amariner.

Personne ne bougea. Seulement nos couleurs furent amenées.

Le pont de la *Preneuse*.

Les embarcations anglaises arrivaient... Leur lève-rames nous annonça bientôt qu'ils venaient d'arrimer la *Preneuse*.

Pardon... monsieur Paul, l'émotion m'étouffe... A ce souvenir mon vieux sang redevient jeune et me fait sauter le cœur... Ce qui me console c'est que nous livrions aux Anglais une frégate dont ils ne pouvaient se servir. Les bastingages étaient rasés, le pont labouré par les boulets, la carène trouée comme un crible. Au pied du banc de quart, les deux seuls officiers qui restaient vivants soutenaient le capitaine. L'Hermite avait voulu être debout pour recevoir l'officier anglais. Celui-ci s'avança plus pâle, plus ému que nous et s'inclina avec respect et avec admiration devant L'Hermite.

— Capitaine, lui dit-il, je viens me mettre à vos ordres.

— Mes ordres, dit en souriant l'Hermite. Je désire que les corps de mes officiers soient ensevelis dans nos couleurs nationales et qu'on incendie la frégate.

— Ce sera fait.

Et L'Hermite descendit dans le cutter anglais. Il jeta un dernier regard à la *Preneuse* et, sans montrer son émotion, car des yeux ennemis le regardaient, il fit signe à l'officier qu'il était prêt.

Le lendemain notre bon et brave capitaine était rendu à la liberté, nous, nous voguions vers l'Angleterre où les pontons nous attendaient.

Cette fois le père Chasse-Marée ne put pas continuer, c'était Paul qui se trouvait mal.

L'émotion causée par ce récit qui perd à la lecture ce qu'il gagnait à être entendu débité par le père Chasse-Marée fut profonde ; elle atteignait surtout, tous les marins de l'État ; ainsi que le capitaine qui avait connu L'Hermite et combattu à côté de Surcouf, et Paul qui se rappelait son père. L'évanouissement du jeune homme ne dura pas longtemps. Malgré les prières de son oncle qui voulait qu'on le laissât dormir, il fallut que Chasse-Marée continuât son récit.

Sur un signe du capitaine, Chasse-Marée reprit la parole, mais il devait éviter tout nouveau récit de guerre pour laisser un peu de repos à l'imagination de Paul déjà trop surexcitée.

— Ma captivité serait bien longue à vous raconter. Je ne veux vous en faire toucher que les points principaux. D'abord, il faut que vous sachiez, ce qu'était un ponton anglais. Figurez-vous un vieux et noir vaisseau démâté, à l'ancre au milieu d'une baie, à deux lieues de la terre ferme ; sur ce vaisseau, mettez une batterie basse et un faux pont large de trente mètres sur quarante, et dans cet espace resserré, logez sept cents prisonniers, à qui le jour et l'air n'arrivent que par des sabords ouverts, de deux l'un,

Un ponton anglais.

ou par des hubleaux pratiqués à cet effet, sabords et hubleaux garnis de grosses barres de fer. Sur le pont, prenez le carré de la drôme et le gaillard d'avant, c'est le lieu de promenade de ces forçats du devoir. C'est là qu'ils prennent un peu d'air empesté par la fumée des cheminées, une fumée épaisse de charbon de terre. Aux deux extrémités, les Anglais chargés de la garde, sur le derrière, les officiers et leurs domestiques, le tout séparé de nous par une cloison garnie de clous et de meurtrières qui permet, en cas de révolte, de tirer sur nous sans danger. Dans le carré de la drôme, qu'on appelait, par dérision, le Parc, est un escalier qui sert à descendre dans les batteries, lesquelles n'ont aucune communication entre elles. Seulement il y avait un trou percé dans la cloison que nos geôliers ne connaissaient pas, et qui nous permettait de nous rendre de mutuelles visites.

Tout autour de ce ponton, règne une galerie à claire-voie et à fleur d'eau, où les sentinelles se promènent sans cesse. Du reste, la surveillance était très-rigoureuse : les pontons étaient tous ancrés à la file ou en regard les uns des autres, les rondes se faisaient jour et nuit et chaque soir. Après l'examen minutieux des murs et des grilles, les Anglais nous comptaient absolument comme on compte des moutons.

Pour meubles, on a un banc placé le long des murs et quatre autres placés au milieu du navire ; un hamac et une couverture de laine qu'on suspend le jour à des saquets placés sur les barreaux de chaque batterie, nous servent de couche la nuit. Pour vêtements, c'est un pantalon et un gilet, couleur orange, marqués d'un T et d'un O ; pour nourriture, une livre un quart de pain bis et sept onces de viande de vache ; les jours maigres, une livre de harengs saurs ou de morue et autant de pommes de terre ; avec cela trois onces d'orge, une once d'oignon et de sel pour se faire la soupe. On ne mourait pas de faim, mais c'était bien juste.

A nous toutes les corvées, la cuisine, le lavage du pont et des batteries ; mais en voilà assez. Vous voyez la scène d'ici et je gage que vous serez encore au-dessous de la vérité. Si vous essayez de vous représenter ces hommes entassés dans un petit espace, exaspérés par des souffrances inouïes, aiguillonnés par le besoin, aigris par le malheur ! Le bagne est petit pour l'espace, il est grand pour la douleur ! Voilà comment l'Angleterre traitait nos prisonniers, tandis que les leurs se promenaient, libres sur paroles, dans les villes du centre de la France !

Les plus malheureux parmi ces malheureux, et pourtant ceux qui supportaient le plus gaiement leurs malheurs, étaient les *rafalés*. Un Breton dont je fis mon camarade, il s'appelait Robert, m'expliqua après m'avoir initié à la vie de ponton, ce que c'était que ces *rafalés* :

— Ce sont des faillis chiens, parqués à part comme des bêtes immondes. Pour jouer ils vendent tous leurs effets, leur hamac, leur couverture. Aussi pour monter sur le pont, à l'appel, ceux qui n'ont même pas une culotte ou une chemise, louent une couverture pour cacher leur nudité. Je dis louent, car ici tout se vend ou se loue, rien ne se donne ni se prête. Ils vendent, pour jouer, leurs aliments, et, quelquefois pendant cinq ou six jours, ils jeûnent et ne mangent que le rebut des autres. Il y en a même qui, mourant de faim, jouent encore les immondices qu'ils ont trouvées. Tout le monde ne peut pas faire partie des *rafalés*. Pour être de leur société, il faut vendre tout ce qu'on possède, et, avec l'argent, régaler jusqu'au dernier sou les camarades. Alors on le reconnaît frère et on lui donne un caillou pour oreiller. Ce sont eux, en revanche, qui combinent les évasions, et font des niches aux Anglais. Personne ne les fréquente, mais tout le monde les estime.

Nous les verrons à l'œuvre. En attendant, pour arriver plus vite à ce qui peut vous intéresser, je passe sur la manière dont nous vivions. Un mot suffira. Chacun ne s'occupait que de manger aux dépens de son voisin, de faire argent de tout, de travailler de son état, si faire se pouvait, et enfin de tâcher de s'évader. L'évasion était le but de toutes nos pensées. Dès qu'on en avait le plan bien arrêté, pour quelques sous les *rafalés* en aidaient l'exécution.

La première évasion dont je fus témoin mérite une mention spéciale, car celui qui s'évada était un colonel d'infanterie qui avait refusé d'être interné à terre pour rester avec ses soldats. Il avait été pris sur un vaisseau qui transportait des troupes à Saint-Domingue.

Tous les huit jours une embarcation apportait au ponton des barriques d'eau douce que nous hissions sur le pont, et nous descendions les barriques vides. Le colonel se glissa dans une de ces barriques que l'embarcation emporta, et nous sûmes plus tard qu'il avait réussi à gagner la terre.

Naturellement, cette évasion me mit la puce à l'oreille. Robert et moi, nous résolûmes d'en faire autant, mais, huit jours après, nous nous aperçûmes que la mèche était éventée. Les Anglais, avant de faire embarquer les barriques vides, les examinaient une à une avec attention.

— Nous n'avons qu'à chercher autre chose, me dit Robert.

Et à force de chercher nous trouvâmes. Les *rafalés* nous fournirent les outils. Où les avaient-ils trouvés? C'est un problème difficile à résoudre. Rien ne nous manquait, maillets, ciseau, vrilles, scies et gouges. Restait à trouver l'endroit pour faire notre trou. Ce fut dans un endroit obscur, sous le faux pont à fleur d'eau, que nous commençâmes notre travail. D'abord nous commençâmes par lever une grande pièce de bois taillée dans le carré et coupée dans le vrégage, de façon qu'il nous fût possible de la remettre en place pendant le jour et de cacher la trace de notre travail.

Depuis le lever du soleil jusqu'au soir nous travaillions sans relâche. Afin de prévenir toute surprise de la part de nos geôliers, quand les Anglais descendaient dans la batterie, le premier qui les apercevait criait : Navire! et ce mot répété de bouche en bouche arrivait promptement jusqu'à nous. Alors ceux qui, comme Robert et moi, perçaient les murs du ponton, remettaient tout en place pour recommencer après le passage de la ronde.

Il y avait huit jours que nous avions mis la première main à notre œuvre, quand l'argent vint à nous manquer. Certes, si jamais nous avions eu besoin d'argent, c'était bien dans ce moment, car il nous en fallait, pour une fois à terre, échanger notre livrée contre un habit qui ne pourrait pas nous faire distinguer des Anglais. Sur les bords de l'Angleterre, les paysans faisaient la chasse aux Français évadés, absolument comme à Brest on fait la chasse aux forçats.

Comment nous en procurer? Robert avait l'esprit inventif, il eût été digne d'être des *rafalés*. Il alla trouver un jeune officier qui continuait ses études sur le ponton et avait du papier, ce qui était pourtant défendu. Il le pria de lui faire une affiche ainsi conçue ou à peu près :

DÉFI AUX ANGLAIS !
VIVE LA BRETAGNE DE FRANCE !

Le nommé Robert de Saint-Malo, vexé d'entendre les Anglais se vanter d'être les premiers boxeurs de l'Angleterre s'engage à combattre deux d'entre eux, à la fois et en même temps à toutes sortes de coups de poing et sans faire usage de ses jambes. Il s'engage avant le combat à recevoir dix coups sans se défendre. Il rossera ensuite les deux Anglais.
Ledit Robert demande seulement dès qu'il aura reçu les dix coups de poing qu'on lui remette deux livres sterling.
Fait à bord où il s'ennuie à mort.

Signé : ROBERT.

Comme bien vous le pensez cette affiche fit fureur. Les prisonniers virent bien que c'était une plaisanterie, mais les Anglais l'acceptèrent comme de l'argent comptant. Restait à savoir comment Robert s'en tirerait.

Celui-ci était un de ces Bretons, petits, mais large d'épaule, à la tête dure comme une pierre, aux mains de fer. Comme force, malgré les privations de toute sorte, il ne craignait personne, seulement il ne savait pas boxer. La question du reste n'était pas de donner des coups de poing; mais d'en recevoir. Dix coups pour deux livres sterling. Quelques dents de cassées, une côte défoncée, un œil poché, peu lui importait, il se guérirait à l'infirmerie en reprenant des forces pour le jour de l'évasion. Moi-même, bien que très-jeune, j'étais un gars assez solide, et, ce jour-là frais et dispos, je lui prêterais les forces qui lui manqueraient. Robert avait tout calculé, mais il avait compté sans son hôte, c'est ce qui faillit tout perdre. Ah! plût à Dieu que nous n'ayons pas tenté cette maudite évasion!

L'affiche fut lue sur tous les pontons et à Plymouth. Par orgueil national les Anglais ne répondirent pas à ce défi ou du

Petit Blanc.

moins les officiers ordonnèrent-ils aux soldats de ne pas répondre. Mais il fallait donner une leçon à ce Français présomptueux, et ce fut un capitaine qui s'en chargea. Voici comment : il avait pour domestique un nègre d'une taille gigantesque, d'une conformation et d'une force d'hercule. Jamais je n'avais vu une tête aussi grosse, des yeux plus féroces, et des mains aussi énormes que les siennes. Son maître s'en servait pour les combats de boxe, comme on se sert en Angleterre d'un cheval ou d'un coq, et il lui faisait gagner des sommes énormes. Chaque fois que cet officier venait à bord voir son collègue, le commandant de notre ponton, ce nègre l'accompagnait, et Dieu sait que de colère ses regards effrontés, ses haussements d'épaules et ses injures avaient amassée contre lui. Depuis longtemps son maître cherchait une occasion de le faire boxer avec ces chiens de Français, mais il n'en avait pas encore rencontré un digne de soutenir la lutte. L'affiche de Robert lui donna l'idée de faire donner une leçon au Français par son domestique, mais il changea l'ordre des choses, c'était Robert qui devait donner dix coups de poing contre un seul donné par le nègre. Robert refusa et maintint sa proclamation; mais lui aussi, y fit un petit changement.

— Le nègre donne à moi dix coups de poing, avant moi en donner un. Libre à moi de ne pas recevoir coups de poing du nègre. Lui attrape moi s'il peut.

C'est du langage à la nègre, ajouta Robert, il comprendra mieux.

Je commençais à être inquiet de l'issue de cette lutte et j'espérais qu'elle n'aurait pas lieu. Je me trompais. Les Anglais en firent une représentation officielle, et, pour que Robert ne pût s'en dédire, on lui versa d'avance deux livres, lui en promettant vingt autres pour ses héritiers s'il était tué ou pour lui s'il était vainqueur. Robert était aux anges.

— Un seul coup de tête et je lui démolis la carène, criait-il.

Moi, je fis tout mon possible pour lui faire abandonner non-seulement son projet mais encore le ponton, car tout était prêt pour notre évasion. Il n'y voulut pas consenti.

— Laisse donc, petit. Je vas leur donner une leçon.

Le fameux jour arriva. Le ponton avait un air de fête, toute la haute société de Plymouth, à laquelle le capitaine appartenait, s'était donné rendez-vous ; aussi, avait-on préparé des bancs, [comme] pour un spectacle. Je tremblais comme un enfant. Robert était gai comme un pinson. Les deux champions furent mis en présence, et j'avoue, à notre honte, que je compris les sourires de pitié des Anglais quand ils virent ce petit Breton en face de ce nègre colossal.

Robert était déjà en garde pour esquiver les coups. J'étais son témoin, son parrain comme ils disaient, et le capitaine m'avait confié sa montre pour compter le temps que durerait la lutte. Il paraît que chaque fois que Robert serait terrassé d'un coup de poing, il ne devait pas rester plus de cinq minutes sans se relever, sinon la partie était perdue pour lui. Petit Blanc ricanait et semblait dire à son maître :

— Je ne l'assommerai qu'au dixième.

Mais il restait une dernière formalité à accomplir. Les combattants devaient se donner et se serrer la main en guise d'amitié. Le nègre s'avança en se dandinant d'un air superbe et dédaigneux, puis se plaçant en face du Breton dans une pose d'hercule de foire, qui lui permit de développer son torse, il étendit son bras.

— Serrez ma main avec respect, dit-il, elle a déjà assommé et tué plusieurs Français.

Cette injure grossière souleva des cris enthousiastes chez les Anglais et des cris de fureur parmi les prisonniers. Robert ne riait plus. Il n'avait pas bien compris, et je dus lui répéter ce que le nègre avait dit.

Ah ! si vous l'aviez vu ! Sa figure si douce et si riante se contracta comme le mufle d'un tigre. Ses lèvres se relevèrent en laissant voir ses dents serrées par la rage, ses yeux injectés de sang semblaient lancer des flammes. Je vous assure que les Anglais ne riaient plus, et que le nègre perdit contenance. Mais un grand silence se fait. Robert s'est approché et a saisi la main de son adversaire.

Leurs mains enlacées, leur regard fixe, leurs visages enflammés,

Combat du Rouget et de Petit Blanc.

rapprochés l'un de l'autre, les deux combattants immobiles et impassibles ressemblaient à un groupe de pierre. Peu à peu le visage du nègre sembla refléter une vive douleur. Tout à coup laissant échapper un cri terrible, le nègre se mordit les lèvres, rejeta la tête en arrière et parut s'évanouir. On voyait passer sur ses épaules des frissons convulsifs, tandis que, chez Robert, pas un muscle ne bougeait. Ce qui se passait était si extraordinaire, que nous ne savions que penser.

— Ah! s'écria Robert d'une voix stridente, cette main a assassiné des Français. Eh bien! je veux qu'elle ne fasse plus peur, même à un enfant!

En effet, prodige inouï de force, la main du Breton avait serré celle du nègre avec une telle violence, que le sang jaillissait des doigts.

— Grâce! grâce! s'écria-t-il en tombant sur ses genoux, je suis vaincu!

Mais Robert, insensible à cette prière, ne lâcha la main qu'il broyait que quand le nègre tomba, et nous vîmes cette main inerte, sanglante, écrasée! spectacle hideux que nous saluâmes du cri frénétique de : vive la France! J'étais fou de joie.

— A présent, dit Robert, rien n'empêche le moricaud de taper de la main gauche.

Le capitaine s'avança froidement et dit à son domestique :

—Êtes vous prêt?

Le nègre souffrait de si atroces douleurs qu'il ne put que faire un signe négatif.

— Renoncez vous au combat? continua le capitaine avec le même flegme et le même sérieux.

— Oui.

— Alors je déclare que vous êtes vaincu. Monsieur Robert, ajouta-t-il avec politesse, voici les vingt livres promises.

Robert fit un geste de refus, mais il se ravisa bientôt.

— Je serais bien bête, dit-il, en les prenant. D'abord nous en aurons besoin, et puis, autant de pris sur l'ennemi!

Voilà l'homme avec lequel j'allais m'évader. A cet échantillon vous jugez, si j'étais bien partagé. Pauvre Robert! s'il m'avait écouté!... Mais je reviens à notre évasion.

L'argent ne nous faisant plus défaut, il fut convenu que nous nous évaderions la nuit même. Nos geôliers étaient si occupés du spectacle que Robert leur avait donné, qu'ils se relâcheraient peut-être de leur surveillance habituelle. Ça ne manqua pas.

Pour nos derniers préparatifs, nous avions confectionné deux sacs en toile goudronnée et suiffée en dehors afin de garantir nos vêtements et nos provisions de bouche des atteintes de l'eau. En outre, comme les nuits étaient très-fraîches et que, par conséquent, la mer devait s'en ressentir, nous nous frottâmes le corps avec de l'huile et de la graisse. Au sac étaient arrimées des cordes qui devaient le soutenir sur nos épaules, et dans l'intérieur étaient des biscuits, un flacon de rhum, une lime, un poignard et deux paires de patins. Ces patins devaient nous permettre de marcher sans trop nous enfoncer dans les îlots de vase qui séparaient la mer de la campagne de Plymouth où nous devions aborder.

Dès que l'heure fut venue, nous nous dépouillâmes de tous nos vêtements, que nous enveloppâmes dans nos sacs, et nous nous mîmes à ramper comme des serpents le long du faux pont vers notre trou que nous avions encore à ouvrir. Ce fut l'affaire de cinq minutes; une fois là, Robert voulut passer le premier: mais j'étais le plus jeune, et s'il y avait à essuyer le feu d'une sentinelle, il valait mieux que ce fût le plus faible des deux: malgré son opposition je tins bon. Il m'embrassa et, m'ayant fait ses dernières recommandations, il me montra le chemin.

Je pris la corde et je m'affalai à la rivière. Quoique mon corps fût enduit de graisse, le froid me saisit et paralysa mes forces. Heureusement que Robert ne tarda pas à me rejoindre et me saisit avec cette poigne que vous lui connaissez.

— Allons courage; nage sans bruit et en avant, me dit-il à l'oreille.

La nuit était fort sombre. Nous nous attendions à voir un éclair illuminer le ciel et une balle nous siffler aux oreilles. Nous fûmes rassuré, quand, un quart d'heure après, nos pieds touchèrent la vase. Pour conserver mes forces, je voulus prendre terre, mais ma jambe s'enfonça dans la vase, et le poignet de Robert me remit encore à flot. Tout en me soutenant, il m'ordonna de chausser les patins : quand je fus chaussé j'étais tellement transi que je ne pouvais me tenir debout. Une gorgée de rhum que j'avalai, la joie de penser que j'étais hors de portée des sentinelles et qu'un pas nous séparait de la liberté, me rendirent bientôt mes forces.

Après avoir traversé un îlot de vase, nous nous retrouvâmes dans une rivière qui avait son embouchure près du port de Plymouth. La marée montait et nous nous laissâmes porter vers le rivage. Mais à mesure que nous avancions, nous nous apercevions qu'au lieu de nous diriger vers la terre, nous entrions dans le port ; notre position devenait désespérée. Les forces me manquaient, et le froid m'avait tout engourdi. Robert me soutenait de temps en temps ; des gorgées de rhum nous ranimaient, et pourtant nous n'avancions qu'avec peine. Bientôt Robert lui-même perdit toutes ses forces, et, privé de son appui, j'allais me noyer quand un mot vint me ranimer.

— Terre ! dit Robert.

A cette pensée que j'allais enfin sortir vivant de cette mer glaciale, mon corps retrouva son énergie, mes membres, leur souplesse, et je me mis à frapper vigoureusement l'eau avec les jambes pour prendre terre sans plus tarder. Au même instant, je ressentis un choc si violent que je crus m'être brisé la tête. Je venais de me heurter contre les flancs d'un navire. Vingt secondes plus tard, je trouvais l'échelle du bord, et, suivi de Robert, je montais sur le pont.

Il était à peu près une heure du matin, nous ne trouvâmes pas un seul homme de garde. Ce n'était donc pas un navire de guerre, mais il fallait aussi qu'il ne fût pas anglais.

Un chien énorme nous reçut à notre arrivée ; une barre d'aspect que je trouvai fort à propos sous ma main me permit de faire face au dogue, et de nous sauver de ses morsures. Seulement, l'animal, rendu plus furieux par cette résistance, redoubla ses aboiements qui ne tardèrent pas à réveiller l'équipage. Quelques matelots parurent sur le pont et, en nous voyant, ils se reculèrent effrayés, nous prenant pour des fantômes. Ils parlaient en langue étrangère, ce qui fit crier à Robert :

— Ce ne sont pas des Anglais, nous sommes sauvés !

Cinq minutes après, nous étions conduits devant le capitaine. En nous voyant, et apprenant que nous étions des évadés des pontons, ce misérable s'écria :

— Vous osez vous réfugier à bord d'un navire danois !

— Mais, capitaine, lui répondit Robert, la France et le Danemarck ne sont pas en guerre. En tout cas, l'infortune n'a pas de pays pour tous les gens de cœur, vous ne pouvez nous refuser l'hospitalité jusqu'à demain ?

— Il n'y a que les Français capables d'une telle impudence !

— Capitaine, quelques hardes de rebut ne se refusent pas à des pauvres naufragés.

— Des hardes ? c'est-à-dire un travestissement. Ne vous faut-il pas une barque, aussi ? Dois-je vous faire accompagner à terre ? Non, non, tout ce que je peux faire, c'est de vous faire ramener au ponton que vous avez lâchement déserté.

Il n'avait pas achevé que Robert l'étendait d'un coup de poing par terre.

— Ignoble créature, c'est toi qui es un lâche, dit-il en mettant un genou sur la poitrine du capitaine.

Puis il le lia, le bâillonna et s'adressant à moi :

— En route !

— Où ça.

— En mer ! La terre n'est pas loin. Si nous n'allons pas la chercher, elle ne viendra pas à nous.

J'eus beau le supplier de n'en rien faire ; quand il vit que je ne pouvais plus le suivre, il me fit ses adieux, et, sans m'écouter, monta sur le pont, traversa les rangs des matelots épouvantés et surpris, puis prenant son élan et franchissant les bastingages, il se précipita à la mer.

Un quart d'heure plus tard, le capitaine, délivré par mes soins, me faisait reconduire à mon ponton. Ma rentrée fut cruelle, on me mit au cachot tout grelottant de froid et privé de mes vêtements. Comment ne suis-je pas mort ? je n'en sais rien. Le lendemain, on me permit de reprendre ma place dans la batterie, et mes camarades d'infortune, touchés de ma position et de la hardiesse que j'avais montrée en m'évadant, me prêtèrent une vieille capote et un pantalon de toile.

En m'habillant, je sentis quelque chose de collé sur le corps, c'était une petite ceinture goudronnée dans laquelle étaient les vingt livres gagnées par Robert. Je ne puis m'empêcher de pleurer de rage en pensant que mon ami, s'il avait réussi à s'évader, serait sans ressource aucune. Je me demandais ce que j'allais faire de cet argent quand je vis les prisonniers courir aux sabords de tribord et regarder avec anxiété.

Ah ! quel horrible spectacle ! j'aperçus échoué sur la vase qui entourait le pont et que la marée laissait presque à sec, un cadavre que le reflux venait d'y déposer. C'était Robert que les Anglais radieux inspectaient avec leurs lorgnettes. Ils avaient reconnu le vainqueur de la veille !

Un canot se dirigea bientôt vers la dépouille mortelle du pauvre Breton. Nous espérions que les matelots l'envelopperaient dans un linceul, mais ils lui attachèrent à la jambe une longue corde et se mirent à traîner à la remorque sur la vase le cadavre de Robert.

Un cri d'horreur et de vengeance s'échappa de toutes les poitrines, et peut s'en fallut qu'une révolte n'éclatât, quand ce cadavre défiguré arriva le long du ponton pour y rester ainsi attaché jusqu'au lendemain !

Ainsi finit mon cher camarade. Depuis je ne cherchai plus à m'évader, et j'attendis le jour de délivrance pour aller porter en Bretagne, au vieux père de Robert, cet argent qu'il avait si bien gagné et que le hasard avait laissé entre mes mains.

Ce ne fut guère que trois ans plus tard que je pus rendre ce dernier devoir à la mémoire de mon malheureux ami...

— Le père Vent-Debout fit un signe à Chasse-Marée qui s'arrêta. Un grand silence se fit, Paul tourna la tête, ouvrit les yeux et demanda si c'était déjà fini.

— Pour ce soir, oui, lui dit son oncle.

— C'est dommage, j'aurais bien voulu entendre encore parler de l'Hermite.

— Tu dormais donc ?

— Non, mon oncle, j'ai bien entendu l'histoire des pontons, mais j'aurais bien voulu que le capitaine l'Hermite vengeât Chasse-Marée.

— Merci, monsieur Paul. Si vous n'êtes pas fatigué, je peux vous contenter.

— Oh ! parlez !

— Soyez bref, dit l'oncle.

Chasse-Marée reprit :

— La guerre était terminée, mais il restait dans l'âme des marins une soif de vengeance telle, que, surtout autour de nos colonies, il y avait journellement des rencontres. C'était pour ainsi dire des duels, des rencontres particulières entre vaisseaux. Nos corsaires faisaient beaucoup de mal à la compagnie des Indes, se vengeant sur les bâtiments de commerce du mal que nous avaient fait les bâtiments de guerre anglais.

A Saint-Malo, où je m'étais acquitté de la dette sacrée de mon vieux Robert, je ne tardai pas à trouver un bâtiment en partance pour l'Ile-de-France, dans les parages de laquelle était la division du capitaine l'Hermite. J'aurais pu me rapatrier sur un vaisseau de ligne à Brest, mais j'avais hâte de quitter les ports de France où il n'y avait rien à faire, pour courir sus aux Anglais dans les mers où nous avions essuyé de si cruelles défaites.

Le lougre *le Triton* sur lequel je partis était commandé par un second appelé Mal-Entrain. Chacun taisait ou ignorait le nom du capitaine qu'on devait prendre à l'Ile-de-France. Nous avions des allures marchandes, mais les matelots étaient presque tous des frères de la côte, des marins qui avaient servi sous l'Hermite, des débris de Trafalgar, des évadés des pontons ! La soute aux poudres était pleine, les caisses d'armes regorgeaient de fusils, de piques, de haches et de sabres, et, derrière les sabords fermés, était une double rangée de canons respectables.

Je ne vous raconterai pas notre voyage fertile pourtant en incidents de toute sorte. Un peu avant d'arriver à Port-Maurice nous fûmes accostés par une barque que menaient vigoureusement six rameurs. Au gouvernail était un vieillard à houppelande grise, la figure cachée par les bords d'un large chapeau, qui, dès que l'embarcation eut rangé le *Triton*, s'élança avec la vigueur d'un jeune homme le long d'une corde que lui lança Mal-Entrain et tomba sur le pont, où il fut salué par un hourrah frénétique. Le vieillard mit un doigt sur ses lèvres comme pour recommander le silence et disparut avec son second. La barque était déjà loin et gagnait le Port-Maurice, auquel, suivant l'impulsion du vent, nous tournâmes bride aussitôt.

Le lendemain le vieillard n'avait pas reparu, mais dès la pointe du jour la vigie du mât de misaine ayant signalé un navire sous le vent et gouvernant au nord, nous vîmes tout à coup un homme encore jeune, et à la figure énergique s'élancer, sa lunette en bandoulière, sur les barres du petit perroquet.

LE KENT ABORDÉ PAR LE TRITON.

— Le capitaine ! chuchota tout l'équipage, et, au milieu du grand silence qui suivit, une voix mâle et sonore nous jeta ces mots du haut de son banc :

— Tout le monde sur le pont ! Toutes voiles dehors ! Branle-bas général de combat !

A ce commandement, que suit un charivari infernal, le bastingage s'encombre de sacs et de hamacs destinés à amortir la mitraille, les coffres d'armes sont ouverts, les fanaux sourds éclairent la soute aux poudres, le chirurgien, notre cauchemar, prépare ses instruments de travail, les panneaux se ferment, les garde-feux, remplis de gargousses, arrivent à leurs pièces, les écouvillons et les refouloirs se rangent auprès des servants, les bailles de combat s'emplissent d'eau, les boute-feux s'allument. Chacun est à son poste de combat.

Le navire ennemi grandit à vue d'œil, et le *Triton*, courant à contre-bord, l'approche bravement sous un nuage de voiles. A portée de dix-huit, un boulet part et siffle dans nos cordages. Le pavillon anglais est monté à la corne d'artimon. Le *Triton* ne répond pas et continue sa marche. L'Anglais, irrité de ce silence, nous envoie toute sa bordée.

Le capitaine éclate de rire et nous crie :

— Enfants, n'ayez pas peur ! Je connais ce particulier-là ! Il contient un chargement qui vaut plusieurs millions ! Il est plus fort que nous, c'est vrai, et il y aura du poil à hâler pour l'amariner ; mais il en vaut vraiment la peine. Surtout pas de canons ! laissons-les tranquilles, ce gros lourdeau nous coulerait avec ses crache-mitraille. A l'abordage !... Chargez-vous chacun d'un homme et le navire est à nous ! Lieutenant, nous allons rattraper ce portefaix en feignant de vouloir le canonner par sa hanche du vent. Quant à ses canons, nous sommes trop ras sur l'eau, pour les craindre ; les boulets passeront par-dessus nous. C'est entendu !

— Oui, crie le lieutenant, et l'équipage répond : A l'abordage ! Nous n'avions garde d'assurer nos couleurs nationales. C'était un duel, une revanche.

Tout le monde est prêt ; les hunes ont leur monde, des grenades y sont placées en abondance. Sur la drôme et dans la chaloupe sont nos meilleurs tireurs.

— A plat ventre, tout le monde, jusqu'à nouvel ordre !

Pendant ce temps le vaisseau ennemi vire de bord pour nous rallier. Nous en faisons autant afin de gagner sa hanche. A ce moment, il nous lance sa bordée, qui passe par-dessus nous. Nous le laissons arriver pour le maintenir toujours sous notre écoute. Le volcan de sa batterie fait encore irruption et éclate. Nous y perdons notre petit mât de perroquet. Enfin le *Triton*, prenant vent sous vergue, s'élance sur son ennemi avec la rapidité d'un oiseau de proie.

L'Anglais veut nous lâcher une quatrième bordée ; mais ayant cargué la grande voile, il manque à virer et décrit une longue abatée sous le vent. Notre *Triton*, alors ombragé par les voiles du vaisseau anglais, rase sa poupe majestueuse, se place contre sa muraille de tribord et se cramponne après lui avec ses griffes de fer.

A l'abordage !... L'intervalle qui sépare les deux navires est franchi, et nous tombons sur l'ennemi. C'est un navire anglais ! Il était peut-être à Trafalgar ! Mais non, ce n'est qu'un navire de commerce approprié au transport des troupes dans l'Inde. Richesse et vengeance, voilà notre lot. A l'abordage !...

Les officiers anglais, trahis par leur brillant uniforme, tombent sous les balles de nos tireurs, tandis que la première escouade d'attaque, atteignant le gaillard d'avant, se fraie un sanglant passage à travers les ennemis, surpris par cette agression soudaine. La vergue de misaine du *Triton*, placée près du plat bord ennemi et l'ancre de ce vaisseau, qui n'a pas quitté notre sabord de chasse, sont continuellement couvertes par nos matelots qui passent chez les Anglais. Quelques-uns tombent dans ce dangereux passage, mais pas un ne recule.

Nous sommes maîtres du gaillard d'avant. Ce n'est que le lieu du champ de bataille. La foule des Anglais entassés sur les passavents est impénétrable. Le capitaine, comprenant qu'il a affaire à des adversaires sérieux, se met à la tête de son équipage. Cette fois le combat devient terrible, mais notre capitaine, lui aussi, est sur le pont. Son bras frappe et sa bouche commande. Bientôt une barricade de cadavres nous sépare des Anglais. Cette redoute humaine nous arrête et nous entoure sous le feu des ennemis juchés sur leurs drômes et derrière le fronton de leur dunette.

Le capitaine voit le danger. Un moment d'incertitude, et tout est perdu. Il ordonne à nos hommes restés sur le gaillard d'avant de charger à mitraille deux canons jusqu'à la gueule et de les braquer sur l'arrière. Déchargées rapidement sur un signe du capitaine, ces pièces jonchent de débris humains les passavents, les deux bords du gaillard d'arrière. Nous nous relevons vivement, car on s'est jeté par terre pour laisser passer la mitraille, mais les rangs des Anglais se sont remplis comme par enchantement.

Et pourtant Dieu sait s'il en tombe! mais de nouveaux combattants arrivent, sans que nous puissions comprendre d'où ils sortent! On n'entend que des cris de fureur, des coups de hache, des cliquetis de bâtons. Plus d'armes à feu! Seules nos grenades, lancées par des gabiers, tombent au milieu des Anglais et tuent leur capitaine. Le nôtre, au premier rang, se jette tête baissée sur l'ennemi. Sa hache tournoie et fait le vide autour de lui! Nous sommes maîtres du gaillard d'avant et de la dunette, que les Anglais épouvantés abandonnent.

La lutte semble terminée. Pas encore. Les Anglais réfugiés dans la batterie font pointer en contre-bas des canons de dix-huit pour défoncer le tillac et nous ensevelir sous ses décombres. Notre capitaine s'en doute-t-il? Le lui a-t-on appris? je l'ignore. Mais nous nous précipitons à sa suite dans la batterie.

Le carnage ne dure pas longtemps, mais il est horrible. Là notre capitaine, laissant tomber sa hache, ne songe plus qu'à sauver des victimes. Sur son ordre, le combat cesse. Le navire est à nous.

Quand nous pûmes nous reconnaître, nous vîmes à qui nous avions à faire. Le navire se nommait le *Kent*. Il portait 1,500 tonneaux, 38 canons et 437 hommes d'équipage et de troupes. Nous avions été obligés d'escalader, sous une grêle de balles, une forteresse trois fois plus haute que notre navire et de combattre chacun quatre Anglais.

Pour ma part, j'étais dans un triste état, mais j'avais sauvé le capitaine. Au moment où un soldat anglais le couchait en joue, j'étais au haut de la grande vergue, je me suis affalé du haut de cette vergue sur la tête du soldat. Le coup a été détourné, mais en tombant je me suis presque cassé la jambe et j'ai été obligé de me battre en boitant.

Depuis, j'ai toujours boité, et cette jambe m'a refusé le service. C'est pourquoi le capitaine, qui connut plus tard la cause de ma blessure, me fit avoir une place de gardien dans un phare.

— Mais quel était ce capitaine? demanda faiblement Paul.

— Il s'appelait Surcouf, dit simplement Chasse-Marée.

LES CROCODILES.

La pêche à la baleine.

CHAPITRE II

Paul et le docteur. — Le vaisseau *le Suffren*. — Un mousse à bord. — Abordage de deux vaisseaux. — Ouragan la nuit. — Le mousse se sauve dans un canot. — Ile inconnue. — Les caïmans. — Réception du mousse par les sauvages. — Sa peur d'être mangé. — Les sauvages le poursuivent. — Retour à bord. — La *Pauline*. — Les baleiniers. — La chasse à la baleine. — La Tastanie. — Hobart-Town. — Un homme à la mer ! — Le grand baleinier. — Conte fantastique raconté à bord. — Le Diable et le capitaine Bon-OEil. — Les îles Chatam. — Une baleine et son cafre. — La vengeance d'une baleine. — La Nouvelle-Zélande et la baie des Meurtriers. — Les sauvages à bord et les Français à terre. — Le capitaine Marion. — Assassinat du capitaine et de ses matelots. — Combat des sauvages contre les Français. — La goëlette, *la Gloire*. — Iles Marion et Clozet. — Naufrage. — Chasse aux pingouins. — Construction d'un barque. — Abordage de deux navires pendant la nuit sur les côtes d'Angleterre.

Le docteur vint le lendemain de bonne heure. Il constata que le malade avait la fièvre et il se fâcha tout rouge.

— Que s'est-il donc passé? demanda-t-il ; le blessé s'est levé, il a parlé, on l'a fait manger peut-être plus que je ne l'avais ordonné.

— Non, docteur, c'est le récit des campagnes de Chasse-Marée qui l'a trop émotionné.

— Je défendrai les récits, si le malade n'est pas plus raisonnable que les conteurs.

— Oh! moi qui aurais voulu que Chasse-Marée parlât toujours! murmura Paul.

— Alors c'est heureux qu'il ait fini, grogna Clinfoc.

La journée se passa plus calme pour le blessé. Son oncle seul eut la parole, et comme le docteur avait défendu toute espèce de récit, il fut muet; ce qui ne laissa pas de le faire enrager, mais il passa sa colère sur Clinfoc qui voulait à toutes forces donner des leçons de navigation au malade.

Le soir, Paul avait beaucoup moins de fièvre. Les marins entrèrent à pas de loups dans la chambre, et chacun s'installa comme les soirs précédents. On commença par causer tout bas, et peu à peu la conversation s'animant devint générale, et Paul lui-même qu'un sommeil de deux heures avait bien reposé, ne put s'empêcher de s'y mêler.

Le père Vent-Debout et Clinfoc étant occupés l'un et l'autre à ce que le blessé ne fît pas trop attention à ce qu'on disait, se disputaient comme à leur habitude, et Paul en profitait pour causer avec le père La Gloire qui, sachant que c'était son tour de parler, s'était approché du lit.

Le capitaine s'en aperçut, Clinfoc aussi, et tous les deux se reprochèrent de ne pas faire attention au « petit. »

— Ne vous disputez pas, dit Paul. Vous me rendriez malade.

Le serviteur et le maître se jetèrent un regard furieux qui voulait dire : « C'est votre faute, » mais ne répliquèrent pas.

— Si mon oncle était bien gentil, il laisserait le père La Gloire me raconter quelques péripéties de sa vie de marin.

— Je ne sais si je dois... dit le capitaine.

— Pardine! riposta Clinfoc, vous pouvez bien. La marine

marchandé a des histoires qui ne mettent pas l'âme à l'envers, comme votre marine de guerre, où il n'y a que des coups à recevoir et pas d'argent à gagner.

Le capitaine voyant son neveu désireux d'entendre encore parler un marin, alla l'embrasser, lui recommanda d'être calme, et chacun s'apprêta à écouter. Clinfoc seul trouvait toujours moyen de retarder, espérant que, chez Paul, le sommeil serait plus fort que la curiosité.

Mais il n'en fut rien. Au contraire.

Enfin le père La Gloire put commencer son récit qui ne devait plus guère être interrompu que par les exigences du service du phare. Nous le donnons dans toute son intégrité, nous contentant, comme font les sténographes à la chambre, de signaler les interrupteurs et de noter les interruptions :

RÉCIT DU PÈRE LA GLOIRE.

— Il y aura quarante-sept ans le 22 mai prochain qu'à l'âge de douze ans, je quittai le Havre pour un voyage au long cours. Voici comment et pourquoi :

Mon père était un de ces commerçants qui, surtout à cette époque, échangeaient aux officiers des vaisseaux marchands de retour des grandes Indes ou de la Chine leurs cargaisons, pour des marchandises de production française ou anglaise, dont ceux-ci faisaient à leur tour bon marché à Canton ou à Calcutta. Il était en compte courant avec tous les officiers du port : beaucoup d'entre eux lui devaient même de l'argent.

M. Rouillard, — c'est le nom de mon père; mon sobriquet de La Gloire ne devait me venir que plus tard, — M. Rouillard donc était très-connu sur la place du Havre, et chaque année lui rapportait des bénéfices considérables. Si je n'avais pas peur de surcharger mon récit, je vous dirais même qu'il joignait à ce commerce celui de marchand d'huile de baleine, ce qui le mettait en rapport avec tous les baleiniers du globe ; mais en outre que cela serait trop long ; j'ai hâte d'arriver au point le plus intéressant, celui de mon départ.

— S'il met si longtemps pour partir, que sera-ce donc pour arriver ? dit Clinfoc.

— Le vaisseau *le Sufren* était en partance pour Canton. Le premier officier du bord, qui était en compte avec notre maison à laquelle il devait déjà une somme considérable, persuada à mon père de lui fournir encore une grande quantité d'objets. Mon père ne se rendit qu'après une vive discussion, et il fut convenu en dernier ressort que j'accompagnerais l'officier à bord, en qualité d'employé aux écritures.

J'étais à cette époque surnuméraire dans les bureaux, comme je n'avais pas d'appointements, et que les traités de l'affaire me parurent très-avantageux pour ma famille et pour moi, enfin que je voulais voir du pays, j'y donnai de grand cœur mon adhésion.

Je devais faire le voyage comme employé et recevoir pour le compte de mon père la moitié des bénéfices des ventes qui seraient opérées par l'officier. Si la carrière maritime me convenait, libre à moi de la suivre ; sinon, au retour du vaisseau, je m'installerais de nouveau dans la maison de mon père.

Vous ne pouvez vous figurer avec quel plaisir je quittai le comptoir paternel pour aller voir du pays et monter sur un vaisseau autrement qu'en curieux.

Sous la protection de l'officier, j'espérais pouvoir m'initier au service maritime, car j'avais autant qu'aujourd'hui une répulsion bien marquée pour tout travail de bureau, et je comptais bien, une fois à bord, y prendre ma place plutôt comme marin, que comme employé. Mes illusions furent de courte durée. Dès que nous fûmes en mer, et que j'eus exprimé à l'officier mon intention de servir comme mousse privilégié, ma situation devint insupportable, comme celle des autres mousses qui, eux du moins, y étaient habitués et en riaient. Aux fonctions serviles et abjectes que mes camarades et moi nous étions obligés de remplir, le premier contre-maître ajouta le tourment de sa haine. Un jour étant en faction avec lui, il m'injuria et m'accabla de coups. Ne pouvant me défendre, je fus dès lors en butte à ses moqueries et à ses mauvais traitements.

L'officier auquel je me plaignis haussa les épaules et me répondit :

— Votre usurier de père me vole mes profits, et il vous a mis à bord pour lui servir d'espion. Ce vieux juif ne s'est pas contenté de ma parole, il lui a fallu un écrit, mais je veux bien être pendu si je ne fais pas de vous un domestique.

Ma vie devint de plus en plus triste et misérable. Le capitaine vivait à bord comme une espèce de demi-Dieu et se croyait supérieur à l'humanité entière. Il ne fréquentait que quelques passagers, et tous ses ordres étaient transmis à l'équipage par le premier officier, mon ennemi. Une nuit, nous étions à la hauteur de Madère, et le vent soufflait avec violence. La vigie cria : Une voile à bâbord! Très-bien, répondis-je. Je vais avertir, mais, avant de remplir ma mission, je jetai un coup d'œil sur la mer, où je ne vis qu'un énorme nuage noir. L'officier était endormi sur la glissoire d'une caronade. La vue de ce sommeil si calme en face de la tempête fit naître en moi mon premier sentiment de haine et de vengeance. Je ne troublai pas le sommeil de mon ennemi, et me glissant chez le capitaine :

— Il y a un grand vaisseau sur notre côté, m'écriai-je, et je ne sais pas où est l'officier de quart.

Le capitaine se précipita sur le pont, et courut jusqu'à l'officier qui dormait encore, et ne se réveilla qu'à l'appel de son nom. Sans répondre aux excuses que balbutiait le coupable,

le capitaine s'éloigna de l'échelle et cria d'une voix forte :
— Abaissez le gouvernail. Tous les hommes à la manœuvre !
Un ouragan terrible se préparait : la mer était violette et la masse noire, que j'avais d'abord prise pour un nuage, apparaissait sous la forme effrayante d'un vaisseau démâté, lancé sur

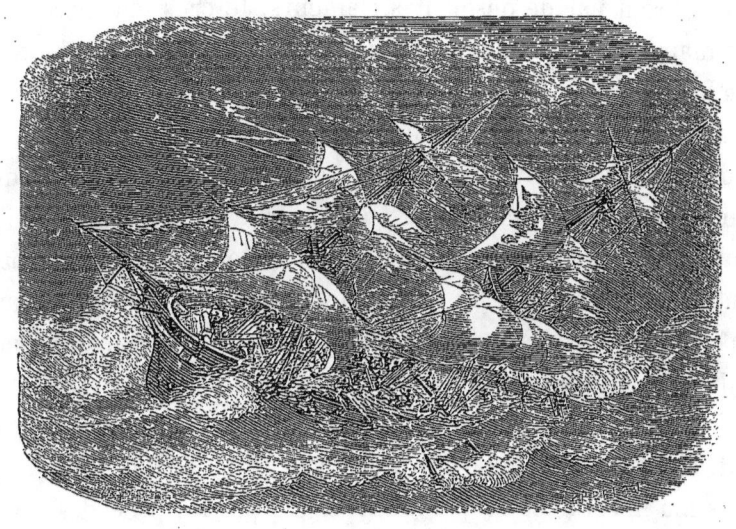

La tempête.

nous avec une vitesse extraordinaire. Les lumières bleues qui brûlaient sur son gaillard se réfléchissaient dans notre voile de perroquet bien carguée. Il était inévitable qu'au moment où le vaisseau emporté par les vagues retomberait sur nous, il nous écraserait ou nous couperait en deux. Nos voiles se frappaient contre les mâts avec un bruit de tonnerre, et l'équipage à moitié endormi se précipitait pêle-mêle hors des écoutilles en poussant des cris affreux. L'épouvante paralysait nos forces et nos regards se suspendaient aux mouvements du vaisseau qui tournoyait au-dessus de nous. Cette scène effrayait les matelots, et les passagers à genoux se tordaient les bras ou se cachaient la tête dans leurs mains pour ne pas voir cet horrible spectacle. Ce ne fut qu'un moment d'angoisse, mais il suffit pour faire de moi un homme.

Tout à coup une voix forte nous cria : « Tribord, votre gouvernail, si vous ne voulez pas être écrasés! » Au même moment le vaisseau nous frappa. Le choc fut terrible. Nos hommes y répondirent par de désolantes clameurs. Je crus tout perdu, et les mains pressées convulsivement contre les haubans, j'attendis la mort. Mes yeux démesurément ouverts crurent voir passer sur nous le vaisseau, pendant que la mer m'inondait de ses lames froides que le vent glaçait sur mon corps frissonnant. Quand la raison me revint, je pus voir à travers la confusion qui règne toujours à bord d'un vaisseau en danger, que notre quartier était atteint, le bateau de la poupe enlevé et le grand mât brisé. Le vaisseau, cause de toutes ses avaries, disparaissait dans la brume comme un fantôme.

Une fois tout danger passé, le calme revint à bord. L'officier fut mis en prison pour s'être endormi étant de quart, et je repris ma misérable vie que n'adoucirent pas les procédés cruels du contre-maître. Ce fut bien pis quand l'officier qui avait appris que j'étais l'auteur de sa disgrâce fut mis en liberté. Je n'étais plus bon qu'à jeter aux requins. Mais les détails de mes malheurs seraient trop peu intéressants. Qu'il vous suffise de savoir, que j'en étais arrivé au point de ne plus pouvoir supporter la vie du bord, et pourtant, l'explique qui voudra, je n'étais pas dégoûté de la vie de marin.

Une nuit, le vaisseau était amarré dans la mer de la Chine, près d'une île dont j'ai oublié le nom parce que je ne l'ai jamais su ; on m'ordonna d'aller me coucher dans le bateau qui était derrière le bâtiment afin de le garder. En entendant cet ordre, je bondis de joie, mais sous le regard inquisiteur de mon ennemi, je tâchai de me modérer et j'obéis en baissant la tête, comme de honte, mais pour lui cacher cette joie qui se lisait sur mon visage. C'est qu'une idée folle m'était venue à l'esprit : celle de me sauver. Je trouvai dans ce bateau, dont on s'était servi la veille pour explorer l'île, un mât, une voile et un petit baril d'eau. Cette trouvaille inattendue me persuada que Dieu, après m'avoir inspiré cette téméraire entreprise, veillait encore sur moi. Ma détermination fut dès lors complétement arrêtée. Il ne m'était même pas venu dans l'idée que je n'avais pas de vivres ! Mon repas du soir, c'est-à-dire du biscuit et du lard, était dans ma poche, et je le trouvai suffisant. La nuit était sombre et calme : une brise fraîche soufflait dans le golfe. Quand tout fut tranquille sur le pont, je dénouai le câble qui attachait le bateau et après quelques minutes d'attente, j'élevai le mât, je virai, et ma légère embarcation se trouva bientôt en pleine mer.

— A la garde de Dieu ! m'écriai-je.

Pendant l'heure qui suivit, heure qui dura un siècle, j'avais si grand'peur d'être vu et repris que je ne me préoccupais guère de savoir où le flot m'emportait. Les hommes de quart s'aperçurent de l'enlèvement du bateau, car une lanterne fut hissée, et je vis distinctement une lumière bleue. Ce signal m'épouvanta, et je tâchai de me diriger sur l'île pour m'y cacher jusqu'au départ du vaisseau. Grâce à mon amour pour les voyages sur mer et à l'intérêt que j'avais pris, tout enfant, à examiner les bateaux dans les chantiers du Havre, je savais assez bien en gouverner la marche. Ce ne fut que le lendemain que j'entrevis toute l'horreur de ma position. J'eus peur, en me voyant seul, sans vivres, sans carte, sans boussole sur une frêle embarcation pour m'aider à franchir les abîmes de l'Océan. Je vous avoue que je regrettais assez mon vaisseau, et mes mains abandonnèrent le gouvernail. La vie me devint odieuse et mes yeux, aveuglés de larmes, suivaient d'un regard morne la marche du bateau qui voguait à la grâce de Dieu. La faim m'empêcha de dormir. Cependant le repos est si nécessaire à un enfant que, après avoir bu quelques gouttes d'eau, mes yeux se fermèrent, et un sommeil agité m'étendit sans courage dans le fond de ma barque. Je dormis, et quand je m'éveillai, je vis devant moi les côtes dentelées d'une île.

La brise se maintenait, douce et fraîche. Je pus aborder. On eût dit que cette île n'appartenait pas à la mer de Chine, tant ses côtes étaient luxuriantes de végétation. A cette époque j'avais trop peu voyagé pour m'en apercevoir. Aujourd'hui j'ai le droit d'en faire l'observation. Le point où la brise poussa ma barque devait être l'embouchure d'un fleuve. Les bords étaient remplis d'ajonc, sur lesquels des arbres énormes élançaient leurs branchages touffus. — Si cette île est inhabitée, me dis-je, ces arbres me donneront à manger.

En effet, je voyais suspendues sous les larges feuilles des cocotiers des noix qui me faisaient venir l'eau à la bouche.

Enfin je débarquai. Au moment où je m'apprêtais à cueillir mon déjeuner, je vis dans les ajoncs se remuer deux immenses cuirasses qui reluisaient au soleil. C'étaient deux crocodiles qui se battaient. Le bruit que je fis en courant pour rejoindre ma barque fit cesser leur querelle, ils me regardèrent et se mirent à ma poursuite.

Un crocodile court bien, mais la peur donne des ailes, et j'étais déjà dans ma barque, quand mes deux ennemis se jetèrent à la nage. Ma barque allait à la dérive et les nageurs l'atteignirent bientôt. Au moment où je prenais une rame, l'un d'eux ouvrait sa mâchoire pour saisir mon bras, je me relève et lui en assène un coup violent sur la tête. L'autre arrive au secours de son camarade et heurte violemment la proue. Ces deux mouvements lancent ma barque dans le courant. Une vague nous sépare, je fais force de rames, et de loin j'aperçois mes deux ennemis, renonçant à l'espoir de m'atteindre, reprendre leur conversation interrompue!

Le vent s'était élevé et ma barque volait sur l'eau comme une mouette effrayée. Soudain le vent changea, et ne pouvant lutter avec lui, livré à son caprice, je m'aperçus bientôt qu'il m'emportait loin du rivage, à peine entrevu. Je passai la journée sans manger ni boire. J'étais aussi malade que désespéré. La nuit revint, et je ne découvrais aucune terre ; bien plus, je semblais fuir les côtes, que le vent me forçait à laisser derrière moi. Cette alternative d'espoir et de mécompte accabla mon esprit, et j'accusais Dieu de m'avoir abandonné à mon inexpérience et à ma faiblesse.

Cependant la nuit était aussi claire que le jour, mais cette clarté ne m'était d'aucun secours. Triste et fiévreux, je tenais d'une main faible le gouvernail, quand un bruit me fit tourner la tête. Un énorme poisson venait de tomber dans ma barque. Malheureusement, je n'avais ni feu pour le faire cuire, ni couteau pour lui enlever ses écailles. Je rejetai le poisson au fond du bateau et reprit avec désespoir mon poste au gouvernail. Quelques minutes après, je fus arraché à mes sombres réflexions par la vue de quelque chose de noir qui flottait à la surface de l'eau. C'était une tortue que je saisis et que j'envoyai rejoindre le poisson. Décidément, la Providence tranquillisait mon esprit, en m'ôtant la crainte de mourir de faim. Je remerciai le Ciel, et, après avoir attaché le gouvernail, je m'endormis avec plus de calme.

Le froid de l'eau qui se précipitait par-dessus le plat bord du bateau m'éveilla. Une minute de plus, je coulais à fond. Je sautai sur la voile, dont je défis le nœud, et ma barque se releva. Avec ma casquette je vidai toute l'eau qu'elle avait embarquée ; mais je sentais un orage qui s'approchait, et pour l'éviter je me servis de toute ma voile. La vitesse avec laquelle je marchais me faisait espérer que je pourrais bientôt aborder une de ces nombreuses îles qui peuplent la mer de Chine.

La faim me tiraillait l'estomac ; je résolus de l'apaiser en mangeant mon poisson cru. Je mordis sa queue, et son goût m'en parut si délicieux, que, tout surpris de la saveur de sa chair, je me demandai comment on pouvait faire cuire le poisson. Mes souffrances, un peu calmées par ce repas, ne firent que redoubler et je n'eus pas de cesse que je n'eusse attaqué la tortue, qui se débattait convulsivement au fond du bateau. Mais comment arriver à sa chair, sans couteau ni maillet ? J'y réfléchis toute la nuit sans trouver une solution, et le lendemain, quel ne fut pas mon désappointement en voyant que pendant l'obscurité j'avais rasé le rivage de plusieurs îles et que je n'avais plus devant moi qu'une mer sans horizon. Le vent m'empêchait de virer, et, pour ne pas couler à fond, je suivais sa direction. Cette déception cruelle n'empêcha pas mon estomac de crier famine et toute mon attention se reporta sur la tortue.

Pour briser ce granit d'écaille mes mains étaient trop faibles et je n'avais ni clou ni pointe qui pût remplir l'office d'un couteau, et du reste la tortue, qui se doutait du sort que je lui réservais, rentrait sous sa carapace les extrémités de son corps.

La colère faisait bouillir mon sang, et, dans un de mes transports, je frappai la tortue contre le plat-bord du bateau, dans l'espoir de la briser ou de l'écailler, mais je crois que j'aurais plus tôt fracassé ma barque que de seulement l'entamer. Après une lutte acharnée de violence et de ruse, je parvins à saisir la tête de la tortue, que j'attachai solidement avec une corde, et à l'aide de ce dernier moyen je la tuai.

Le corps était rempli d'œufs d'une exquise délicatesse, dont l'absorption calma tout à fait mes douleurs d'estomac. Une fois rassasié, je mis toute mon attention à la découverte de la terre et bientôt je l'aperçus sur ma gauche. Je poussai un cri de joie et mes défaillances disparurent. La brise augmentait et dans la

8

crainte d'un orage, je mis toutes mes forces à diriger ma barque sur l'île qui se montrait à mes yeux. Malgré la rapidité de mon frêle esquif je croyais ne pas marcher, tant mon impatience était grande. Le soleil était couché quand je me trouvai assez près de la terre pour distinguer le ressac qui se produisait sur les rochers. Mon ardent désir de débarquer me fit commettre l'imprudence de laisser aller mon bateau sans le diriger le long du rivage, afin d'y trouver une berge et éviter les rochers. J'atteignis un ressac d'une prodigieuse hauteur et ma barque fut emportée par les lames sur les rochers. Je me crus perdu, mais après de suprêmes efforts, épuisé de fatigue, ensanglanté par les blessures que j'avais reçues, et sentant que je coulais à fond, je me jetai à la nage et cette fois la vague bienveillante, après m'avoir bercé comme un enfant, me déposa sur les galets du rivage, où je n'eus que le temps de faire une courte prière avant de m'endormir d'un profond sommeil.

En me réveillant, j'étais chaudement enveloppé et couché sur une natte, sous un toit de bambou. J'étais sauvé ; je le croyais du moins. La première figure que j'aperçus se pencher sur moi pour voir si je dormais, me donna fort à penser sur le genre de salut qui m'était échu. C'était une figure olivâtre, tatouée de lignes noires, avec des anneaux énormes au nez et aux oreilles ; des yeux qui roulaient dans leurs orbites sans s'arrêter, et une bouche immense aux dents pointues et longues, qui semblaient en remuant vouloir avaler tout ce que les yeux lui indiquaient.

Je connaissais assez de géographie pour savoir à peu près où j'étais. Par delà Bornéo, avant l'Océanie, il existe un tas de petites îles inabordables aux gros vaisseaux et que peuplent des tribus sauvages vulgairement appelées cannibales. Ce que ces gens-là ont mangé d'Européens est incalculable. Nous reviendrons sur ces messieurs, avec lesquels j'ai fait plus d'une fois connaissance ; pour le moment, je reprends mon histoire :

C'est un peu dur, avouez-le, d'être resté dix jours sans manger et d'être mangé le onzième ; d'avoir quinze ans et de ne pas tirer à la conscription ! Or je me voyais parfaitement exposé à ne jamais revoir le Havre et à subir le supplice d'un poisson en matelotte. Servir à la cuisine d'inconnus qui ne parlent même pas notre langue : c'est dur, et malheureusement je me voyais dans cette position peu agréable. Encore si j'avais eu mes jambes, mais je ne pouvais remuer ni pieds ni pattes, et j'avais une faim !... Faim ? quelle dérision ! allez donc demander à manger à des cannibales ?

Aussi, je ne fus pas médiocrement surpris quand, m'étant mis

J'étais prisonnier.

sur mon séant, résolu à manger au moins une bouchée avant d'être mangé, je vis mes sauvages se prosterner face contre terre, puis se relever avec des gestes qui n'annonçaient pas de mauvais desseins. Ils riaient même les lâches ! Et leur rire me laissait voir cette double rangée de dents blanches! Enfin!... on m'apporta des oranges, des bananes, du lait de coco. Je bus et je mangeai à tire-larigot, à la grande joie de mes hôtes qui gambadaient à se démancher les os. Quand j'eus achevé mon frugal mais copieux repas, on m'habilla; puis on me transporta en palanquin jusqu'à la ville, où l'on me donna, pour demeure, la hutte la plus grande et la plus commode. Seulement je remarquai qu'il y avait des factionnaires à chaque issue. On me gardait à vue. J'étais prisonnier.

Mais pourquoi ne pas me manger tout de suite? Voilà ce que je ne comprenais pas. Alors une idée me vint : « Est-ce parceque je ne suis pas assez gras, et veut-on m'engraisser avant de me faire figurer comme rôti dans le banquet de ces cannibales? » Le fait est que je pouvais bien avoir touché juste, car il ne se passait pas d'heure, qu'on ne m'apportât à manger et à boire. Il m'était défendu, sous aucun prétexte, de franchir le jardin qui entourait la hutte, je n'avais que le droit de dormir et de bien vivre. Les premiers jours, je ne me fis pas tirer l'oreille, mon estomac avait besoin de se refaire : mes jambes n'étaient pas fâchées de se reposer, et, n'était l'inquiétude de l'avenir, je n'avais pas à me plaindre de mes hôtes, qui respectaient mon sommeil et me nourrissaient grassement. Mais le huitième jour, j'en avais assez; je voulus sortir. Il y eut conseil des sauvages pour savoir si la chose était possible : à l'unanimité, ces gredins refusèrent, et le nombre des factionnaires fut doublé. Au bout d'une semaine, j'étais complétement radoubé et remis à neuf. Qui plus est, j'avais pris de l'embonpoint.

Vous dire la satisfaction que les sauvages éprouvèrent en me voyant si gras et si dodu est impossible. Ils s'en léchaient les lèvres; l'eau leur venait à la bouche, et ils souriaient d'un air béat en regardant cette boule de graisse qu'ils destinaient à leur casserole. Il y eut même assemblée des notables dans ma hutte et l'un d'eux, le président sans doute, me fit comprendre par signes que je devais me tenir prêt à partir le lendemain.

— Je suis à point, me dis-je, et, une fois seul, je résolus de m'évader la nuit suivante. M'évader, c'était bon à dire et pas facile à faire : et quand bien même je fusse arrivé à sortir de ma hutte, où aller? Nous étions dans une île et je n'avais qu'une chance de salut, la mer, qui une fois n'avait pas voulu de moi et ne me refuserait pas le nouveau service de me reprendre. Donc j'attendis la nuit.

Il avait dû se passer quelque chose de très-important ; car les sauvages étaient en fête, mes factionnaires dormaient, ivres comme des matelots à terre et — je ne savais pas si mes oreilles me trompaient, j'avais entendu une ou deux voix, dont le son ne m'était pas étranger, prononcer quelques paroles en anglais. Les sauvages de ces latitudes ont souvent affaire avec les Anglais qui, si on ne les arrête pas, posséderont toute l'Océanie et ce qui est autour ; c'est la seule langue dont ils comprennent et retiennent quelques mots. Il n'y avait rien d'étonnant là dedans, mais le son des voix n'était pas sorti d'un gosier de sauvage : je me souvins tout à coup d'une histoire qui me fit frémir. J'avais entendu raconter, à un vieux baleinier que nous reverrons bientôt, qu'un matelot anglais étant tombé dans les mains des anthropophages (tiens ! j'ai trouvé le mot), n'avait dû son salut qu'à la manière dont il leur avait fait la cuisine. Il leur avait arrangé à toutes les sauces les corps de ses malheureux camarades échoués sur le rivage, et depuis était resté leur cuisinier. Bien des fois, le cuisinier avait failli y passer à son tour, mais il s'en était toujours tiré. Est-ce que mes sauvages avaient un cuisinier anglais ?

Dès qu'il fut nuit noire, je me glissai hors de ma hutte. Je n'avais pas une goutte de sang dans les veines ; une fois le dernier factionnaire franchi, car j'avais été obligé de l'enjamber :

je pris mes jambes à mon cou, et je détalai sans tambour ni trompette. Où allais-je? je n'en savais rien ; mais puisque j'étais dans une île, bien sûr qu'en marchant tout droit j'arriverais à la mer, et j'y arrivai. Quel ne fut pas mon étonnement en voyant amarrée sur la grève, une barque que je reconnus pour être de construction française. Bien sûr que c'était le bon Dieu qui me l'envoyait ! Mais au moment où je levais la jambe pour y entrer, une main énorme s'abattit sur mon épaule, et derrière moi je vis, en tournant la tête, plusieurs ombres se lever et m'entourer en ricanant. J'étais plus mort que vif, et je me voyais déjà à la broche quand une voix s'écria en pur français :

— Petit gredin ! tu voulais encore t'échapper !

Mon cœur battit à m'étouffer ; mes jambes plièrent et je tombai à genoux suffoqué de joie. Oui, de joie ! songez donc ! une voix qui parlait français ! A coup sûr, je ne serais pas mangé. Et puis entendre l'accent de son pays quand on est au milieu des sauvages, dans une île qui n'est peut-être pas sur la carte !

Ma joie fut de courte durée, car j'eus bientôt reconnu celui qui me parlait et ceux qui m'entouraient ; c'étaient l'officier et les matelots du *Suffren*.

Voici tout simplement ce qui s'était passé :

Dès que le capitaine du Suffren eut appris ma disparition du bord, il donna des ordres au premier officier pour qu'il me fît rechercher dans toutes les directions : on lança les canots à ma poursuite, mais grâce à la nuit, grâce surtout à ma marche irrégulière, je dépistai les recherches. Le capitaine furieux fit mettre à la voile, et le lendemain aborda à la terre la plus proche, qui n'était autre qu'une île entourée de bancs de corail, et où les pêcheurs de ces parages venaient faire chaque année leur provision de tortues. Cette île était habitée par des sauvages aux mœurs paisibles, et qui, n'ayant qu'à se louer de leurs rapports avec les Européens, ne leur avaient jamais fait de mal, et

Je fus reçu avec tous les égards dus à mon escapade.

avaient entretenu des relations amicales avec toutes les nations du globe, excepté pourtant avec les Chinois qui leur faisaient continuellement la guerre. Il y a beaucoup de petites îles qui sont dans le même cas, car les Chinois sont les plus mauvais voisins de la création. Ce sont les Anglais de l'Asie.

— Oh! fit Paul, en se récriant.

— Je n'aime pas les Anglais, et Chasse-Marée non plus, n'est-ce pas, mon vieux camarade?

Et dans les yeux du vieux marin, Paul vit luire un éclair.

Le père la Gloire reprit son récit :

— Or, ce n'était pas la première fois que le Suffren abordait dans cette île, où il trouvait de l'eau fraîche, du riz en quantité et des fruits de toute sorte. Le capitaine envoya l'officier et un détachement faire de l'eau, et prévenir en même temps le grand chef, que si par hasard un mousse débarquait chez eux, on eût à le retenir prisonnier avec les plus grands égards jusqu'à son retour. Malheureusement la tempête l'avait forcé à chercher un abri dans le port le plus proche, et comme il était forcé de repasser à une lieue de l'île, il mit en panne, et envoya de nouveau l'officier et ses hommes que les sauvages vinrent chercher à moitié chemin dans une pirogue pour leur annoncer la nouvelle, afin de me rapatrier au vaisseau. Les sauvages ne comprenaient que quelques mots d'anglais. C'est dans cette langue que mes soi-disant sauveurs avaient communiqué avec eux.

Je revins à bord, où je fus reçu avec tous les égards dus à mon escapade ; vingt coups de garcette. Mais on ne me fit plus de misères et quand, dix mois après, je rentrai au Havre, j'étais un novice des mieux éduqués. Mon père était mort dans l'intervalle, et, avant de commettre cette bévue, il avait commis celle de se remarier avec une veuve qui avait trois enfants plus grands que moi. Tous normands dans l'âme. Il eût fallu plaider, mais ma foi, j'avais pris du goût à la mer et, bien que mon instruction fût très-médiocre, je résolus de prendre du service sur un bateau, comme novice. C'est ce que je fis, et depuis je ne suis plus revenu au Havre.

Cela vous fatiguerait, monsieur Paul, si je ne parlais absolument que de moi. Ce n'est pas ma vie que je veux vous raconter, mais bien les passages les plus accidentés de la vie d'un marin, — de la marine marchande, où il y a aussi bien des coups à recevoir et à donner, sans compter le branle-bas des tempêtes.

Jusqu'à mes vingt ans, je menai à bord la vie de mousse, de novice, puis enfin de matelot. Rien d'extraordinaire. Je passe de suite à mon premier voyage.

C'était sur la *Pauline*, du Havre, un bateau armé pour la pêche de la baleine, neuf, très-solide et monté par quarante hommes. Le capitaine Meillan qui nous commandait était du nombre de ces moniteurs de pêche que les armateurs du Havre appelèrent en France pour servir de guide à nos marins. Jeune, vigoureux, intrépide, adroit, il avait fait son chemin pas à pas. De mousse il était devenu harponneur, puis chef de pirogue et enfin capitaine, mais au prix de quels dangers et de quels sacrifices! Combien y en a-t-il qui sont morts à la tâche!

Nous avions quatre embarcations pour courir sus au gibier; chaque embarcation est montée par six hommes, le harponneur devant, l'officier derrière, les quatre rameurs entre eux. L'officier gouverne avec un aviron aussi long que l'embarcation, qui très-légère et très-mince, pointue à l'avant comme à l'arrière, bondit de lame en lame, taillant la cime des vagues sans en toucher le creux et vole comme un caillou ricochant sur l'eau d'un lac. Entre les bancs du milieu est un baquet contenant quatre cents pieds de corde, puis une ligne de pêche flexible, mais solide, formée de seize fils carrets bien goudronnés, à côté une ancre à grappins et divers ustensiles, tels que bidon d'eau douce, voiles de rechange, hachettes, couteaux, harpons, lances et louchets tout emmanchés et prêts à fonctionner. Voilà à peu près ce qu'étaient notre bateau, ses pirogues et notre capitaine. Quand vous les verrez à l'œuvre, j'en dirai bien d'autres.

Après une excellente traversée, nous fîmes relâche à Hobart Town, principal port de la Tasmanie ou terre de Van Diémen. C'est une colonie pénitentiaire de messieurs les Anglais, qui y déportent leurs condamnés, principalement les Irlandais qui, une fois leur peine finie, aiment mieux rester dans cette île admirable que de retourner mourir de faim dans leur pays. Les Irlandais nous aiment beaucoup, d'abord parce que nous ne sommes pas Anglais, ensuite parce que nous sommes catholiques. Il s'ensuit que, tant que dura notre relâche, nous fûmes choyés et fêtés chaque fois que nous allâmes à terre. C'était pour ainsi dire la première fois que je pouvais admirer en toute liberté ces pays merveilleux, l'antipode de notre France. Son souvenir m'est encore présent, bien que j'aie vu d'autres pays plus curieux : mais celui-là m'a frappé plus que les autres. J'y ai passé toute une nuit sans sommeil, par un air doux et tiède, sur un moelleux tapis de mousse, à la lisière d'une immense forêt que la hache et le feu avaient à peine éclaircie. Ces arbres fraîchement émondés, leurs souches noircies par le feu, ces mousses couleur d'émeraude, ces broussailles fantastiques, ces fougères colossales m'emportaient si loin de mes grèves normandes et des marais de la Chine et du Japon ! Et, tout en rêvant éveillé, j'écoutais la mer qui déferlait sur le cap Tasman et je me demandais si c'était le même bruit de la mer déferlant au cap de la Hève.

J'en ai bien passé des nuits à la belle étoile.

Au Brésil, ce sont des bruits mystérieux sortant des profondeurs des forêts vierges, et les hurlements de jaguars qui descendent sur le rivage, pour y dévorer les poissons abandonnés par la marée. Aux îles Malouines, c'est le vent bruyant et monotone qui porte les cris plaintifs des pingouins. Au Chili ce sont les vagissements des veaux marins et le vol des grands oiseaux de proie nocturnes. A la Nouvelle-Zélande, ce sont les hurlements des chiens sauvages et les voix stridentes des vieilles femmes qui, au lever de la lune, font leur prière à leur dieu.

— Il parle joliment bien, dit tout bas Paul à son oncle.

— J'ai beaucoup lu, reprit modestement le père la Gloire et puis, je me suis tant de fois répété ce que je viens de vous raconter!... Quand je chercherai mes mots, ce sera autre chose ! Mais je reprends mon récit.

Vers les premiers jours de mars nous quittâmes Hobart Town. Beau temps, belle mer, ronde brise, route au nord-est, c'est-à-dire vers la Nouvelle-Zélande. Nous sommes juste aux antipodes de la France. Enfin on arrive aux véritables lieux de la pêche. Partout à l'horizon flamboient les fourneaux des navires pêcheurs. Aussi, dès la pointe du jour on fait de la toile et les vigies ouvrent l'œil. Mille souffles de baleine surgissent dans toutes les aires du compas. Nos pirogues s'élancent, et la chasse commence, mais sans résultat. Une seule baleine a été harponnée emportant dans ses flancs douze cents pieds de cordes. Les hommes rentrent furieux et bredouilles. Le lendemain en nous éveillant, beau spectacle. Huit navires à trois mâts croisent toutes voiles larguées, en balançant leurs pavillons de reconnaissance. Tous américains ou français. Vers une heure, la vigie signale une baleine. Notre capitaine reconnaît bientôt, que l'animal qui tournoie à une lieue sous notre vent, est une baleine franche qui pêche tranquillement son dîner, au milieu d'un immense amas de petits insectes gros comme une puce qu'elle reçoit dans sa gueule avec la vague. La vague est rejetée en jet d'eau, mais les insectes sont retenus dans la barbe des fanons où ils se forment en boule, pour passer par le gosier si étroit du monstre. Il paraît qu'il lui en faut deux milliards pour une bouchée. Je n'ai pas compté.

Aussi, dès que le capitaine, l'homme de l'équipage qui s'y connaissait le mieux, fut certain d'être tombé sur une baleine franche, — ce sont celles qui donnent le plus d'huile et sont le moins dangereuses à combattre — le branle-bas des pirogues fut-il plein d'enthousiasme. Les quatre canots s'élancèrent sous l'effort des nageurs, rapides comme une locomotive sur terre ferme.

L'animal entend le bruit des avirons et le reconnaît, car ce ne doit pas être la première fois qu'il l'entend. Il quitte son repas et prend la fuite, d'abord en ligne droite, puis en zigzag; mais il est trop tard. Les pêcheurs reconnaissent, au cercle que sa queue fait en plongeant, la direction de sa course sous-marine. Ils savent que le monstre ne demeurera pas enseveli sous l'eau pendant plus d'un quart d'heure. Ils calculent, à peu de mètres près, l'endroit où il reparaîtra pour respirer et ils se placent aux quatre points d'un immense carré. Les rameurs ont quitté l'aviron. L'officier veille debout sur le gaillard d'arrière et le harponneur sur le gaillard d'avant. Soudain au milieu du carré la lame se soulève, la baleine reparaît, et le piqueur saisit son harpon qu'un bout de ligne réunit par un nœud coulant à la grande ligne de pêche. Tout son corps se roidit contre le roulis, il s'arc-boute en écartant les jambes, la cuisse gauche appuyée sur le rebord du gaillard et son pied droit sur son banc de rameur. Il vise, il attend que l'officier ait manœuvré la pirogue avec le grand aviron pour accoster l'animal par le flanc.

— Frappe, s'écrie une voix stridente.

Le harpon oscille, en reflétant les rayons du soleil, et du bord du navire, où me clouent ma jeunesse et mon inexpérience, je le vois frapper l'animal et disparaître dans sa peau noire. Aussitôt la pirogue disparaît dans l'écume que la baleine soulève en secouant sa blessure, puis je la revois emportée à la suite de l'animal furieux. La ligne est filée à moitié puis contournée autour d'une bitte sur le gaillard d'arrière. Mais l'embarcation file rapide emportant nos hommes assis, les bras croisés, les avirons en l'air. Cette course effrenée qui dépasse trente lieues à l'heure, s'appelle la promenade en char à bancs. La ligne est neuve et forte, le harpon bien entré; il se briserait plutôt que de déraper. Aussi la baleine, lasse de remorquer un traîneau trop lourd, tourne et revient sur ses pas, tandis que nos hommes, halant sur la ligne, se rapprochent d'elle peu à peu. L'officier a changé de place avec le harponneur. A lui de porter le coup mortel. Il tient sa lance et, au moment où la baleine relève une de ses nageoires, il la lui plonge dans le corps. Hourrah ! La blessure est mortelle car de l'évent du monstre jaillit une colonne de sang, au lieu d'une colonne d'eau. En quelques secondes les matelots ont les mains et le visage aussi rouges que leur chemise de laine rouge. Alors commence une course insensée toujours dans le même cercle, c'est le moment le plus dangereux, celui où l'animal cherche à se venger en écrasant les canots qui voltigent autour de lui. D'un coup de queue, il peut broyer les embarcations et noyer les hommes. Mais l'officier veille et, au moment où la queue de la baleine sort droite de l'eau, comme un fléau prêt à s'abattre sur le blé, il lui lance son louchet, qui la lui coupe comme avec un rasoir. La queue retombe lourdement et à plat sur l'eau, alors les canots s'éloignent pour laisser la baleine *fleurir* tout à son aise.

Oui, quand l'animal à l'agonie a des mouvements convulsifs, des tiraillements, des soubresauts de corps, quand il vomit le sang avec son dernier soupir, cela s'appelle fleurir en argot de pêche.

Mais avant de mourir, le monstre disparaît encore, puis il reparaît la gueule ouverte du côté du soleil, il mugit, râle, se couche sur le flanc et meurt la nageoire inerte, roide hors de l'eau.

Le dernier danger qu'il faut éviter, c'est cette agonie. Nos pêcheurs se sont rapprochés trop vite. Tout à coup, le canot de l'officier soulevé et jeté à plus de deux mètres de haut par une des nageoires de la baleine, dernier spasme de son agonie, retombe éventré, la quille en l'air. Je vois les hommes sauter et tomber éparpillés dans la mer et les autres canots s'élancer à leur secours.

Avec quelle anxiété on attendit les retour des pêcheurs ! La première pirogue amenait les victimes. Pas de blessures, heureu-

La pirogue retomba la quille éventrée.

sement, mais à l'appel il manqua un homme, pas même un homme, un novice comme moi. Jugez de mon trouble quand pour oraison funèbre du malheureux, le capitaine me dit froidement :

— Tu le remplaceras demain.

Ah ! sur mer on n'a pas le temps de s'apitoyer ! Qu'un homme tombe à la mer, on lance la bouée de liége surmontée du petit pavillon rouge. Le navire prend la panne, l'embarcation hissée en porte-manteau est détachée de ses palans et cinq ou six hommes vont bravement jouer leur vie pour sauver un frère. Mais il est des cas où la voix de l'humanité doit rester muette.

— Un homme à la mer ! crie la vigie.

Un homme à la mer.

— Bien, silence, réplique l'officier dont les traits se contractent par un mouvement convulsif, et ces deux mots sont le glas de mort du malheureux, car, pour essayer de sauver un seul, il faudrait risquer le salut de tous. La vague est le lit de repos du marin.

Tel est le sort du pêcheur de baleines. Bien peu reviennent de cette dangereuse pêche.

Je vous raconterais bien comment on dépouille une baleine de sa graisse et comment on extrait l'huile, cette fortune d'un baleinier, mais ma foi ! ce n'est pas réjouissant à l'œil, à plus forte raison, à décrire. Je quitterais même la pêche des baleines pour un sujet plus intéressant, mais j'en ai besoin pour arriver au point capital de ma vie. Donc, un peu de patience.

Le lendemain, ce fameux lendemain où je devais faire partie de la pêche, nous ne vîmes rien. Pendant huit jours, tempête. Le navire danse presque à sec de toile, et se tient à peine debout à la lame avec la barre dessous et le petit foc. Nous sommes secoués d'une si rude façon que j'en ai le mal de mer. Ce qui me console, c'est que les plus vieux matelots l'ont aussi. Bref, nous louvoyons pendant un mois, sans voir de baleine. Que dis-je? on en voyait bien assez, mais on ne pouvait les approcher. Il faisait toujours un temps de chien, comme l'humeur du capitaine. Il fallait voir comme on était triste à bord. Moi, je n'en étais pas très-fâché, la partie de pêche dans laquelle je devais débuter ne me plaisant que tout juste. Or, il y en eut un qui s'aperçut de cette joie rentrée et me la fit payer cher. C'était le maître cook et Dieu sait, les biscuits pourris et les fayots qu'il me fit manger, sans compter qu'à chaque distribution, il me faisait porter la gamelle.

Ce maître cook était un grand conteur très-écouté à bord même par les officiers. Un soir que nous étions plus fatigués de ne rien faire que si nous avions passé la journée à manier l'aviron, et que forcément consignés à bord, occupés soit à faire la lessive, soit à raccommoder notre linge, nous cherchions à combattre l'ennemi, il nous cria à brûle-pourpoint :

— Que l'arc-en-ciel me serve de cravate, si vous en tuez une seule de ces baleines !

— Faut croire qu'elles ont la cale bondée de cailloux! dis-je au hasard.

— Silence ! faible chenapan de novice, me cria le maître cook en me regardant de travers. Et voulez-vous que je vous dise pourquoi vous n'en tuerez point ?

— Oui, oui.

— Eh bien, je vais vous le dire.

On fit cercle, et le conteur commença non sans avoir éveillé l'attention de son auditoire par les cris habituels :

— Peigne de buis, peigne de bois, sous-pieds de guêtres,

Le maître cook.

talons de bottes! Traverse montagnes et perruques, arrive cinq cents pieds au-dessus du soleil levant, dans un pays charmant, où les enfants de quatre ans jouent au palet avec des meules de moulin à vent... etc...

— Ah! vous êtes curieux, soit! Vous ne piquerez pas une seule de ces baleines, parce qu'autrefois elles ont été de vieux baleiniers, condamnés pour leurs péchés à revivre en baleines. Aussi, voyez-les, ces vieux roués qui entendent, comme vous et moi, le cri de notre vigie, le grand hunier que l'on masse et le branle-bas des pirogues. Ça se laisse approcher et quand le harponneur se lève, ça s'affale sans rien dire pour reparaître une lieue plus loin en soufflant et en riant. Oui, je me ferais un cure-dent avec le mât de beaupré et un mouchoir avec la grande voile, plutôt que d'acheter, pour un verre de tafia, vos parts d'huile de la saison.

Car, il faut vous dire en passant, qu'une baleine rapporte environ dix mille francs, et que chaque baleinier en touche sa part.

— Voici le pourquoi de la chose, continua le conteur : Sag-Harbourg est le grand port baleinier de Long-Island, une île du nord de l'Amérique, entourée d'eau comme la *Pauline*, où tous les particuliers sont marins et baleiniers toujours comme sur la *Pauline*. Or, il y eut un jour un armateur de ce pays-là, qui en donna le nom à un de ses baleiniers, dont il confia le commandement au capitaine Bon-Œil. Le *Sag-Harbourg* bien gréé, c'était un superbe trois-mâts, fit un premier voyage et revint avec cent barils d'huile tandis que les autres en avaient deux mille. Première grimace de l'armateur au capitaine. Au second voyage même chance, même grimace du même au même, et le capitaine Bon-Œil fut envoyé faire la pêche aux piments sur la côte du Brésil. Le malheureux officier, tout décidé à avaler sa gaffe, se dirigea du côté de la mer. La marée était basse, ce qui ne lui fit pas plaisir, car il lui faudrait se mouiller les pieds avant de rejoindre la pleine mer. Tout à coup il vit venir à lui un grand bonhomme en habit noir, à la figure verte et au nez en forme de patte d'ancre.

— Bonjour, capitaine, que faites-vous là, au lieu d'être à bord du *Sag-Harbourg* ?

— Toi, si tu viens me gouailler, je vas te recevoir à coups de souliers, riposta le capitaine qui n'était pas endurant.

— Moi, bien au contraire, reprit l'autre, je viens t'offrir le commandement du *Sag-Harbourg*. Tu reviendras à chaque voyage avec un complet chargement d'huile. Veux-tu oui ou non, réponds sans louvoyer et sans embardées. C'est la fortune que je te propose.

— J'accepte à deux conditions. D'abord je veux savoir qui vous êtes.

— Tu le sauras.

— Et vos conditions.

— Les voici. Tous les membres de ta famille et toi-même, capitaine, après la mort vous deviendrez baleines.

— Et je ferai fortune avant de mourir?

— Oui ; et même tu ne mourras que lorsqu'il y aura quelqu'un de mort dans ta famille, et que, sans le savoir, tu auras harponné ce personnage devenu baleine ou cachalot.

— Marché conclu ! Et vous êtes ?

— Le grand baleinier du diable! dit l'homme noir et vert qui disparut dans la vague.

Dès le lendemain, l'armateur avait remis au capitaine son commandement du *Sag-Harbourg*. Huit mois après, il revint avec son navire plein d'huile jusque par-dessus les barres du cacatois ; et, le voyage suivant, il lui fallut une cale supplémentaire dans chaque hune. Quatre voyages firent sa fortune. Il voulait déjà se mettre à quai, quand le choléra emporta ses quatre enfants et son vieux père. Il en devint maigre au point qu'on le croyait perdu, mais sa femme et ses amis lui ayant conseillé de prendre la mer pour se distraire, il céda à leurs conseils et partit, non sans se faire le raisonnement suivant :

— L'aîné de mes enfants avait quatre ans; puisqu'ils sont devenus baleines, ce ne sont encore que des baleineaux, des cafres qu'on appelle. Eh bien! je ne piquerai pas de cafres. Quant à mon pauvre père, il était bossu de son vivant, je ne pêcherai pas de baleine à bosse, d'ailleurs elles sont trop maigres, l'équipage n'y toucherait pas. Il n'y a donc pas de danger que je tue mon père baleine ou mes enfants baleineaux. File l'écoute du grand foc ! va pour la dernière fois !

Six mois après, Bon-OEil n'avait plus besoin que d'une baleine pour compléter son chargement. Il amena sa pirogue sur une bonne grosse baleine qui jouait avec quatre baleineaux.

— Plus que ça de luxe ! cria-t-il, sauvez la vie aux cafres.

Et les pauvres petits cafres venaient, trois heures après, à tour de rôle, flairer les bordages de la cale où leur maman était descendue coupée en morceaux.

— Enfants, tout est dit, s'écria Bon-OEil, au vent la barre, timonnier ! Brasse carré et arrive pour *Sag-Harbourg* ! Si le grand monsieur noir me repince à espeller des baleines, je veux bien que les moutons rôtis courent les rues la fourchette sur le dos et la moutarde sous la queue !

Ah ! mes enfants, il n'avait pas plutôt dit ça que voilà le monsieur noir qui se présente et lui dit :

— Bonjour, Bon-OEil.

— Tiens, c'est vous ! répondit Bon-OEil peu rassuré, mais essayant de rire. Pas besoin de vous déranger, je n'ai pas fait souffler le sang à un membre de ma famille ?

— Parfaitement, tu viens de tuer ta femme qui, morte depuis huit jours, était baleine depuis ce matin. Tu n'as donc pas reconnu tes cafres ?

Et le grand monsieur noir hala le capitaine par-dessus bord comme un paquet d'étoupe et fit avec lui un plongeon que je ne voudrais pas faire !...

Telle est l'histoire véridique du grand baleinier du *Sag-Harbourg*. Lui et sa famille habitent ces parages où nous boulinguons. Il a fait connaissance avec toutes les baleines de la localité et vous devez penser qu'il leur a appris la manière d'échapper aux harpons. Aussi vous n'en piquerez pas une seule. Sur ce, bonsoir. J'ai dit.

Malgré la prédiction du maître Cook, il y eut une pêche le surlendemain. Et quelle pêche! Voilà quarante ans de ça et j'en tremble encore !

Le soir même, la veille donc de ce fameux jour, le capitaine, furieux de son insuccès, résolut d'aborder aux îles Chatam pour réparer les petites avaries faites à son navire par les tempêtes précédentes, et qui auraient pu devenir plus graves si le vent avait changé, ce qui arriva pendant la nuit. Le matin, la vigie cria : Terre, au moment où un ouragan formidable venu des côtes nous forçait à charger le navire de toile et, lofant et gouvernant au plus près, nous nous éloignâmes de ces côtes très-dangereuses qui ne nous offraient aucun abri. Malheureusement nous ne pouvons lutter au plus près contre le vent. Le mât du grand perroquet se casse, la misaine se déralingue et il faut décidément laisser arriver pour réparer les avaries. Nous laissons donc arriver, mais toute la journée les courants nous entraînèrent, et la tempête ne s'apaisa que le lendemain. On put enverguer de nouveaux huniers et une nouvelle misaine et malgré cela on rectifia la route, le cap sur la Nouvelle-Zélande, à un mille de la baie des Meurtriers dont je vous raconterai l'histoire, si j'ai le temps.

Donc, on allait aborder quand le cri : Baleine à tribord se fit entendre. Aussitôt deux pirogues sont mises à l'eau. J'étais de la fête. Le capitaine commandait en personne. La baleine en vue était une mère qui jouait avec son cafre dans le remous du courant. Elle lui donnait une leçon de natation et, couchée sur le flanc, elle permettait au nourrisson de se frotter le corps le long de ses mamelles. Le petit être, qui ne peut saisir le sein de sa mère avec sa bouche pointue et garnie de fanons, se frotte contre les mamelles de sa nourrice, de manière à en faire jaillir le lait, un lait blanc et huileux qui ne se mélange pas avec l'eau de la mer. Le cafre le laisse s'introduire dans sa gueule avec

LA BAIE DES MEURTRIERS.

une demi-tonne d'eau, puis il rejette cette eau par les évents et avale avec sa langue le lait qui s'attache aux crins de ses fanons.

— C'est admirable ! ne put s'empêcher de crier Paul.

— Ce qu'il y a de plus admirable, c'est l'amour de la baleine pour son cafre. Elle se fait tuer plutôt que d'abandonner sa progéniture. Pour avoir la mère, on commence par harponner l'enfant. Aussi le capitaine recommanda-t-il à ses hommes de ne viser que le baleineau.

— Voyez-vous, enfants, disait-il tout bas comme si la baleine eût dû l'entendre, la mère oublie le danger qui la menace pour suivre les traces du cafre qu'on a harponné, elle flaire les vagues que le cadavre traverse, elle reconnaît les gouttes de son propre sang qui ne s'est pas encore mélangé avec l'eau de la mer, et folle, éperdue, rôdant le long du navire sur lequel on hisse son petit, elle reçoit un coup de lance en cherchant à escalader les parois du navire.

Ah ! s'il avait su ! mais on rame doucement, sans parler, pour approcher la baleine qui, toute à ses soins maternels, n'entend pas le danger. Tout à coup le harpon siffle et s'enfonce dans les côtes du baleineau qui veut fuir ; mais désormais captif, vaincu, voit sa dernière heure arriver. La baleine au désespoir essaye de dégager son petit, qui perd avec son sang ses forces et sa vie. Un harpon lancé de la deuxième pirogue lui entre sur la tête ou plutôt s'y brise et elle s'en dégage par une secousse effrayante. Puis, voyant son dévouement inutile, elle plonge et disparaît.

— Tiens, c'est drôle, fit le capitaine ; enfants, méfions-nous, et au navire !

La baleine reparaît comme pour nous couper la retraite. De ses évents ouverts s'échappent d'immenses jets d'eau qui font tournoyer nos barques. On vire de bord pour se préparer à une nouvelle lutte, quand nous voyons avec terreur la baleine partir et s'élancer de toute la rapidité de sa force. Où allait-elle ? sur la

Pauline qui reçoit le choc sans démarrer. Mais la baleine reparaît sur l'autre flanc. Autre secousse. Cette fois le trois-mâts s'ouvre et la mer y entre à flots pressés par bâbord et tribord. On court aux pompes, on saisit les lances pour combattre le monstre, on largue les voiles pour fuir. Peine inutile, la baleine a repris un nouvel élan et s'est élancée une troisième fois sur la *Pauline*, dont les bordages sont ouverts. Le monstre la déchire de toutes parts, l'enfonce petit à petit, et, quoique toute meurtrie de la lutte, ne se retire que lorsque, dans un dernier élan de fureur, il ne trouve plus son ennemi. La *Pauline* disparaît tout entière aux yeux de son capitaine, qui heureusement pour nous ne perd pas son sang-froid, et ordonne aux embarcations de gagner la grève. La baleine nous a vus fuir, elle s'élance, et dans son aveugle ardeur de vengeance, elle vient s'échouer sur la plage où, rassurés enfin, nous parvenons à en triompher. Elle nous coûtait assez cher !...

Nous n'avions plus de navire, pas de vivres, peu d'argent et nous avions perdu douze hommes, dont un officier. Un baleinier américain nous recueillit le jour même et nous n'eûmes pas à faire connaissance avec la casserole des sauvages de la Nouvelle-Zélande, qui ne se privent pas de tuer les baleiniers qui vont chez eux se reposer ou faire de l'eau.

— Pardon, si je vous interromps, dit Paul, mais vous nous avez promis l'histoire de la baie des Meurtriers.

— Ce n'était pas dans mon programme. Enfin, va pour l'histoire. Je n'ai pas autorité pour vous décrire la Nouvelle-Zélande, cette terre aussi grande que la France et qui est juste son antipode. Elle se divise par un détroit en deux îles, dont les ports provisoires reçurent des premiers voyageurs qui les ont explorés les noms de la Pauvreté et des Assassins, noms peu engageants pour leurs successeurs. Il faut dire aussi que, si les sauvages avaient mal reçu les premiers qui étaient venus les visiter, ceux-ci les avaient châtiés cruellement de leur mauvaise réception en brûlant leur village, noyant leurs pirogues et fusillant les habitants. Les Zélandais s'étaient promis une revanche. Elle fut cruelle.

En je ne sais plus quelle année, mais il y a longtemps, deux

La *Pauline* reçoit le choc.

bâtiments de la Compagnie des Indes françaises mirent le cap sur le nord de l'île. A peine avaient-ils jeté l'ancre, que vingt pirogues montées par des naturels du pays vinrent pagayer autour des vaisseaux. On invita les hommes qui les montaient à passer à bord. Après quelque hésitation, ils se décidèrent et un instant après neuf hommes de la première pirogue furent sur le pont. Le capitaine les combla de cadeaux. Le lieutenant, qui parlait même un peu la langue de Taïti, put se faire comprendre, ce qui augmenta la confiance des sauvages et endormit la méfiance des Français, car, dès le moment qu'on commença de s'entendre, les bâtiments lièrent des relations d'amitié avec les indigènes. Il y eut de ces derniers qui couchèrent à bord ; parmi eux était le chef Takouri. Quand on réfléchit quels étaient déjà ses projets, on ne peut qu'admirer la force de caractère de ce sauvage, qui ne se confiait ainsi à des ennemis que pour mieux s'en venger plus tard.

Ce ne fut pendant une semaine qu'échange de cadeaux, de poignées de mains et de frottement de nez, politesse exquise de messieurs les sauvages.

Dans l'enceinte même du port où les Français avaient jeté l'ancre, se trouvait une île avec une anse très-abordable où il y avait de l'eau et du bois en quantité. Le capitaine y fit dresser des tentes, y transporta les malades et y établit un corps de garde. De tous les points de l'île arrivèrent des naturels encore plus affectueux, apportant du poisson et des fruits, se montrant sans défiance, doux et caressants.

Je ne vous ai pas dit le nom des deux officiers. Ils sont importants, car ils appartiennent à la géographie. Le capitaine s'appelait Marion et le lieutenant, Crozet. Le premier avait pris peu à peu confiance entière dans les sauvages, le second se tenait sur la réserve.

Un jour Takouri pressa le capitaine de descendre à terre. Celui-ci devait bien lui rendre une fois à son village les visites qu'il en avait reçues à son bord. D'ailleurs les deux bâtiments avaient besoin de mâts de rechange, et il y aurait eu stupidité à ne pas utiliser la bonne volonté des Zélandais.

Le capitaine Marion, le lieutenant Crozet et deux tiers de l'équipage descendirent à terre et se disséminèrent en trois camps sur une distance de deux lieues ; le premier, près de la mer, était l'atelier, la forge et l'ambulance, défendu par dix hommes armés ; le deuxième était à la porte d'un grand village ; inutile de dire qu'il était défendu par des hommes armés, toujours en éveil ; le troisième était sur la lisière d'une forêt de cèdres, où les matelots abattaient les arbres dont ils avaient besoin.

Malgré toutes les preuves d'amitié des insulaires, les vieux matelots et surtout M. Crozet gardaient leur défiance primitive. Ils les savaient cruels et vindicatifs, et de plus ils les soupçonnaient d'être anthropophages. Par malheur, M. Marion ne voulait rien entendre. Croyant à cette amitié des sauvages, il se faisait un plaisir de vivre avec eux.

Un soir le capitaine, deux officiers, un volontaire, le capitaine d'armes et dix matelots ne rentrèrent pas à bord. Les relations étaient si parfaites avec les indigènes, que nul ne s'en inquiéta.

Le lendemain on met une chaloupe à la mer pour faire l'eau et le bois nécessaires à la consommation du jour. La chaloupe n'étant pas de retour à l'heure habituelle, le lieutenant Crozet, les sourcils froncés, pâle, le cœur oppressé, monta sur le pont et regarda avec anxiété cette île funeste comme pour lui demander compte de son capitaine et de ses hommes. Tout à coup il crut voir un homme se jeter à la nage. Il prit sa lunette d'approche et reconnut un de ses matelots. Un canot, qu'il fit mettre à la mer sur-le-champ, recueillit le malheureux au moment où, à bout de forces, il allait disparaître sous l'eau.

Or, voici ce qu'il raconta à ses camarades effrayés, dès qu'il fut revenu à lui :

— Nous arrivons. Les insulaires nous prennent sur leurs épaules pour nous épargner de faire le chemin à pied ; mais au moment où, occupés à couper du bois, nous leur tournions le dos, ils fondent sur nous à coups de lances. En moins de quelques minutes, dix matelots sont tombés sous leurs coups. Moi, j'eus la chance de me défendre et de fuir en me glissant, quoique blessé, dans les broussailles, où, sans mouvement et sans souffle, j'ai attendu et regardé. Alors, chose terrible ! j'ai vu mes malheureux compagnons coupés en morceaux, j'ai vu des femmes et des enfants boire leur sang, des hommes manger leurs entrailles encore palpitantes. Je n'y pus tenir, et, rampant jusqu'au rivage, je me suis jeté à l'eau, pour y trouver la mort ou le salut, c'est-à-dire la vengeance.

— Vengeance ! crièrent d'une seule voix les matelots.

Seul le lieutenant Crozet se retira sans mot dire. Il est clair que le capitaine Marion et ses hommes avaient été assassinés; mais ce qu'il y avait de plus terrible à penser, c'est que les trois camps établis dans l'île, travailleurs et malades, étaient exposés à être attaqués d'un moment à l'autre, d'autant plus exposés qu'ils n'étaient pas prévenus.

— Au plus pressé, dit-il. Et il fit armer un canot avec un fort détachement que commandait un sergent, vieux marsouin s'il en fût. En approchant de terre, la première chose qu'ils aperçurent fut le canot de M. Marion et la chaloupe des travailleurs, échoués au-dessous du village de Takouri, entourés de sauvages armés de fusils qu'ils avaient pris aux bateaux. Heureusement encore qu'ils ne savaient pas s'en servir. Ce n'était pour eux que le manche d'une baïonnette. M. Crozet débarqua en face de l'atelier, fit cesser tout travail, ranger les outils et charger les armes. Tout se fit dans le plus grand silence. Seulement les matelots se regardèrent d'un œil qui voulait dire : ça chauffe.

Puis matelots et soldats, au nombre de soixante à peu près, se dirigèrent vers la chaloupe. Alors des troupes de sauvages silencieuses et menaçantes apparurent comme pour leur couper la retraite, en criant : « Takouri malé Maroni ! ce qui voulait dire, Takouri a tué Marion. »

Ce fut un même frémissement de colère pour tous les Français, qui adoraient leur capitaine, mais M. Crozet ordonna de marcher droit et serré, sans un mouvement qui pût faire croire aux sauvages qu'ils avaient compris. On fit ainsi deux lieues en silence, l'œil au guet. Mais grande était l'impatience, celle des vieux surtout.

— Amis, leur dit le lieutenant, n'oubliez pas que nous avons encore deux postes à relever. Si nous succombions, nos vaisseaux seraient à la merci de ces brigands, et nous ne serions pas vengés.

On arriva au rivage couvert d'un millier d'indigènes. La petite troupe passa fièrement au milieu d'eux, et s'embarqua dans la chaloupe ; seulement, comme ils s'approchaient trop près, le lieutenant prit un pieu, marcha droit au chef, le planta à dix pas devant lui, à trente pas de ses hommes, et lui fit comprendre que le premier qui franchirait cette limite, il l'abatterait de sa carabine.

A peine la chaloupe chargée des soixante hommes s'éloignait-elle du rivage qu'une grêle de javelots s'abattait sur les Français et que les tentes laissées à terre étaient incendiées.

A cette vue, la fureur des matelots ne connut plus de bornes. Le lieutenant lui-même n'osa pas y mettre un frein. Quand la chaloupe fut en mer, les quatre premiers tireurs de l'équipage firent feu sur les sauvages ; quatre hommes tombèrent. Ce fut un feu roulant, d'autant mieux ménagé que c'étaient toujours les mêmes qui tiraient, les autres ne faisant que charger les armes. Cinquante sauvages furent abattus en quelques minutes. Mais loin de les mettre en fuite, les coups de feu ne faisaient qu'augmenter leurs cris de menaces. Ils croyaient que leurs compagnons, effrayés par ce bruit de tonnerre, étaient tombés de peur et allaient se relever. Mais quand ils virent le sol jonché de cadavres et la mer se rougir de sang, ils s'enfuirent épouvantés.

A peine rentré à bord, le lieutenant ne prit pas de repos ; il arma un autre canot et revint à terre pour chercher les malades. Les postes qui étaient restés dans l'île étaient prévenus et se tenaient sur leurs gardes, mais il fallait leur porter un prompt secours.

De retour à terre, on releva les postes des malades qu'on fit embarquer. On abattit les tentes, et comme on était obligé de passer la nuit, on se fit un retranchement avec des tonneaux pleins d'eau que gardèrent vingt sentinelles. On se coucha tout habillé, les fusils chargés à côté de soi et on attendit le jour. Rien ne parut : on entendit bien les indigènes rôder autour du campement avec un bruit pareil à ceux des animaux sauvages, mais voilà tout. Le lendemain arriva un nouveau détachement qui venait faire du bois et de l'eau. Vers midi, les sauvages vinrent en forces, mais sans oser attaquer. Le tambour battit la charge et nos soldats, environ au nombre de trente (les autres défendaient les postes), marchèrent droit à l'ennemi, sans tirer, la baïonnette au fusil. Les sauvages se sauvèrent dans le village où nos soldats allèrent les chercher. On emporta d'assaut chaque maison à laquelle on mit le feu, et de village en village, on les poursuivit jusqu'à la mer. Nous n'avions qu'un soldat blessé, et il y avait deux cent cinquante Zélandais tués, blessés ou prisonniers.

Le soir même, il ne restait pas un sauvage dans l'île, tous avaient fui et passé le détroit pour aller se réfugier dans la grande terre où il était impossible d'aller les attaquer. Et cependant là étaient les arbres dont on avait besoin pour refaire le mât de beaupré et le mât de misaine d'un des bâtiments désemparé. D'un autre côté, la mort de son capitaine n'était pas vengée sur son meurtrier Takouri, et le lieutenant Crozet voulait non-seulement la venger, mais retrouver la preuve que l'officier était réellement mort et non prisonnier.

LES SAUVAGES SORTIRENT DE LEUR EMBUSCADE.

En attendant, les chaloupes firent le bois et l'eau nécessaires pour approvisionner le navire ; cela dura un mois, sans qu'on fût inquiété. Il est vrai que chacun se tenait sur ses gardes.

Une nuit, les sauvages passèrent, sans qu'on s'en doutât, de la grande terre sur l'île. Tout à coup, un peu avant la tombée de la nuit, une des sentinelles cria : « Qui vive ? » et comme on ne lui répondait pas, fit feu. La broussaille dans laquelle il avait tiré s'ouvrit, et derrière on vit surgir une troupe nombreuse qui, en agitant ses armes, se rua sur le camp.

Mais aux premiers cris, comme au coup de feu, le détachement s'était mis en bataille ; il chargea au pas de course, et cette fois, les sauvages furent si bien étrillés qu'ils ne remirent pas le pied dans l'île. Malheureusement plusieurs des nôtres avaient été atteints par leurs flèches. Les sauvages se tinrent ensuite sur leurs gardes, et on voyait leurs feux sur les collines et leurs sentinelles longer le rivage. Leurs pirogues allaient même pagayer jusque dans les eaux des navires, mais un coup de canon à boulet tiré sur l'une d'elles les dispersa.

Cependant on n'avait pas de nouvelles du capitaine Marion et de ses hommes. On décida une expédition dans le village de Takouri pour s'assurer d'une mort malheureusement trop certaine. Cinquante hommes bien armés commandés par le lieutenant Croizet furent chargés de cette triste expédition. Il ne leur fut pas difficile d'emporter le village d'assaut. Takouri venait de l'abandonner. Le traître avait sur ses épaules le manteau du capitaine facile à reconnaître à cause de ses couleurs écarlate et bleue. On fouilla partout. On trouva d'abord un crâne sur lequel se voyait la dent des anthropophages, une cuisse d'homme à moitié dévorée, une chemise ensanglantée, des vêtements d'officier, des pistolets, toutes les armes du canot et les hardes ensanglantées des matelots. On réduisit en cendres tous les villages, et le procès-verbal de la mort des malheureux Français fut rédigé à la lueur de l'incendie.

Notre vengeance s'arrêta là. Depuis, cette baie s'appelle la baie des Meurtriers.

Cette histoire plut beaucoup à Paul; du reste il saisissait toutes les occasions de chercher dans le récit de ses gardiens un fait d'armes glorieux pour la marine française. Là, il n'y avait pas gloire mais martyre, raison de plus pour que l'imagination du jeune homme en fût impressionnée.

Il se faisait tard, le père La Gloire remit au lendemain la suite de son récit qu'il termina ainsi :

— Dix ans de la vie de baleinier usent un homme jusqu'à la corde. Aussi, dès l'âge de trente ans, je quittai le métier, heureux d'en être sorti sain et sauf. J'avais des économies et je résolus de faire la pêche pour mon compte. Le rêve de toute ma vie a été d'être commerçant. Je n'ai pas réussi.

Je m'étais retiré à l'île Maurice. C'était encore la France, et ce n'était plus le Havre où j'avais juré de ne plus débarquer. J'y frétai une goëlette de 50 tonneaux avec seize hommes d'équipage, et je partis faire la chasse aux éléphants marins pour le compte d'un armateur anglais. C'était une excellente affaire pour moi. Deux ans devaient suffire pour me doubler mon capital. Ne sachant quel nom donner à mon vaisseau......

— Oh! fit Clinfoc avec mépris, une goëlette !....

— A ma goëlette alors, puisque ça vous blesse, je crus devoir l'appeler *La Gloire*. Mon équipage, composé de gens de toutes les nations, me donna le nom du bâtiment, et le capitaine La Gloire finit par devenir le père La Gloire, votre serviteur.

— Il a été votre collègue, dit Clinfoc au capitaine.

— Tais-toi ou je te renvoie, répliqua le père Vent-Debout.

— La traversée devant n'être que d'un mois, je n'avais que pour quarante jours de vivres. Or, à peine en mer, *La Gloire* essuya des vents contraires. La neige, le brouillard, les tempêtes retardèrent sa marche. Je fus obligé dès le vingtième jour de réduire les rations. Enfin nous mouillâmes, mais sans pouvoir y aborder, en face des îles Croizet et Marion, où nous allions pêcher.

— Tiens ! dit Paul, est-ce que ?....

— Pardon, monsieur Paul, dit le père La Gloire, je sais ce que vous voulez dire, ce sont peut-être les noms des officiers dont je vous ai parlé hier soir, mais je n'en suis pas certain.

— En tout cas, dit le capitaine, c'est probable. Je connais ces îles, j'y ai passé. Ce que je peux affirmer, c'est qu'il y a un siècle que deux officiers français les ont découvertes.

— Étrange coïncidence, dit Paul. On dirait que c'est un fait exprès.

— File ton nœud et au large ! cria Clinfoc au père La Gloire qui reprit aussitôt :

— Nous ne pouvions pas aborder. L'île était couverte de neige, le ciel noir et menaçant, les vents soufflaient avec fureur ; des oiseaux marins, supris de voir un navire, nous entouraient avec des cris assourdissants. Pendant vingt jours nous restâmes là, le bec dans l'eau, c'est le cas de le dire. Une nuit, la tempête redoubla : les câbles qui retenaient le navire à l'ancre se brisèrent et nos canots furent emportés. Ajoutez à cela que nous n'avions plus une goutte d'eau, à peine du biscuit pour un jour et qu'il ne restait à bord que trois hommes valides. Les autres étaient sur les cadres.

— Ah ! le joli capitaine ! grogna Clinfoc.

— Je fis construire un radeau...

— Mais c'est le naufrage de la Méduse qu'il raconte !

— A la porte Clinfoc !...

— Ce radeau était peu solide, mais la tempête nous vint en aide ; elle nous poussa sur les récifs contre lesquels se brisa ma goëlette, et le radeau se trouva assez près du rivage pour qu'on pût y aborder. J'avais de la poudre et deux pierres à fusil. On s'en servit pour allumer un grand feu qu'on entretint avec la graisse d'un éléphant marin que nous tuâmes en arrivant.

Quand nous fûmes réchauffés, nous recueillîmes les débris de la goëlette que les flots amenaient au rivage, des vergues, le grand mât de hune avec ses voiles et ses cordages, des barriques vides, un sac de biscuit et quelques outils. Les biscuits détrempés dans l'eau douce apaisèrent notre faim, et les voiles nous firent un abri.

Le lieu où nous étions était une vallée sans végétation entourée de montagnes arides, et recouverte de neige. On y bâtit tant bien que mal une hutte avec des planches du navire et des peaux d'éléphants marins. Je baptisai cet endroit: la Baie du naufrage.

A coups de pierres et de bâtons nous abattîmes des oiseaux de la race des pingouins, on tua des petits éléphants, on alla dénicher sur le rivage les œufs d'albatros, et pendant quelques temps on espéra ne pas mourir de faim.

Mais la neige et le vent redoublèrent, et il nous fut impossible de rien trouver; les oiseaux eux-mêmes se cachaient pour échapper à la fureur de l'ouragan. La faim commença à nous décourager. Trois des nôtres périrent sans qu'on pût leur porter secours. A toutes forces il fallait faire une expédition dans les terres.

Cette expédition réussit. Nous tuâmes des éléphants et des loups marins, nous trouvâmes des nids d'oiseaux remplis d'œufs, et des touffes d'herbes amères pour assaisonner la nourriture. La peau des amphibies nous fournit des vêtements, que nous cousions au moyen d'aiguilles fabriquées avec des os d'albatros.

— Robinson Crusoé, murmura Paul.

— La santé revint avec l'espérance. On finit par s'acclimater.

Par malheur, nous n'étions jamais d'accord. Comme je vous l'ai dit, il y avait des Français, des Anglais, des Allemands, des Hollandais, et chaque jour il y avait des disputes et des coups de poing. Il y eut même un jour mort d'homme. On fut obligé de se séparer. On fit deux bandes, qui cessèrent même de se parler.

Cependant, à force de résignation, l'existence nous paraissait

La chasse aux pingouins.

douce, et nous supportions tranquillement nos malheurs, quand un ras de marée, en enlevant nos huttes et nos outils, faillit nous engloutir tous. Cet accident, au lieu de nous être fatal, nous fit réconcilier avec ceux qui nous avaient quittés. Ils revinrent tous et jamais nous n'eûmes de meilleurs amis.

Un jour, j'eus une idée. Les albatros suivent d'habitude les navires baleiniers, et s'abattent sur la baleine harponnée dès qu'elle a cessé de vivre. Nous nous amusions alors à les tuer à coups de fusil, ou à les prendre à l'hameçon. Je fis faire cent petits sacs de cuir dans lesquels on plaça autant de petits billets qui retraçaient la position de « *La Gloire* » et les fis attacher au cou des jeunes albatros pris au nid.

En attendant que mon procédé nous donnât des résultats, avec les débris de ma goëlette je proposai de construire une barque avec laquelle on pourrait aller à la rencontre de quelque vaisseau en vue. Nous n'eûmes pas le temps de l'achever, car nous fûmes sauvés par un baleinier américain. Il y avait dix-huit mois que nous étions sur cette île déserte!...

Voilà quelle fut ma première opération. Je rentrai à l'île Maurice, où je pris du service sur un bateau marchand qui allait aux Indes. J'y allais dans l'espoir d'y faire du commerce. Un naufrage épouvantable perdit le vaisseau dans le golfe du Bengale, et je fus recueilli par un vaisseau anglais qui transportait des condamnés en Australie. Je m'y liai avec des chercheurs d'or, et après quelques années d'un petit commerce, je pus fréter un bateau pêcheur.

Bref, monsieur Paul, je n'aurais plus à vous raconter que la vie peu accidentée d'un caboteur. Qu'il vous suffise de savoir qu'au bout de vingt ans, le mal du pays me prit plus fort que jamais. J'étais à mon aise, je réunis ma petite fortune et je revins en France.

Je n'y étais pas encore, comme vous allez le voir.

Le paquebot qui me ramenait en Europe était anglais; il pouvait y avoir à bord trois cent cinquante passagers et quarante hommes d'équipage. On faisait voile pour Portsmouth. Le mauvais temps força le capitaine de jeter l'ancre en vue de Dongeners. La nuit était calme, les passagers couchés; il ne restait sur le pont que les matelots de quart et le maître d'équipage, avec qui, en qualité d'ancien matelot, j'avais eu l'autorisation de rester. Nous allions descendre nous coucher, quand la vigie aperçut un gros navire à vapeur s'avancer droit sur nous à toute vitesse.

— Steamer, faites attention, cria-t-elle.

Ce cri ne reçut aucune réponse, et au moment où elle le répétait, le navire était ébranlé dans toutes ses membrures par un choc terrible.

— Tout l'équipage sur le pont et aux pompes ! cria le capitaine qui arrivait réveillé par les cris de la vigie, au moment où son navire était défoncé par un vapeur inconnu, qui disparut rapidement sans porter la moindre attention aux cris d'épouvante qui venaient de notre bâtiment abordé.

Le capitaine se voit abandonné. Le travail des pompes était inutile. Le vaisseau sombrait. Jugez du réveil des passagers ! Une panique terrible s'ensuivit, et, si le capitaine avait perdu son sang-froid, il n'aurait pu sauver personne. Les canots sont mis à l'eau pour sauver d'abord les femmes et les enfants, pendant que le maître d'équipage tirait des fusées de détresse. Alors, dans une lutte désespérée, fous de terreur, les passagers se précipitent dans les embarcations. Que de malheureux sont ainsi noyés ! que d'enfants écrasés ! que de femmes mortes de peur ! Enfin un remorqueur a vu nos signaux ; il arrive, et nous le voyons secourir les canots, qui, trop chargés, allaient à la dérive et menaçaient de couler.

J'étais encore sur le pont, mais j'avais une figure si comique que cela fit sourire le maître d'équipage. Songez donc que toute ma pacotille, toutes mes économies, tous mes effets étaient restés dans ma cabine, et que je n'avais pu descendre les chercher. Ah ! ma foi, je restais là, si le capitaine ne m'avait ordonné de suivre le maître d'équipage. Il fallut même qu'il me menaçât de son revolver. J'étais comme un hébété. Je descendis dans le canot, et à peine y étais-je, qu'en retournant la tête je vis, à la lueur des feux allumés par le remorqueur, disparaître le navire et debout à la poupe le noble officier qui nous saluait une dernière fois de la main !...

Rentrer chez soi plus pauvre qu'au départ, c'est triste. Et puis j'étais déjà vieux. Ma foi, il me restait assez d'argent pour payer mon voyage en Amérique. Je m'embarquai sur un navire à vapeur espagnol. Vous me demandez pourquoi je choisis le *Santa-Fé?* c'était le nom du navire. C'est qu'il venait du Havre et, comme je ne voulais pas revenir dans mon pays nu comme saint Jean et pauvre comme Job, j'espérais trouver à bord des gens qui me parleraient de ma bonne ville normande. Mon espérance fut déçue. Le seul profit que j'en retirai fut de voir dans la brume les côtes de mon pays.

Mais, sans doute, Dieu voulut me punir d'être passé près de ma patrie sans y aborder.

La traversée était belle. Les voyageurs étaient réunis sur le pont, et moi j'étais heureux de penser qu'à l'horizon là-bas, cette ligne brisée que j'entrevoyais, c'était la France. Soudain une terrible explosion retentit. La chaudière de la machine venait d'éclater. Je me trouvai lancé dans l'air, puis, au milieu de la flamme et de la fumée, je retombai dans l'eau, à côté du navire broyé. Je me cramponnai à une épave, et ce que je vis ne sortira jamais de ma mémoire.

J'avais vu bien des naufrages, j'avais failli mourir de faim, de froid, la queue des baleines et la dent de requins m'avaient fait voir la mort de près, les sauvages m'avaient presque massacré ; en échappant à tous ces périls, je les avais presque oubliés. Mais là, vieux, faible, pauvre, désespéré, je ne pouvais supporter la vue d'un sinistre pareil.

Tous les voyageurs qui étaient avec moi, brûlés ou blessés, avaient été précipités dans les flots. Ceux qui n'avaient pas été atteints glissaient fous de terreur sur les deux parties du navire qui sombrait. Trois canots avaient été mis à la mer, mais sur les deux il y en eut un qui coula immédiatement. Beaucoup s'étaient cramponnés à des balles de liége. Enfin, à la cime des vagues, on n'apercevait que des têtes pâles sur lesquelles l'incendie du navire jetait des reflets sanglants.

A côté de moi, le capitaine se cramponne à une bouée, appelant ses hommes au secours des naufragés. Excellent nageur, il en avait sauvé quelques-uns, et certes, il était sauvé lui-même, s'il n'avait pas essayé d'arracher à la mort une jeune femme. Celle-ci, en le voyant s'approcher, se cramponna à lui. Une lutte désespérée eut lieu à la suite de laquelle les infortunés disparurent. Je vis passer sur la carcasse d'une cage à poules un petit enfant que sa mère y avait sans doute déposé. L'enfant jouait en riant avec les vagues qui allaient l'engloutir. Le mât de misaine avait une grappe de femmes et d'enfants qui s'y tenaient avec la force de la peur. Le mât disparut.

Assez, n'est-ce pas, monsieur Paul? Dieu vous préserve de ces accidents-là !

Que vous dirai-je encore? Ce souvenir me fait mal. Je l'achèverai par reconnaissance pour les pêcheurs de Rochefort et de Royan, qui entendirent l'explosion et accoururent à notre secours, car nous étions à peine à trois lieues de la tour de Cordouan.

La première victime aperçue par les pêcheurs fut un homme cramponné à une balle de liége. La barque s'arrête pour le recueillir, mais il refuse en disant :

— Ne songez pas à moi, je sais nager et je rejoindrai facilement la terre. Allez en avant, bien d'autres malheureux ont besoin de votre secours !

— Le brave homme, s'écria Paul. S'est-il sauvé au moins ?

— Oh ! qui le sait ? chacun pour soi dans ces occasions-là. Ce qu'il y a de plus certain, c'est que sur soixante-seize personnes, on n'en a sauvé que la moitié à peine. Malheureusement j'étais de la bonne moitié.

Le bon Dieu, comme je vous l'ai dit, me punissait en me forçant à rentrer dans la patrie que mon amour-propre m'empêchait de revoir!

J'y suis et j'y reste. De bons amis m'ont fait obtenir cette place de gardien de phare, et, pour leur prouver que je ne suis pas ingrat, je n'irai plus courir les aventures en mer.

Il faut encore que je vous demande pardon d'avoir trop parlé de moi et pas assez de ce que j'ai vu. Un autre soir, je vous demanderai de me questionner, et à vos questions je répondrai en racontant bien des choses que j'ai oubliées dans ce récit.

— Ce n'est pas de refus, dit Paul. En tout cas, merci... Ah! mon oncle, la pêche à la baleine a bien son charme, et je voudrais bien aussi venger le capitaine Marion!

LA COURSE EN SAC.

Combat de coqs.

CHAPITRE III

CARTAHUT

L'escadre en route pour la Crimée. — Les Dardanelles. — Le désastre de Sinope. — La déclaration de guerre. — Bombardement d'Odessa. — Le *Tiger* à la côte. — Batchich et Varna. — Le choléra. — Débarquement des troupes. — L'Alma. — Transport des blessés. — L'armée en marche. — La baie de Kamiesh. — La flotte et l'armée devant Sébastopol. — Attaque des forts par l'escadre. — La *Ville de Paris*, maltraité par les obus ennemis. — Les marins à terre. — Leurs batteries. — Bataille d'Inkermann. — Le siége. — Naufrages. — Le *Henri IV* et le *Pluton*. — *Eupatoria* : sortie des Russes. — Les Cosaques sur les côtes. — La mer d'Azof. — La *Tchernaia* et *Traktir*. — Assaut et prise de Malakof. — Retraite des Russes. — La *Sémillante*. — Tombeau des naufragés.

Nous connaissons Cartahut au physique. Il se chargera lui-même de se dépeindre au moral.

Quand tout le monde fut à sa place et que le capitaine lui eut donné la parole, il se leva, salua, toussa, s'assit et se releva avant de commencer : puis il commença ainsi :

— Capitaine, monsieur Paul, mes amis, c'est moi Cartahut, ou plutôt Jules Roch, dit Cartahut, ex-marin de la marine impériale. Vous me voyez, je ne suis pas dans un sac. J'ai bon pied, bon œil, bon estomac, le tout au service des amis. Je n'ai pas un seul défaut...

Et comme un murmure d'incrédulité circulait autour de lui, il reprit vivement :

— C'est peut-être parce que je les ai tous, mais, foi de Cartahut, je n'en sais rien, et quand on ne se sait pas vicieux, on est bien près de ne pas l'être.

Du reste, ce que j'ai à dire pour satisfaire aux demandes du capitaine — et il se leva pour saluer — ne me concerne pas. C'est vous dire que je vais vous raconter tout ce que j'ai vu sans vous parler de moi, du moins rarement. Cela tient à ce que j'ai beaucoup entendu parler de choses que je n'ai pas vues, mais que j'ai beaucoup vu de choses sans y être mêlé directement.

— Mais, va donc, disait Clinfoc qui enrageait déjà, rien que de penser qu'on allait parler de la marine militaire.

— Donc, le 23 mars 1853, nous quittâmes Toulon pour nous rendre sur les côtes de la Grèce. Notre escadre était forte de huit vaisseaux et de plusieurs vapeurs. Nous savions bien qu'il y avait des bruits de guerre, et que nous n'allions pas à la pêche à la morue, mais nous ignorions le pourquoi de la chose. En entendant causer les officiers, on apprit que nous allions protéger le Sultan contre la Russie.

Comme homme, je me moquais du grand turc : mais comme marin, ça m'allait.

Nous restâmes là deux mois à louvoyer ; il paraît que ça n'amusait pas les Grecs.

Enfin nous mîmes à la voile. La flotte anglaise que nous avions vue à Malte, vint nous rejoindre et nous allâmes mouiller à l'entrée du détroit des Dardanelles.

Pendant les longs mois qui retinrent au mouillage nos escadres inactives, — notre amiral, — l'ancien préfet de Toulon, M. Hamelin, un bon celui-là! — familiarisait nos équipages avec les manœuvres de voiles et les exercices d'artillerie et de mousqueterie. Nous avions beaucoup de conscrits, mais nous comptions aussi beaucoup de marins du littoral, parmi lesquels étaient de vieux matelots qui avaient fait l'expédition d'Afrique.

Ce qui nous ennuyait le plus et gâtait notre joie d'un prochain combat sur mer, c'était de savoir que nous y serions aidés par les Anglais. Et pourtant, il faut tout dire, ce sont de joyeux compagnons au feu, comme à table. Jamais je n'aurais cru ça d'eux. Et quels gabiers, mes amis!...

— Ce sont tes amis, dit Chasse-Marée, n'en parlons plus.

— Grand-papa, reprit Cartahut avec un certain respect, les ennemis de la France ne sont pas mes amis, mais tous ceux, quels qu'ils soient, qui combattent sous notre drapeau, deviennent nécessairement nos amis. Le jour où nous nous battrions contre l'Angleterre avec les Russes pour alliés, dame! les Russes seraient les premiers marins du monde. Écoutez pourtant, ce que je vous ai dit des Anglais, je le pense, foi de Cartahut et vous le pensez aussi, malgré tout.

Bref, ce fut le 4 novembre que nous apprîmes la première attaque des Russes contre les Turcs sur le Danube et que nous remontâmes vers Constantinople pour entrer dans la mer Noire, neuf vaisseaux français, sept anglais. Le vaisseau amiral jeta l'ancre devant Béicos.

Ah! mes amis, vous qui avez fait tant de voyages, je vous défie de me citer un spectacle plus imposant que ce paysage d'Orient qui se déployait devant nous dans toute sa splendeur, bien que l'automne eût jeté déjà sur la verdure des teintes sombres et jaunâtres. C'est un mélange d'arbres touffus, de maisons et de minarets : voici le mont géant qui domine toute la rive du Bosphore ; là Constantinople avec ses faubourgs qui se développent comme deux ailes blanches, et partout, sur les deux rives, des villas et des jardins.

Mais, ce n'est pas la question : le plus clair de notre position était, qu'il était défendu à la flotte russe mouillée à Sébastopol de venir se frotter contre Constantinople. En attendant, comme nous pouvions être appelés subitement à agir, l'amiral Hamelin profitait des belles journées, pour nous exercer aux opérations de débarquement.

A cette époque nous apprîmes le désastre de Sinope. Trois mille Ottomans avaient péri, la ville turque était incendiée, les habitants s'étaient réfugiés dans les montagnes, la flotte était anéantie, sept frégates, trois corvettes et deux vapeurs. L'amiral Hamelin, qui n'avait pas d'ordres, car, paraît-il, la guerre n'était pas positivement déclarée, envoya deux vaisseaux pour chercher les blessés. Si l'escadre russe était encore là, on l'inviterait à déguerpir. Si elle ne voulait pas, on viendrait chercher du renfort pour taper dessus. Mais, bernique, les Russes avaient filé. Du reste, ils se sont défendus comme de beaux diables, de cette trop facile victoire ; ils ont été même jusqu'à prétendre que c'étaient les Turcs qui avaient mis le feu à la ville en faisant sauter leurs vaisseaux. C'est l'histoire du chien qui a mangé un lapin et qui prétend que c'est le lapin qui a commencé.

L'ordre vint enfin d'entrer dans la mer Noire. Il paraît que cette mer-là n'a jamais été commode. Les anciens, — mais les vieux anciens, — en savaient quelque chose. Pour tout dire, c'est une mer comme une autre. Seulement, comme nous étions en hiver, elle eut des orages et des tempêtes qui ne nous firent pas plaisir, surtout pour le début d'une campagne. Ce qui nous contraria davantage, ce fut le rapport de l'officier anglais

La déclaration de guerre fut accueillie par de nombreux hourras.

chargé d'aller porter des dépêches à Sébastopol et qui affirma que cette ville était imprenable par mer.

Cependant nous reçûmes l'ordre de croiser sur les côtes de Crimée et de bloquer la marine russe dans ses ports. C'était déjà quelque chose, mais le froid empêcha nos explorations. Odessa était entourée de glaces, et nous ne fîmes que montrer nos couleurs nationales devant Sébastopol. Pendant ce temps, l'escadre de l'Océan amenait de France une armée toute prête à faire sur terre ce que nous ne pouvions faire par mer, et nos bâtiments malgré le froid et les neiges exploraient toutes les côtes.

Ah ! nous avions à faire à forte partie. La côte était hérissée de forts partout où on pouvait opérer un débarquement. Quand nous approchions trop près, les Russes faisaient sauter les forts et disparaissaient dans les bois. Toujours le même système. Semer la ruine et la misère entre eux et l'ennemi. Depuis l'incendie de Moscou, ils n'en ont pas d'autre.

Comme je vous l'ai dit, les troupes arrivaient avec l'escadre de l'Océan et devaient débarquer à Gallipoli ; mais avant leur arrivée, notre flotte apprit officiellement la déclaration de guerre de la France et de l'Angleterre à la Russie, car jusqu'à cette époque, 15 avril 1854, nous n'avions fait que nous promener, histoire de dire à l'ennemi : « Attention, nous sommes là ! »

Ce fut un beau spectacle. Un peu avant midi les escadres française et anglaise sont réunies. Chaque équipage est rangé sur le pont et apprend de son commandant la grande nouvelle qui porte la joie dans tous les cœurs. Midi sonne. Le signal de guerre à la Russie est arboré aux mâts des vaisseaux amiraux. Ce ne sont alors qu'acclamations répétées qui s'appellent et se répondent. Sur nos bâtiments, le pavillon anglais flotte au grand mât, sur les navires anglais, c'est le pavillon de la France. Le pavillon turc est aux mâts d'artimon, le pavillon national est aux mâts de beaupré et de misaine. Des matelots désignés à l'avance se sont élancés dans les mâtures et se rangent sur les vergues. D'autres se tiennent droit sur les bastingages, la face tournée en dehors. Le même mouvement s'exécute sur la flotte anglaise.

Oui, c'était un beau et grand spectacle. La guerre ne m'a pas laissé de meilleur souvenir : il semblait que le vent s'en mêlât en sifflant dans nos cordages et que la neige qui fouettait nos pavillons fût la réponse menaçante de la Russie !

C'est devant Odessa que les hostilités commencèrent. Les batteries de ce port avaient tiré sur une frégate et un canot anglais portant le pavillon parlementaire. Ce ne fut pas long. Le 17 on nous donne l'ordre d'appareiller et le 20, après avoir capturé quatorze bâtiments marchands russes, histoire de se faire la main, nous jetons l'ancre devant Odessa.

Notre amiral envoya au gouverneur de la ville une petite lettre soignée, paraît-il, à laquelle on se garda bien de répondre, vu que ledit gouverneur avait déjà essayé de se disculper en disant que la frégate anglaise avait menti et que les forts n'avaient pas tiré sur elle.

Le lendemain au petit jour, quatre vapeurs — car leur faible tirant d'eau permettait seulement aux vapeurs de s'approcher du fort et des batteries — allèrent se porter à la distance de neuf ou dix encâblures, devant la batterie du port d'Odessa. C'étaient le *Vauban* et le *Descartes* pour la France, le *Tiger* et le *Sampson* pour l'Angleterre. Elles avaient à peine pris position, que les Russes leur envoient un premier coup de canon.

Ce fut le signal. Les frégates répondent aux batteries qui ripostent et bientôt la fumée nous cache le lieu du combat. Mais nous étions tranquilles, les officiers étant certains que le calibre de nos bouches à feu était plus fort que celui des batteries ennemies. Cependant nous voyons avec inquiétude le *Mogador* et le *Furious* quitter leur ligne d'embossage pour prendre part à l'action. Le *Vauban* revient, sa roue brisée et sa coque en feu.

Mais le vent qui chasse la fumée nous montre le combat. La batterie du port impérial, les magasins et les navires que ce port renferme, sont criblés de nos obus et de nos boulets. Au milieu de foudroyantes détonations, les projectiles éclatent et bondissent de toutes parts, des raies de feu sillonnent comme des éclairs la fumée qui nous dérobe encore une fois la vue de nos frégates.

Six chaloupes anglaises s'avancent vers le nord et lancent des fusées à la congrève sur le môle, mais tout à coup nous les voyons se replier sur le groupe des frégates, car elles sont battues par une batterie de campagne que l'ennemi vient d'établir sur la plage. C'est sur ce point que le *Mogador* concentre son feu. Cette batterie est foudroyée et opère sa retraite après avoir été cause que nos obus ont mis le feu aux maisons qui étaient derrière elle.

Partout le combat est engagé. C'est un orage qui se croise dans l'espace. Aux détonations de l'artillerie se joignent les craquements lugubres des toitures enflammées qui s'effondrent, et des murs brisés qui s'abattent. L'incendie est dans les magasins, les casernes et les navires du port d'Odessa : les flammes montent et tourbillonnent, et nous voyons, derrière elles, la ville calme et respectée par nos boulets.

La poudrière saute. A cette explosion répondent comme un tonnerre vivant les acclamations des équipages. Nos frégates s'avancent de deux encâblures pour foudroyer les batteries du port de commerce, malgré le feu nourri des mortiers établis sur les hauteurs d'Odessa. La destruction du port est bientôt achevée, la ville d'Odessa est à notre merci, mais les frégates ont reçu l'ordre de cesser le feu. L'amiral voulait infliger un châtiment non à la ville, mais aux autorités militaires d'Odessa, pour avoir tiré sur un pavillon parlementaire.

Toute la nuit qui suivit fut éclairée par les flammes de l'incendie du port. Le lendemain, ça brûlait encore. De la flotte, il ne restait que deux navires ; de la forteresse, des murs démantelés, des batteries, pas un seul canon. Chose curieuse ! pas un de nos matelots n'a été tué ou blessé par les projectiles de l'ennemi, alors que les nôtres faisaient ravage dans ses rangs et son arsenal.

Mais, comme disait l'amiral Hamelin, ce n'était qu'une petite affaire. D'Odessa on fit voile vers Sébastopol, où on savait qu'était ancrée la flotte russe, à laquelle on voulait offrir le combat. De son côté la marine russe, — du moins c'étaient les prisonniers russes qui l'affirmaient, — attendait avec impatience notre arrivée pour venir à notre rencontre et nous livrer bataille. Cet espoir nous électrisait et partout régnaient cette activité et cette fièvre d'impatience qui précèdent les grands événements.

Le temps était magnifique, et nous fûmes bientôt en vue de Sébastopol, mais les vaisseaux russes restèrent chez eux. Le seul bénéfice qu'on tira de cette croisière fut de bien examiner, et tout à son aise, le port et les fortifications de Sébastopol.

Figurez-vous la patte d'un immense homard, dont les pinces seraient ouvertes ; sur chaque pince mettez onze forts, cinq à gauche, six à droite, les uns en pierre avec trois lignes de batteries casematées et surmontées d'une batterie barbette sans embrasures, ce qui lui permet de battre dans tous les sens, d'autres en terre sans embrasures, enfin les deux derniers, situés sur la hauteur de chaque côté du port, invisibles du pont d'un bâtiment, car on les découvre à peine du haut d'une mâture. Tenez, comme le fort Napoléon, à Toulon ! La ville, bâtie en amphithéâtre, est derrière cette grande patte entourée de murs et de fossés. Le fond du port est défendu par une ligne de cinq vaisseaux embossés, dont deux à trois ponts. Ajoutons à cela que l'entrée est impossible en temps de guerre, quand même il n'y aurait pas 962 bouches à feu pour la défendre !

Voilà cette ville telle qu'elle m'est apparue et telle que nous l'ont dépeinte nos officiers. La flotte russe s'obstinant à ne pas sortir de Sébastopol, nous en fûmes réduits à bloquer le port et à faire la chasse aux bâtiments de commerce russes, en attendant de nouveaux ordres. Mais le temps, qui avait été jusque-là convenable, se couvrit de brumes très-épaisses, et dès lors nos évolutions devinrent impossibles. C'est une nuit perpétuelle qui tient nos vaisseaux immobiles et enchaînés. On ne manœuvre qu'au son de la cloche et du clairon pour éviter les abordages, et le canon porte dans l'obscurité les ordres de nos commandants.

Cette croisière de brouillards devait être fatale à la frégate *le Tiger*, un des plus intrépides éclaireurs de la flotte anglaise. Égarée dans la brume, elle se mit à la côte à quatre milles au-dessus d'Odessa. Pendant que l'équipage tentait d'arracher son bâtiment aux récifs, une éclaircie fatale vint révéler sa présence aux Russes. Des pièces de campagne sont amenées sur la falaise, et font un feu plongeant sur les malheureux naufragés, qui, se voyant perdus, incendient le navire de leur propre main; quand on apprit cette nouvelle à l'amiral anglais, il répondit :

— Le *Tiger* est perdu, soit! mais il ne portera pas les couleurs russes !

Cette noble réponse fut le dernier honneur rendu à ce pauvre navire que la flamme avait dévoré. Les officiers avaient été tués avec huit hommes de l'équipage : le reste avait été fait prisonnier.

Enfin les brumes se dissipent, toutes les côtes sont explorées. Les flottes profitent d'un bon vent pour aller reprendre le mouillage de Baltchich, où nous trouvons l'escadre de l'Océan qui portait les deux armées de France et d'Angleterre, dont une partie était débarquée à Varna.

Ici se place un des plus tristes épisodes de la campagne. Je n'aurais pas voulu en parler, mais je ne peux passer sous silence ce terrible souvenir. Le choléra, qui déjà était violent à Varna et sévissait cruellement dans les rangs de notre pauvre armée, atteignit aussi peu à peu la flotte.

Le 31 juillet fut une date sinistre ; l'épidémie envahit tous les vaisseaux mouillés en rade à Baltchich et à Varna. Le même jour, le *Cacique* s'éloignait emmenant le général Canrobert qui allait rejoindre à Kustendjé sa division fatalement engagée dans des marais pestiférés, et où il devait la retrouver écrasée par le fléau mortel.

Ce fut alors, que commença pour nous le triste rôle de prendre les cholériques et de les transporter dans un lieu plus sain. Pendant ces lugubres voyages, le moral des marins ne se démentit pas un instant au contact de ces agonies. Frappés nous-mêmes, nous semblions oublier nos propres souffrances pour secourir les malheureux soldats entassés sur les ponts.

Dans tous les rangs comme dans tous les cœurs, chez les chirurgiens de terre ou de mer qui se multipliaient pour arracher des victimes au fléau, chez les aumôniers de l'escadre et de l'armée qui passaient leurs jours et leurs nuits penchés sur le lit des agonisants, les nobles exemples se retrouvaient partout.

Ainsi, pendant que le maréchal Saint-Arnaud et l'amiral Hamelin, de concert avec l'état-major anglais, préparaient l'expédition de Crimée, le choléra, à défaut de l'ennemi que nous n'avions encore fait qu'entrevoir, continuait ses ravages en nous enlevant cent hommes par jour. Pour peu qu'il durât quelque temps, c'en était fait de cette armée si pleine d'ardeur et d'énergie, et surtout de nos bâtiments sur qui l'invasion du choléra était soudaine et foudroyante.

Il fut décidé que tous les vaisseaux, excepté le *Henri IV*, le *Jean-Bart* et le *Montebello* restés à Varna, prendraient immédiatement la mer pour chercher à arrêter les progrès du fléau. L'escadre croiserait dans le sud. Le 11 août, jour de l'appareillage, l'épidémie était dans toute sa force, et certes la flotte russe aurait eu beau jeu de nous attaquer si elle avait pu supposer que nos vaisseaux étaient hors d'état de rester sous voiles et de combattre au besoin.

Heureusement que nous ne fûmes pas inquiétés par l'ennemi et que, le choléra nous laissant un peu plus tranquilles, nous reprîmes notre mouillage. Nous avions perdu 800 matelots, et nos malades s'élevaient au nombre de 1,200 ! Les Anglais avaient encore plus souffert !...

On soignait les malades; il fallait distraire ceux qui se portaient bien pour combattre les idées noires. Déjà, avant que le choléra nous atteignît, les officiers, voyant que leurs soldats s'ennuyaient à bord, avaient imaginé des bals, des courses en sacs, des combats de coqs. Le bal était ce qu'il y avait de plus curieux en ce sens que les officiers étaient les garçons de café, les matelots les danseurs, et les zouaves à longue barbe des danseuses. Il n'était pas rare de voir un grand et sec matelot danser avec un zouave petit et gros. Le colonel Bourbaki, qui commandait les zouaves, était le premier à porter des rafraîchissements à ses hommes. Une fois il met sur un plateau une bouteille de bordeaux et une grappe de raisin qu'il porte au couple le plus fort en entrechats. Le zouave et le matelot qui formaient ce couple se disputaient la bouteille, et le colonel l'adjuge à celui des deux qui sauterait le plus haut. Ce fut le matelot qui gagna.

Les courses en sacs ne se faisaient guère qu'entre matelots. On se mettait dans un sac, les mains solidement attachées le long du corps, et par bonds, il fallait atteindre le but. On se repliait sur soi-même, puis on sautait; mais que de fois on tombait, ou sur le dos, ou sur le nez, soit qu'on eût manqué son coup, soit qu'un camarade trop complaisant vous eût poussé pour vous faire arriver plus vite !

Les combats de coqs nous venaient des Anglais. Ils étaient moins en faveur, mais n'en étaient pas moins comiques pour cela. On vous liait les poignets au-dessous des deux genoux, ce qui vous donnait la forme d'une chaise boiteuse, et on vous mettait en face d'un adversaire. Alors le combat commençait. Vous comprenez quel équilibre on pouvait avoir. Pour peu qu'on vous touchât, vous rouliez comme une boule. On se relevait si on pouvait et on s'attaquait encore, de vrais coqs !...

Quelquefois nous montions nos malades sur le pont pour les faire jouir de ces spectacles. Souvent nous en avons sauvé par ces distractions, d'autres ont rendu leur dernier soupir au bruit des rires français. Mais tous en général ne sentaient pas leurs souffrances, et s'ils enviaient le sort de leurs camarades, du moins ils ne leur reprochaient pas leur gaieté.

Enfin, la vie renaît, le fléau s'éloigne. Mais dans l'état où est notre armée, en face de l'affaiblissement des troupes et des équipages, en face de l'époque avancée de la saison, des gros temps qui peuvent à chaque instant survenir et surtout d'une épidémie prête à renaître par l'entassement des soldats sur nos vaisseaux, l'expédition de Crimée était-elle encore possible ? Chacun se fait cette question tout bas, et un profond découragement remplace notre enthousiasme. Et pourtant, malgré toutes les objections et tous les obstacles, nos chefs confiants dans l'avenir, activaient par les moyens les plus sûrs et les plus énergiques les derniers préparatifs de cette campagne.

Le 7 septembre, par une belle mer et un vent favorables, notre flotte, portant dans ses flancs toute l'armée d'expédition, fait bonne route vers l'île des Serpents, où nous attendons la flotte anglaise. Incertains encore sur le point de débarquement, les amiraux détachent quatre frégates en éclaireurs sur la presqu'île de Chersonèse. Sur toute la côte jusqu'à Sébastopol étaient étagées les forces russes avec de l'artillerie. Elles avaient surtout pris de fortes positions sur la rivière de l'Alma. Enfin vers le milieu de la côte qui sépare l'Alma d'Eupatoria, nos éclaireurs aperçurent une plage très-favorable au débarquement. Ce point fut appelé Oldfort par les Anglais qui l'avaient déjà marqué sur les cartes. Oh! ces gabiers-là ne perdent pas de temps! En

La nuit à bord.

outre, après avoir contourné la baie d'Eupatoria, les officiers reconnurent que l'occupation de la ville leur serait d'une grande utilité pour servir de point d'appui aux armées et aux flottes.

D'après ce rapport, il fut décidé que le débarquement, au lieu de s'effectuer sous le feu de l'ennemi dans la baie de Katcha et de l'Alma, aurait lieu sur la plage d'Oldfort, pendant qu'une garnison occuperait Eupatoria, ville ouverte et sans défense. Trois ou quatre jours après le débarquement, l'armée devait se mettre en marche dans le sud, sa droite appuyée à la mer et à une escadre de 15 vaisseaux ou frégates à vapeur qui suivrait le littoral, pour la protéger de son artillerie et lui assurer des approvisionnements.

D'après les on dit, le maréchal Saint-Arnaud eût préféré un débarquement de vive force à Katcha, plus près de Sébastopol. Il dut se rendre à l'avis des amiraux.

Le temps, qui jusque-là avait été très-beau, changea tout à coup pour devenir menaçant et orageux. Tous les fronts se rembrunirent. En effet la destinée des flottes et de l'armée était subordonnée au temps. Qu'il advînt une de ces tempêtes si communes dans la mer Noire et que nous devions essuyer plus tard et c'en était fait de l'expédition. Mais les vents faiblirent et devinrent favorables. Dieu était avec nous !

Enfin, on n'est plus qu'à quelques lieues du point désigné. Une dernière reconnaissance a lieu pour s'assurer que la plage est libre. Les plaines de l'Alma, les terrains qui l'entourent et le plateau qui forme la pointe droite sont examinés avec la longue-vue. Un plateau bordé de falaises échappe seul aux investigations ; mais des navires sont mouillés assez près pour que nos projectiles en chassent l'ennemi qui pourrait s'y cacher. Quant à Eupatoria, elle est occupée sans résistance.

Et chacun de se dire en regardant le ciel : c'est pour demain, si le temps le permet !...

Le vent est entièrement dissipé. La mer est calme. Le jour paraît. Le moment approche. Tous les cœurs battent. Enfin le signal est donné par le vaisseau amiral. Un cri instinctif, involontaire, s'échappe de toutes les poitrines. Aussitôt on aperçoit une baleinière qui vole comme un oiseau sur les flots. Elle porte le général Canrobert et son état-major. Quelques minutes après, le pavillon français flotte sur la terre de Crimée. Les chalands, les chaloupes, les canots tambours, les canots ordinaires remplis de soldats couvrent la mer et s'avancent vers la plage. Pas un instant de confusion, de doute ou de désordre. Cette opération se déroule sur tous les points, et couvre le rivage de nos soldats débarqués. Un détachement de fuséens marins et d'artillerie de marine prend immédiatement position sur la falaise du sud pour couvrir la plage contre les attaques des cosaques et des tirailleurs ennemis.

Nos vigies placées au haut des mâts cherchent à découvrir l'ennemi ; mais celui-ci ne bouge pas. Des cosaques sont seuls visibles au loin sur les falaises. Ils regardent impassibles le débarquement de nos troupes qui ne dura pas moins de sept heures. Le maréchal de Saint-Arnaud, épuisé par la maladie, ne descendit qu'après avoir vu son armée se grossir et se mettre en marche. Quand il fut à terre, nous le vîmes pâle, courbé sur son cheval, donner ses derniers ordres et disparaître suivi de son état-major et d'un escadron de spahis.

De son côté, l'armée anglaise était débarquée dans le même ordre. Aussi, quand tout fut terminé, on entendit sur tous les vaisseaux des hourras frénétiques qui frappèrent comme des présages de combat les échos de la Crimée.

Le lendemain de cette belle journée, la mer devint si grosse qu'on ne put débarquer l'artillerie. Mais le surlendemain, en profitant avec activité de quelques embellies, la quatrième division, la division turque, trois jours de vivres pour les troupes, le reste de l'artillerie et les bagages du maréchal furent mis à terre. Enfin, le 16 au matin, on déchargea tous les chevaux, le matériel de campement, celui du génie et du train, des équipages ainsi que deux cent mille rations de toute nature. La cavalerie et les vivres furent ramenés de Varna et nos chalands achevèrent le débarquement du matériel de nos alliés.

On peut dire sans trop d'orgueil que ce premier succès était à la marine, qui en quelques jours avait déposé soixante mille combattants sur la terre ennemie. C'est elle qui avait pris la France guerrière dans les ports de Marseille et Toulon, lui avait fait traverser les mers et l'avait déposée saine et sauve sur ce sol de Crimée, qu'elle devait illustrer par d'héroïques combats. Si nous n'avons pas fait plus, c'est que le bon Dieu et les Russes n'ont pas voulu.

Mais l'armée est en marche et nos vaisseaux longent le littoral. Le 19 au matin, nous modérons la nôtre et nous prenons position à l'embouchure de l'Alma. Sur les hauteurs, nous apercevons l'ennemi. On distingue des tentes, des grandes masses d'infanterie et une nombreuse cavalerie échelonnée sur les bords de l'Alma. Tous nos officiers sont grimpés au plus haut des mâtures et suivent avec anxiété la marche des deux armées. Voilà les bataillons français et anglais qui s'avancent rapidement sur un front très-étendu. Devant eux est un village assez considérable, situé près d'un ravin profond; des cosaques y mettent le feu. Comme si c'était un signal, tous les villages bâtis sur le versant gauche de la rivière sont incendiés. Un petit corps de cavalerie russe et d'artillerie légère veut barrer ce passage de feu à nos troupes, mais quelques coups de canon suffisent pour la forcer de se retirer. Trois de nos frégates, le *Vauban* et deux autres dont le nom m'échappe, sont placés à petite distance des ravins et les fusillent avec des obus.

Anglais et Français sont arrivés au lieu désigné pour leur campement. Les bivouacs sont établis et les grand'gardes placées. Les camps s'installent, les tentes se dressent et les feux s'allument sur toute la ligne qu'occupent les alliés. En face, on aperçoit les feux des bivouacs russes.

La nuit fut pleine d'anxiété, de fièvre et d'attente. On sentait que le lendemain la lutte serait formidable, que l'armée russe, retranchée sur ses hauteurs, ne nous livrerait pas passage et que bien du sang serait versé, avant que nos drapeaux flottent sur les crêtes de l'Alma.

L'amiral Hamelin a reçu un petit billet doux du maréchal Saint-Arnaud. Nous ne savons pas ce qu'il y a dedans, mais chacun se dit : C'est pour demain le grand branle-bas. En effet,

LES ZOUAVES A L'ALMA.

quatre de nos vaisseaux s'approchent très-près de terre. La plus grande vigilance est ordonnée à bord.

Dès que les premiers rayons du jour ont paru, les officiers de chaque bord et une partie des équipages garnissent les hunes et toutes les mâtures des bâtiments. Chacun salue avec espérance le jour qui se lève et nos vœux suivent nos soldats au combat.

Je ressens encore aujourd'hui la même émotion, cette émotion poignante qu'ont éprouvée ceux qui virent de loin se dérouler toutes les péripéties de cette journée sans pouvoir y prendre part. C'est l'ensemble de la bataille de l'Alma, vue de la flotte, que je vais essayer de vous raconter aujourd'hui.

La nature semblait avoir à l'avance admirablement fortifié le point choisi par les Russes pour se défendre et nous barrer le passage. La position qu'ils occupent est formidable. Toutes les pentes qui dominent l'Alma et la route de Sébastopol sont remplies par le centre de leur armée, dont les deux ailes sont arrêtées en deçà des ravins. Chaque inflexion de terrain sur la gauche de la rivière est défendue par de l'artillerie. La cavalerie occupe les hauteurs.

Nous voyons notre armée commencer son mouvement. L'aile droite, que commande le général Bosquet, s'avance résolûment dans la plaine vers les falaises qui bordent la mer, mais soudain elle s'arrête. Le ciel se couvre; des bancs épais de brume interceptent l'horizon et ne permettent plus de rien distinguer.

Sur la flotte règne un grand silence. On écoute avec une anxiété croissante si quelque bruit ne viendra pas révéler le commencement du combat. Heureusement le rideau de brume vint à se dissiper, au moment où le général Bosquet reprenait son mouvement avec la première brigade en gravissant les pentes abruptes de l'Alma, pendant que la deuxième brigade, guidée par le commandant Noury de la Roncière, passait entre l'embouchure de l'Alma et la mer, sur une langue de sable formée par la rivière même. Deux de nos frégates s'avancent dans la petite anse qui règne à cette embouchure, afin de prévenir toute tentative de l'aile gauche des Russes.

Là, se bornait notre concours pendant la redoutable ascension des hauteurs de l'Alma.

Les premiers bataillons de la division Bosquet ont franchi la rivière. En vain les tirailleurs russes embusqués dans les vignes, derrière les arbres, les murs ou les plis favorables du terrain, veulent s'opposer à son passage. L'avant-garde grimpe résolûment les sentiers les plus ardus et ses petits groupes isolés escaladent les flancs rocheux de la falaise. Tous les yeux sont tournés vers ces enfants perdus qu'entraîne un indicible élan.

Nos bâtiments tirent sans relâche leurs bordées et les Russes, tenus en respect par la longue portée de nos canons et se refusant sans doute à croire à tant d'audace, laissent cette ascension s'accomplir sans résistance aucune.

Il est à peu près midi. Les bonnets rouges de nos zouaves paraissent tout à coup sur les sommets des falaises et se déploient en tirailleurs. La fusillade s'ouvre. La bataille s'engage.

Nous dominions tout le champ de bataille, et nous pûmes voir distinctement les Russes se former en masses compactes, et leur artillerie accourir au galop de ses chevaux pour refouler nos bataillons qui déjà ont pris pied sur le plateau. De tous côtés l'armée alliée s'avance, couvrant de soldats cette plaine tout à l'heure encore déserte et silencieuse.

C'est sur l'extrémité des hauteurs que vient d'occuper le général Bosquet que le danger est le plus grand. Comme cela se passe pour ainsi dire sous nos yeux, nous tremblons que nos soldats, assaillis par un ennemi bien supérieur en nombre, foudroyés par son artillerie ou chargés par sa cavalerie, ne soient précipités du haut des falaises avant d'avoir pu s'y maintenir. Mais notre artillerie accourt. On la voit traîner avec effort ses canons, se ranger devant les batteries russes et engager le feu. La canonnade retentit furieuse et désordonnée et dans la fumée disparaissent nos bataillons qui, nous le vîmes après, avaient débordé l'extrémité de l'aile gauche des Russes.

Le centre aussi est engagé. C'est là qu'est la division Canrobert. La fumée qui s'élève de toutes parts ne nous permet que de suivre à de rares intervalles les différentes péripéties de la bataille.

Il est deux heures. Sur une tour en construction appelée le télégraphe, qui semble être le centre de la position ennemie, flottent les couleurs nationales que des cris de joie et de triomphe saluent sur toute l'étendue de la flotte. Deux fois le drapeau français s'affaisse et disparaît pour revenir enfin glorieux et invincible.

De toutes parts le spectacle qui se déroule est magnifique de grandeur. Sur la gauche, on voit les régiments de la première et de la deuxième division donner un véritable assaut à ces redoutables positions, s'arrêter, se reformer, puis s'élancer dans un héroïque élan pour refouler les Russes dont les masses profondes se retirent avec rapidité sur plusieurs points, emmenant leur artillerie avec elles.

A cinq heures, grand silence. La bataille est terminée. La plaine est couverte de morts et de blessés. Des chirurgiens et des matelots sont immédiatement envoyés à terre pour aider au pansement des blessés. Le lendemain de grand matin toutes les embarcations légères de l'escadre se rendent à la plage pour les recevoir et les embarquer à bord des frégates qui doivent les transporter à Constantinople.

C'est de tous côtés une infatigable activité. D'abord on prend des précautions en cas d'attaque de la flotte russe, puis on débarque des vivres, on renouvelle les munitions de l'artillerie, on rembarque les voitures qui ont perdu leur attelage dans la bataille.

Je n'oublierai pas cette journée parce qu'elle nous offrit un touchant et douloureux spectacle. Jamais victimes de la guerre n'ont souffert avec un plus grand courage que nos pauvres blessés. Pas une seule plainte; mais le sang qui teignait nos canots nous disait combien ce calme cachait de blessures, mortelles peut-être.

J'ai tort de ne pas parler des Anglais, qui se sont conduits bravement dans cette grande journée. Vaillants au feu la veille sur les pentes de l'Alma, le lendemain, ils avaient aidé au transport des blessés avec un soin et une attention dont j'aurais cru incapables, ces hommes si rudes à la peine. Quant à leur flotte, inutile d'en parler encore. Cela viendra. Pour le moment elle est chargée de surveiller Sébastopol et de ramener nos renforts de Varna.

Le 23 septembre, à sept heures du matin, l'armée leva son camp et se mit en route pour Sébastopol, toujours sous la protection de la flotte qui longe la côte de très-près. Des petits vapeurs placés en avant-garde sondent et éclairent la marche des bâtiments.

Au moment où nous arrivons devant la Katcha une forte canonnade et des explosions successives se font entendre dans le port même de Sébastopol. C'est une partie de leur flotte que les Russes font sauter afin de barrer l'entrée de leur port par une digue sous-marine infranchissable.

La Katcha était la première étape où l'armée devait camper. C'est là que le maréchal Saint-Arnaud doit prendre une résolution suprême. Nous autres, nous ne savions pas trop ce qui se passait, les officiers eux-mêmes n'en savaient pas plus long et nous ne nous doutions guère que le plan de campagne allait être entièrement changé et les marins condamnés à rester les bras croisés, le secours des flottes devenant presque inutile.

Il paraît que l'armée devait enlever le fort Constantin et toutes les batteries de la partie nord de Sébastopol et que les flottes, en donnant alors dans le port, et brisant les estacades, achèveraient son œuvre et offriraient un concours assuré à cette armée, dans le port même de Sébastopol. Mais va te faire lanlaire! Les Russes, en prenant la résolution désespérée de faire sauter leur flotte devant les forts qui bordent la mer, nous enlevaient la possibilité de franchir l'entrée du port qui ressemblait à une rue étroite hérissée de canons sur chacune de ses faces. Ce qui contrariait le plus les projets du maréchal, c'est que tous les canons et tous les marins de cette flotte allaient concourir à la défense de Sébastopol, en doublant le chiffre de la garnison ennemie. Mais le plus furieux, ce fut notre amiral qui voyait sa flotte perdre, au moment de l'assaut général, la plus grande part de gloire, et après la bataille, un port assuré contre les tempêtes d'hiver.

Nous sommes donc obligés de rester inactifs à la Katcha, pendant que l'armée disparaît dans les terres pour tourner la ville, et surprendre l'ennemi par cette manœuvre hardie qui a pour pivot Inkermann. A chaque instant notre amiral reçoit des nouvelles qu'il se hâte de nous communiquer pour calmer nos inquiétudes. Le mouvement s'effectue avec succès. Pas ou peu de résistance de l'ennemi. Les cosaques seuls inquiètent les flancs de notre armée. Quelques coups de fusil en ont raison.

Le surlendemain, arrive un officier de la marine anglaise qui a réussi à traverser les vedettes cosaques sur le littoral, il annonce que tout va bien et que les Anglais, qui sont à l'extrême gauche des armées, doivent paraître sur les cimes de Balaclava.

Le soir du même jour, arrive un enfant perdu de l'armée française qui, lui aussi, est parvenu à gagner le rivage sans être aperçu. Nos troupes sont sur la Tchernaïa. Le maréchal Saint-Arnaud, qui est à toute extrémité, s'est démis de son commandement en faveur du général Canrobert, désigné par l'empereur.

Le 26 septembre, le *Roland*, chargé de découvrir les traces de l'armée, pousse jusqu'à la baie de Kamiesh, dans laquelle il pénètre avec une grande précaution et à la sonde. De là il reconnaît la baie de Streletska et continue à s'approcher des forts de Sébastopol dont les batteries sont désertes. Les vigies reconnaissent que de nombreux travailleurs, hommes, femmes et enfants remuent les terres sur un point qui domine le sud de la ville et qu'on sut plus tard être le bastion Malakoff. De puissants ouvrages s'élèvent sur tous les endroits faibles. Les Russes ne perdent pas de temps.

Je ne vous aurais pas parlé de cette croisière du *Roland*, s'il n'en était pas résulté que la baie de Kamiesh, dont on ignorait sinon l'existence, du moins les qualités, n'avait pas été appelée à être la véritable base de nos opérations en Crimée.

Le 28, le général Canrobert fait savoir à notre amiral que ses troupes déboucheront le lendemain sur le plateau de la Chersonèse, et le prie de débarquer le matériel de siége dans l'endroit qu'il jugera convenable, et le plus proche de son camp. Le lendemain l'escadre lève l'ancre et va mouiller dans la baie de Kamiesh, aux environs de laquelle était déjà campée une division française. Trois cales de débarquement sont établies par les soins du génie et de la marine. Les canons, gabions et fascines, ainsi que tout le matériel de l'artillerie sont bientôt débarqués. Les arrivages et les départs se succèdent ; c'est une activité prodigieuse qui ne doit plus abandonner un seul jour cette baie hier inconnue, aujourd'hui si utile aux approvisionnements de notre armée.

Voyant que les flottes ne devaient pas jouer un rôle actif, tant que durerait le siége de Sébastopol, que nous étions condamnés à une grande vigilance, à transporter les troupes et les vivres, et que nous avions trop d'hommes et surtout trop de canons pour ne pas nous battre, les amiraux anglais et français décidèrent qu'ils fourniraient trente bouches à feu du plus fort calibre, quarante officiers et mille matelots. Nous les retrouverons plus tard à l'œuvre. Du reste, ce ne fut pas le seul envoi de canons que la marine fit aux troupes de terre et bien nous en prit! notre artillerie de siége n'eût pas lutté longtemps avec les batteries de Sébastopol, toutes armées avec les canons de marine retirés de ses vaisseaux coulés bas.

Pendant que le génie et l'artillerie faisaient des reconnaissances autour de la place dont les gros canons les couvraient de projectiles, notre amiral, qui ne désespérait toujours pas d'agir par mer contre Sébastopol, résolut d'opérer une reconnaissance détaillée de ses batteries maritimes.

Le 5 octobre, pendant que le matériel de siége fourni par la marine et les troupes arrivant de Varna débarquaient à Kamiesh, le *Primauguet*, aviso mouche portant le pavillon de l'amiral en chef, longe hardiment la côte, et sous le feu des forts ennemis dont les volées de projectiles font jaillir l'eau autour de lui, l'amiral Hamelin observe avec sa longue-vue les différents ouvrages devant lesquels il défile à petite vapeur. Les boulets passent en sifflant dans les cordages, mais l'amiral n'en promène pas moins le pavillon national devant les défenses ennemies.

Cette exploration, exécutée avec tant de sang-froid, avait surtout pour but d'examiner les batteries du fort de la Quarantaine qui gênaient beaucoup les travailleurs de la gauche de notre armée. L'amiral résolut de les réduire au silence au moyen d'une batterie qu'il ferait établir à terre et servir par ses marins.

C'est la baie de Streletska qui fut choisie par l'amiral comme point de débarquement du matériel et des hommes nécessaires à construire une batterie. Les embarcations, le canot-amiral en tête, — toujours ! — entrèrent dans la baie, protégés par le *Mogador* et le *Roland* dont les obus fouillaient les bois environnants. Les Russes nous aperçurent trop tard, mais ils se rattrappèrent en nous criblant de projectiles qu'ils nous lançaient au jugé. Le *Roland* surtout dont les mâtures étaient à découvert fut leur point de mire, mais personne ne fut atteint.

La batterie débarquée était de six canons et quatre obusiers servis par trois cents marins. Je vous laisse à penser les acclamations joyeuses avec lesquelles elle fut reçue par l'armée de terre. A partir du jour du débarquement, les matelots travaillèrent nuit et jour à creuser le sol avec la pioche, la pince et les pétardes et à élever les épaulements. Les pièces sont traînées aux batteries à travers des terrains déjà défoncés par les bombes et déchirés par les boulets; elles sont roulées sur place et montées sur leurs affûts. C'est la nuit seulement que ces opérations ont lieu et sur des terrains découverts. Aussi l'ennemi envoie-t-il des grêles de boulets et de bombes dans toutes les directions où il suppose que le travail s'exécute.

Pendant que nos marins travaillaient sans relâche à cette batterie qui devait jouer un si grand rôle pendant le siège, les amiraux de concert avec les généraux avaient résolu, afin de soulager l'armée de siège criblée par le feu de la place, de faire une diversion en attaquant par mer les forts maritimes de Sébastopol.

Cette attaque eut lieu le 17 octobre; il y avait déjà quinze jours que le projet était arrêté, mais rien n'avait transpiré. Chaque vaisseau avait sa place désignée à l'avance par des bouées.

La bombarde le *Vautour* placée dans la baie de Streletska lance seule des bombes depuis le matin. Le *Charlemagne* et le *Montebello* sont en avant embossés à une petite anse de la Chersonèse, et c'est sur eux que l'ennemi ouvre son feu terrible. Le *Friedland* prend sa place à côté du *Montebello*, et

LA DUNETTE DE LA VILLE DE PARIS.

au signal parti du vaisseau amiral, ces trois vaisseaux commencent le feu.

Chacun de nous savait qu'il allait au combat, mais nul ne se doutait que c'était contre des murailles de pierre qu'aurait lieu l'engagement. Notre courage ne se démentit pas. On combatit pour l'honneur du drapeau, mais sans aucun espoir.

Et pourtant nos bordées rapides foudroient les forts. C'est une ligne de feu vomissant du fer avec cette rapidité qui appartient

Bombardement de Sébastopol.

surtout aux manœuvres maritimes. Chaque vaisseau manœuvre hardiment à travers la fumée qui l'enveloppe; efforts inutiles. En une heure les pertes sont déjà sensibles sur les bâtiments.

La *Ville de Paris*, que monte l'amiral Hamelin, tonne de toute son artillerie; l'État-major entoure l'amiral qui, debout sur la dunette, une longue-vue à la main, suit l'action qui s'engage. La dunette est atteinte par un obus, balayée par deux boulets pleins, et broyée par les éclats de l'obus auxquels succède une grêle de boulets. Les morts, les blessés, les vivants sont renversés pêle-mêle au milieu des débris. L'amiral et trois officiers seuls n'ont pas été atteints, et les officiers blessés restent, sans vouloir descendre au poste de pansement, auprès de leur amiral qui continue avec calme à donner ses ordres sur la dunette ravagée.

Le *Montebello* est en feu ; son embossure a été coupée. Une bombe a traversé tous les ponts du *Charlemagne* et est venue éclater dans sa machine. La carène du *Napoléon* est percée à deux pieds au-dessous de la flottaison, et son maître calfat qui s'est bravement jeté à la mer a grand'peine à la tamponner. Les vaisseaux anglais embossés près des récifs qui prolongent le port à l'est, pour prendre en écharpe le fort de Constantin, ont leurs mâtures brisées et leurs murailles enfoncées par les projectiles ennemis.

L'action est générale, c'est un mugissement formidable. Les forts, les vaisseaux, le ciel, la mer, se perdent derrière une épaisse fumée. Les flots bouillonnent sous cet orage de boulets.

La batterie de la Quarantaine est écrasée, éteinte et abandonnée. Tous les efforts de l'artillerie russe sont brisés. Le magasin à poudre du fort Constantin a fait explosion.

Pendant toute la journée, le bombardement continue sans relâche. La nuit elle-même ne met pas fin au combat, car les batteries supérieures de l'ennemi redoublent de vivacité. Cependant nos vaisseaux s'éloignent un à un, comme à regret, et regagnent leur mouillage, salués par un feu de file roulant de tous les canons russes.

Ce qui nous consolait d'avoir combattu un ennemi invisible et des forts redoutables, c'est que cette diversion de la flotte avait soulagé l'armée de terre qui avait pu continuer ses travaux d'approche sans être inquiétée, mais au prix de quels dangers et de quels sacrifices !

Le vaisseau amiral, à lui seul, avait reçu 150 boulets. Trois boulets rouges avaient mis le feu à son bord, sa dunette était ravagée. Quarante-sept hommes étaient hors de combat. Mais tous, nous avons largement payé notre dette de dangers affrontés et de sang répandu. Nos alliés surtout avaient eu des pertes sérieuses. Ils nous donnèrent en cette grande journée plus d'une preuve de leur audace et de leur sang-froid.

A terre, nos marins avaient dignement représenté la marine. La batterie établie si rapidement à la baie de Streletska, écrasée par un feu terrible, avait subi des pertes cruelles. Cette journée fut décisive pour nous : elle nous montra la solidité des défenses, la puissance de l'artillerie ennemie et nous prouva que la marine devait être dorénavant reléguée au second rang. Heureusement qu'à terre elle prit sa revanche plus tard.

Le lendemain, à bord des bâtiments, une messe fut célébrée pour les victimes du combat. Après la messe eut lieu l'inhumation, les corps furent transportés à terre, sur ce plateau de Chersonèse qui allait devenir le champ de repos de tant de camarades, qui ne devaient plus revoir le sol de la patrie !

Une chose nous étonnait, c'est que Balaclava, si souvent menacé, n'eût pas encore été attaqué par les Russes. Aussi, chaque jour, s'attendait-on à une attaque, et les précautions étaient prises. La flotte elle-même avait ses instructions et elle attendait une nouvelle bataille de l'Alma. Ce fut Inkermann qui survint.

Le 5 novembre un épais brouillard couvrait la terre. Au point du jour, notre attention est éveillée par une canonnade très-vive qui éclate sur les hauteurs occupées par les Anglais. Au milieu de la brume, il nous est impossible même du haut des mâtures de rien distinguer, mais bientôt l'étendue et la vivacité du feu, la longue durée et l'acharnement de la fusillade ne nous permettent plus de douter qu'à quelques pas de nous, se livre une grande bataille. Par moments, le brouillard se dissipe et nous laisse entrevoir les plateaux couverts de fumée où la bataille prend des proportions croissantes. Sans nul doute, les Russes avaient appelé à eux toutes leurs ressources, et s'étaient jetés sur l'armée assiégeante, à la faveur du brouillard.

Que n'eussions-nous pas donné pour pouvoir, comme à l'Alma, soutenir nos frères d'armes que notre pensée se figurait gravissant les hauteurs envahies par l'ennemi. Là, un bruit sinistre, un mugissement de feu révèle seul la bataille. En vain, nos longues-vues interrogent l'horizon obscurci par le brouillard et la fumée, nous ne pouvons rien distinguer, et au milieu du retentissement du canon et de la fusillade, l'écho seul nous apporte des clameurs immenses.

Que ces heures furent longues! mais quelle joie quand nous apprîmes la victoire! une victoire qui coûta cher aux alliés, aux

L'hôpital de la marine.

Anglais surtout. En voici quelques incidents qui nous furent racontés par les blessés que nous transportions à l'hôpital de la marine dans la baie de Kamiesh.

Le plan des Russes était bien simple. Se porter sur l'armée

anglaise dont les postes avancés étaient mal gardés, la culbuter sur le corps d'observation attaqué lui-même, et les rejeter tous deux sur le corps de siége qu'ils entraîneraient jusqu'au bord de la mer. Les grands-ducs Michel et Nicolas étaient venus de Saint-Pétersbourg pour assister à la mise à exécution de ce projet auquel venaient en aide 80,000 hommes et 288 bouches à feu.

Les Anglais sont attaqués avec furie, dès la pointe du jour. Bien que surpris à l'improviste, ils se défendent vaillamment et repoussent l'attaque. Par malheur, leur gauche est débordée et toutes leurs positions enlevées. L'artillerie russe commence son feu sur nos tranchées, mais le général Canrobert est sur ses gardes et prend ses dispositions de défense. Bosquet et Bourbaki sont déjà en avant. Notre centre est mollement attaqué. On sent que ce n'est qu'une diversion pour nous tenir en haleine. Fidèles à leur plan, les Russes concentrent toutes leurs forces sur les positions anglaises.

Déjà, ils sont vainqueurs. L'aile droite des Russes va nous tourner par Balaclava quand une batterie de marine de six pièces, placée au pied du télégraphe, la force à rétrograder et permet au général Bosquet de se porter sur le plateau d'Inkermann au secours de nos alliés.

Les Anglais sont hors de combat. Le général Bourbaki n'a devant lui qu'un épais rideau de soldats russes ; il ne s'arrête pas un seul instant, et donne tête baissée dans l'ennemi. Celui-ci, qui croyait tenir la victoire, étonné de l'attaque audacieuse d'une poignée d'hommes, fléchit et recule, mais bientôt il resserre et reforme ses rang. Le général Bourbaki est obligé de replier ses bataillons décimés. La position est grave. Notre courage est impuissant contre le nombre. Les Français tiennent toujours. Les Anglais, dont les cartouchières sont vides, se battent à la baïonnette et leur ferme contenance retarde les efforts des Russes.

Tout à coup les zouaves et les tirailleurs algériens bondissent sur l'ennemi. Bosquet dirige l'attaque que le commandant Barral appuie avec une batterie. Le général Canrobert est au milieu du feu, animant ses soldats par son exemple. Ils s'élancent à travers les broussailles, courent, rampent, disparaissent un instant pour reparaître plus terribles et semblent des lions déchaînés. L'ennemi est chargé avec ardeur. Les Anglais reprennent leurs positions. La victoire n'est plus aux Russes, mais nous ne la tenons pas encore, non plus. Tant s'en faut.

Le corps de siége est assailli, ses avant-postes culbutés et ses tranchées envahies par un corps sorti de la place à la faveur du brouillard. Une mêlée sanglante est engagée. Deux de nos batteries sont prises, huit canons encloués. Les troupes se replient en désordre, mais les Russes sont bientôt arrêtés par des détachements de marins qui reprennent une vigoureuse offensive et les chargent avec fureur. Les ennemis se débandent et sont rejetés pêle-mêle dans l'intérieur des batteries, dont les épaulements deviennent un obstacle à leur retraite. Entassés avec confusion dans cet espace étroit, ils sont massacrés au milieu de nos pièces. De tous côtés arrivent des détachements de marins. Les cadavres russes qui encombrent les batteries sont rejetés en dehors et les pièces que l'ennemi, dans sa précipitation, avait mal encloués, sont aussitôt remises en état et commencent le feu sur les Russes, qui ne sont pas encore rentrés dans la place. Le général de Lourmel se met à leur poursuite jusqu'à trois cents mètres du bastion de la Quarantaine. Il tombe mortellement frappé et la retraite de sa brigade est couverte par les canons de nos marins.

Sur le plateau d'Inkermann, la victoire est certaine. Partout l'ennemi est repoussé et notre artillerie porte dans ses rangs d'affreux ravages. Les colonnes s'écoulent les unes sur la ville, les autres vers le pont d'Inkermann, que les deux jeunes grands-ducs repassent sans avoir vu la victoire à laquelle ils s'attendaient.

J'aurais voulu pouvoir mieux vous raconter cette sanglante bataille, mais je n'y étais pas, et ce que j'en sais, c'est par les uns et les autres. Aussi les points principaux font défaut à mes souvenirs.

Le lendemain d'Inkermann, les alliés reprirent leurs travaux. Toute tentative d'assaut est rejetée. On attend des renforts. Les

Les zouaves à la tranchée.

Russes tentent de fréquentes sorties pour troubler le repos des assiégeants, mais toutes sans résultats, bien qu'elles fatiguent nos soldats, qui ont sans cesse les outils ou les armes à la main, surtout les zouaves, qui, à la tranchée, le caban sur l'épaule, la chanson aux lèvres, veillent au dehors, font bonne garde au dedans et manient pelle et pioche aussi bien que la carabine.

J'arrive à la grande tempête du 14, qui, plus terrible que le feu des Russes, a failli compromettre l'expédition de Crimée.

Dès la veille, on la sentait venir. L'horizon était sombre, l'air pesant, la brise inégale et variable; les flots bouillonnaient sourdement et frappaient les murailles des navires. Sur l'ordre de l'amiral, chaloupes et canots avaient été embarqués et une deuxième ancre mouillée. Le lendemain, le vent a augmenté d'intensité, la pluie tombe avec violence. La mer roule ses vagues bouleversées et écumeuses. La tourmente a des bourrasques folles. Les sinistres commencent.

De toutes parts les vaisseaux inclinent leurs mâtures désemparées et menacent de rompre leurs chaînes. D'abord un trois-mâts anglais brise les siennes et s'abat sur un bâtiment de la même nation, qu'il entraîne à la côte en abordant le *Sampson*, que la chute entière de sa mâture sauve du même sort. Quelque

Tempête dans la mer Noire.

temps après, ces deux trois-mâts sont au milieu des brisants de la plage. Sur tous les points de la mer en furie, ce sont des scènes lugubres, des luttes désespérées. Notre amiral, impassible comme le jour du combat, observe de sa dunette les progrès de l'ouragan et signale qu'il laisse chaque capitaine libre d'agir à sa guise, selon les ressources du navire qu'il commande.

Le *Jupiter* vient de broyer ses embarcations de l'arrière sur le beaupré du *Bayard*. Au risque de rompre ses amarres, le *Bayard* s'éloigne d'un bond convulsif, manœuvre qui sauve les deux vaisseaux d'une catastrophe inévitable.

La tempête augmente. Les navires enlevés dans l'espace par les lames furibondes disparaissent en plongeant jusqu'à leurs beaux-prés dans les vagues, toujours prêtes à les engloutir. Inutile de vous dire quels prodiges d'habileté et quels efforts surhumains il fallut faire pour que nos deux cents vaisseaux ne fussent pas écrasés les uns contre les autres dans un choc immense.

Vers quatre heures, le vent tourne à l'est et devient moins furieux, mais, au moment où la nuit vient, la tourmente reprend tout à coup une nouvelle force. La lutte va recommencer plus terrible contre nos navires déjà si éprouvés. Ce fut un cruel moment, quand nous vîmes revenir la tempête entourée des ténèbres de la nuit.

A six heures environ, le gouvernail du vaisseau amiral est brisé. Les navires entassés se choquent les uns contre les autres. Leurs vergues et leurs cordages se brisent avec fracas. A terre, les tentes et les abris où sont barraqués nos blessés s'affaissent ou tourbillonnent dans l'espace. L'air est rempli d'objets de toute sorte que le vent emporte, mais au milieu de ce bouleversement général, les marins détachés à terre ne songent qu'à leur vaisseau, cette seconde patrie, qui peut-être est perdu, brisé sur les récifs ou englouti dans les vagues. Aussi, dès le point du jour, sont-ils tous sur les points les plus élevés de la plage, d'où ils aperçoivent le mouillage de la flotte, cherchant à deviner les secrets de cette nuit lugubre.

La mer est jonchée de mâtures brisées. On se compte. Trois de nos plus grands vaisseaux, la *Ville-de-Paris*, le *Friedland*, le *Bayard* n'ont plus ni mâts ni gouvernail. Treize navires de commerce sont échoués à la côte. Quelques hommes d'équipage, assez heureux pour avoir échappé à la mort, se sont réfugiés sur les débris de leurs bâtiments et les cosaques rôdent comme des bêtes fauves autour des naufragés. Impossible de les sauver ! Notre dévouement, nos efforts ne peuvent triompher des brisants de la côte.

Plus de quatre cents marins ont trouvé la mort dans cette effroyable tourmente. Nos alliés y sont pour une large part. En général nous n'aurions éprouvé que des avaries réparables si nous n'avions pas perdu le *Henri IV* et le *Pluton*.

Oui, le *Henri IV*, ce vaisseau, l'orgueil de notre flotte qui, le 17 octobre, avait si bien résisté aux boulets de Sébastopol, devait venir s'échouer sur la côte ennemie pour ne plus se relever.

Toutes les précautions pourtant avaient été prises. Les quatre ancres malgré les stoppeurs et les coins avaient filé chaînon par chaînon, brisées par la violence de la mer en ébranlant par de profondes secousses le navire jusque dans ses entrailles. Son commandant, le capitaine Jehenne, voyant s'évanouir toute chance de salut, dirigea froidement son vaisseau vers la partie du rivage qui lui donnait l'espoir de sauver son équipage. La nuit était obscure, la tempête dans toute son intensité. D'énormes brisants prirent le *Henri IV* par sa hanche de bâbord et le jetèrent à la côte où il creusa solidement sa souille dans le sable. Dès qu'il fut échoué et après les premières dispositions prises pour parer aux dangers de la nuit, les clairons appelèrent tout le monde sur le pont pour la prière. Et alors au milieu de cette nuit obscure, de cet ouragan terrible et des flocons de neige qui tourbillonnaient dans l'air, on aurait pu voir tous ces hommes, à genoux, tête nue, répétant à haute voix les prières que l'aumônier adresse à Dieu, non pour le salut du vaisseau qu'on n'espère plus, mais pour celui de tout l'équipage si dévoué à son chef.

Dieu entendit cette prière. Les flots respectèrent le navire dont les canons purent faire feu sur les cosaques qui accouraient au grand galop pour s'emparer des hommes descendus à terre.

— Tant qu'il restera un morceau de mon vaisseau pour me

porter, je ne l'évacuerai pas, s'écria le commandant Jehenne. Et grâce à lui on ne perdit ni un homme ni un canon. Tout le matériel et tout l'équipage furent sauvés.

Dans la même tourmente la corvette à vapeur *le Pluton* se perdait aussi d'une manière plus terrible encore. Il avait résisté à la mer et se maintenait en bonne position grâce à sa machine. Un transport anglais démâté et ayant cassé sa chaîne arrive sur lui avec une rapidité formidable. Le commandant du *Pluton* s'éloigne par une habile manœuvre, — mais l'énorme trois-mâts anglais l'allonge par bâbord et, à mesure qu'il le dépassait, chaque lame lançait le *Pluton* sur lui en le laissant retomber sur son cuivre. Dans ces chocs divers, les vergues sont cassées, les portemanteaux et leviers en fer de mise à l'eau des canots, le tambour de bâbord et l'arrière sont enfoncés. Tantôt suspendu sur l'abîme, tantôt lancé sur le coffre du bâtiment démâté, le malheureux navire peut enfin se dégager, mais le courant l'entraîne vers la côte où les vagues le rejètent tantôt sur un flanc, tantôt sur un autre. La corvette sans gouvernail et à bout de force se couche du côté du large pour ne plus se relever.

En ce moment une vive canonnade se fait entendre. C'est une sortie des Russes sur Eupatoria. Des escadrons de cosaques s'avancent. Le navire échoué peut rendre un dernier service. Son commandant fait faire branle-bas de combat, et les marins brisés de fatigue s'apprêtent à obéir, pendant que l'eau gagne de plus en plus le navire, noie la soute aux poudres et balaye le gaillard d'arrière.

La sortie des Russes est repoussée par la garnison d'Eupatoria. Les matelots n'ont plus qu'à livrer bataille à la mer dont les flots s'emparent du navire. Les bordages étaient disjoints ; chaque lame en déferlant montait sur le pont jusqu'au bord opposé, mais l'équipage ne cède que à pas à pas, un à un devant les vagues. Le commandant quitte son bord le dernier avec la consolation, s'il perdait son navire, d'avoir fait son devoir et d'avoir sauvé ses hommes.

Rien que devant Eupatoria, seize navires avaient fait naufrage !

C'était la carte de visite que nous envoyait la mer Noire, pour nous prévenir d'avoir à compter dorénavant avec elle.

A terre, la position était aussi mauvaise. La pluie, les priva-

Un coup de vent.

tions, les veilles et les fatigues épuisaient nos armées. Le vent enlevait et déchirait les tentes que ni cordes ni piquets ne pouvaient retenir contre la violence de la tempête ; les travaux étaient inondés par les pluies et arrêtés par les sorties des Russes qui ne laissaient pas un moment de repos. L'état maladif de l'armée anglaise retarde l'assaut que les Français demandent avec impatience. Le découragement s'empare de nos soldats au moment où le général Pélissier arrive et relève leur moral.

D'abord le siége prend une autre face. Les attaques contre le front de la place ne pouvant amener sa reddition, on les dirige contre Malakoff. Un peu après arrive Mac-Mahon. La garde est déjà campée. Le chiffre de nos troupes est au moins égal à celui des Russes.

Malheureusement Canrobert et lord Raglan, le général en chef de l'armée anglaise, ne s'entendent plus, au sujet d'une expédition de la flotte dans la mer d'Azof pour enlever aux Russes leurs moyens de ravitaillement, et dont l'amiral Hamelin a eu le premier l'idée. Le général Canrobert cède avec peine à leurs instances. En effet, il craignait d'éloigner de lui des vaisseaux dont le concours lui était si utile pour amener vivres et renforts, et de se priver aussi d'une division d'infanterie qui devait avoir sa part dans l'attaque de la ville. A peine du reste a-t-il consenti, qu'il revient sur sa décision et contremande l'expédition de la mer d'Azof. Lord Raglan a été blessé de cette détermination. Dès lors entre les deux généraux en chef une grande froideur qui succède à leur bon accord.

Qu'en arriva-t-il? je l'ignore. D'abord tout ce que je vous dis n'est que pour mémoire. L'amiral Hamelin est remplacé par le vice-amiral Bruat pour la flotte française, l'amiral Dundas par l'amiral Lyons pour la flotte anglaise, et le général Canrobert par le général Pélissier pour l'armée de terre.

Dès lors, le siége prend une tournure plus menaçante et plus active, et ordre est donné à la flotte d'appareiller pour la mer d'Azof.

Pour la première fois, je vais vous parler de moi, c'est peu de chose ; mais enfin, si je ne vous parle que par ouï-dire de cette expédition, c'est que le scorbut m'envoya à l'hôpital et qu'une fois guéri, je restai à terre à la batterie du fort Génois.

Voici ce qu'il advint de cette expédition qui avait brouillé deux généraux :

Toutes les côtes furent fouillées par nos vapeurs. A mesure qu'ils avançaient, les Russes se retiraient en faisant sauter leurs batteries, brûlant leurs magasins et leurs vaisseaux et enclouant leurs canons. En trois jours nous détruisons 106 navires de commerce chargés d'approvisionnements considérables pour Sébastopol. Toutes les villes évacuées depuis Keni-Kalé jusqu'à Anapa reçoivent des garnisons turques, anglaises ou françaises. Sébastopol ainsi isolé ne pourra plus recevoir de vivres ni de renforts par la mer d'Azof, où croiseront nuit et jour nos éclaireurs.

A leur retour les troupes expéditionnaires apprirent la prise du Mamelon-Vert. Le siége approchait de la fin.

Obligé de regagner mon bord, je dus conduire des blessés à Constantinople. Le général Pélissier faisait évacuer toutes les ambulances pour ne pas entraver les opérations. Nous revînmes à temps pour être les spectateurs de la dernière phase de l'expédition de Crimée.

Le lendemain de notre retour de Constantinople, les Russes tentaient sur nos lignes avancées un nouvel Inkerman. Sur les rives de la Tchernaïa, près du pont de Traktir, le dernier effort des Russes vint se briser contre les bataillons de l'armée française : nous apprîmes la nouvelle de ce grand combat en même temps que nous apprîmes la victoire. Dans le fait, cette bataille ne fut qu'une immense sortie repoussée avec une incroyable vigueur.

Il faut dire, à la louange de nos ennemis, qu'ils ne s'endormaient jamais, et ne nous laissaient jamais endormir. Un jour que j'étais allé à la tranchée, troisième parallèle, une des plus exposées aux obus ennemis, je fus témoin d'un spectacle aussi terrible que comique.

Les troupes étaient au repos, c'était l'heure de la soupe attendue avec impatience par des estomacs affamés depuis le matin ; on voyait déjà les soldats de corvée apporter les gamelles suspendues deux par deux à de longues tiges plates en fer, le biscuit dans des sacs de toile où se carent d'habitude la brosse et

Les porteurs de soupe troublés par les obus.

le cirage. Mais à la guerre comme à la guerre ! tout à coup, j'entends un bruit épouvantable, et de chaque côté pleuvent des obus qui, en éclatant, lancent partout la frayeur et la mort.

Chacun court à ses armes, oubliant la soupe que portent les camarades, ceux-ci affolés courent pour échapper aux obus qui vont plus vite qu'eux. Les uns tombent, d'autres s'arrêtent pour ramasser les gamelles tombées. On veut bien être tué, mais il faut que les camarades mangent : et tous ces braves gens, narguant cette pluie de fer, arrivent à la tranchée, où, déposant leur précieux fardeau, ils se mettent de la partie, et font le coup de feu avec le fusil des morts où des blessés. Que d'aventures de ce genre j'aurais à raconter, si je ne craignais pas de perdre le fil de mon récit !

Malgré ses sorties multipliées, l'ennemi était paralysé. Chacun sentait que la Russie ne pouvait plus tenir la lutte. Leur courageuse résistance n'avait été qu'à notre avantage ; Sébastopol après la bataille de l'Alma aurait peut-être pû être emporté par surprise. Qu'en serait-il résulté ? Ce n'aurait été pour la Russie qu'une flotte et une ville de moins, mais elle n'aurait pas épuisé ses forces dans d'inutiles efforts ; elle aurait sauvé du moins sa vieille armée. Aujourd'hui, grâce à notre expédition dans la mer d'Azof, Sébastopol était livré à lui-même, tandis que nous, nous recevions des renforts et vivions dans l'abondance.

Mutilée de toutes parts par nos projectiles, la ville était à toute extrémité. Les Russes se défendaient pour l'honneur du drapeau.

L'assaut, — nous ne le sûmes que le jour même ; par crainte des espions le secret le plus absolu en était gardé, — avait été fixé pour le 8 septembre. Deux jours avant, un feu général s'ouvrit dans toutes nos batteries et dura toute la journée : Sébastopol et ses défenses sont écrasées de projectiles qui sèment la mort et la destruction. Le lendemain le feu reprend avec les mêmes allures, tantôt lent, tantôt rapide, tantôt s'arrêtant tout à coup. Les Russes ont bien essayé de réparer les dégâts de la veille, mais les remparts sont mutilés sans trêve ni repos : il n'est pas un recoin, pas une embrasure, pas un ouvrage qui ne soit atteint par nos obus et nos boulets. Le surlendemain est le jour de l'assaut général.

La flotte doit y prendre part en faisant une diversion sur les forts maritimes, mais la mer grossit et la brise devient plus fraîche : il nous est impossible d'appareiller. Seules, quatre bombardes établies dans la baie de Streletska canonnent le fort Alexandre et la Quarantaine.

Eh bien ! vous me croirez si vous voulez, mais le mauvais temps qui empêcha la flotte de canonner les forts, favorisa l'attaque de nos troupes en trompant l'ennemi. En effet, plusieurs officiers russes faits prisonniers nous rapportèrent que, *prévenus* qu'un mouvement important de la flotte serait le signal de l'attaque décisive, ils n'avaient pas cru à un assaut définitif, ne voyant pas nos vaisseaux s'embosser devant les forts !

Nous sommes au 8 septembre ! toute la nuit notre artillerie a tiré sans relâche. Le feu des Russes est éteint, mais derrière leurs abris casematés, on voit d'innombrables bataillons, des batteries en réserve qui guettent le moment de l'assaut.

Il est midi. Au loin, on voit le général Pélissier, entouré de son état-major, donner ses derniers ordres. Le général Bosquet, placé sous les feux convergents de l'ennemi, attend le signal. Les Anglais attaquent le grand Redan. Mais chacun a l'œil fixé sur le bastion Malakof contre lequel nos troupes s'élancent. L'amiral Rigaut de Genouilly, avec ses batteries, domine seul le siége, et continue jusqu'au dernier moment de tirer sur l'ennemi, sans craindre d'atteindre les Français qui se développent sur le chemin découvert entre les tranchées et Malakof.

Comme nous attendions avec anxiété l'apparition de notre drapeau sur les parapets ennemis ! Si nous avions su ce que nous coûterait la victoire !... Si nous avions pu assister à ce sanglant combat ! Ce qui se passait là-bas, au loin, dans la fumée était terrible. Jugez-en.

Le 1er zouave et le 7e de ligne sont sortis les premiers, le général Mac-Mahon en tête. Ils se précipitent sur le saillant de

Malakof, se répandant dans les fossés pour trouver un accès. Sans attendre des échelles, et sous un feu meurtrier, nos soldats s'élèvent sur les épaules des uns, des autres, s'accrochent des mains aux talus, pénètrent dans la forteresse, les uns par les embrasures, les autres en escaladant les crêtes, ils y plantent le drapeau de la France.

Alors commence, entre eux et les Russes, une mêlée impossible à décrire. L'arme blanche seule y est employée : on combat corps à corps, le génie parvient à établir un pont d'échelles en face du saillant. De nouvelles troupes s'y pressent, franchissent le parapet et chassent les Russes. Mais, engagés dans ce labyrinthe de fortifications, on ne gagne que peu de terrain au prix de pertes énormes. Les zouaves arrivent à la tour Malakof, la dépassent, enlèvent les traverses en arrière du réduit ; les Russes réfugiés dans les casemates font sur nous un feu meurtrier sans vouloir se rendre. On allume des feux près des ouvertures faites à la muraille pour amener leur soumission.

C'est alors que de toutes parts des explosions de fourneaux bouleversent la terre. Les assaillants ne savent où poser le pied sur ce sol qui manque sous leurs pas. Les Russes concentrés sur les abords du bastion couvrent à rangs pressés les épaulements en faisant un feu roulant sur les assaillants, mais ils sont forcés d'abandonner, et se reforment en arrière. Les zouaves et le 7ᵉ de ligne les débordent et les refoulent derrière la deuxième ligne de traverses. Là, les Russes opposent la plus courageuse résistance et repoussent tous les assauts, Mac-Mahon, toujours au plus fort du danger, voit diminuer le nombre de ses soldats. Il ne peut conserver le terrain conquis ; le général Vinoy pénètre dans l'ouvrage avec une division qui déborde l'ennemi, lequel, renforcé par ses réserves, prépare un retour offensif. Mac-Mahon appelle à lui les zouaves de la garde, ceux-ci se jettent dans l'ouvrage qu'ils emportent aidés des tirailleurs algériens et du 50ᵉ de ligne. Un magnifique élan éclate dans les rangs français. Leur chef en tête, nos soldats fondent sur les Russes avec une telle impétuosité, que ceux-ci rompus, culbutés, essayent en vain de se rallier. Ils combattent avec fureur derrière chaque traverse, mais il n'est plus d'obstacle capable d'arrêter l'élan de nos soldats ; Malakof est à nous.

Aussitôt notre artillerie de terre et de mer lance, sur les Russes débandés, une nuée de projectiles. Alors se déploie de plus en plus la bravoure de nos ennemis, et leur ténacité au feu ; nos boulets frappant les épaulements faisaient de larges trouées au milieu des masses compactes, et de nouveaux soldats accouraient immédiatement pour les combler. Pendant plus d'un quart d'heure, ce feu fit un carnage d'autant plus affreux que les boulets, ricochant de l'épaulement, allaient ensuite traverser les bataillons placés en réserve derrière le bastion.

Malakof nous livrait la ville que les Russes ne tardaient pas à évacuer, après avoir incendié tout ce que nos boulets n'avaient pas détruit.

En effet, à la nuit, la frégate de garde à l'entrée du port signalait le départ des troupes et de leur général qui abandonnait Sébastopol, conservant l'honneur de sauver son armée après avoir vaillamment combattu jusqu'à la dernière heure.

Les drapeaux alliés flottent sur la ville russe. Nous les saluons avec joie, non sans nous sentir un immense regret pour ceux qui sont tombés, et un immense respect pour ceux qui ont été vaincus ! On plaint les uns, on ne peut qu'admirer les autres.

Tous nos blessés furent embarqués et transportés à Varna et à Constantinople ; c'est dans cette dernière ville que cinq de mes camarades et moi, nous reçûmes l'ordre de rallier le *Montebello* qui ramenait l'amiral Bruat en France.

C'est le dernier souvenir de l'expédition de Crimée; mais il est bien triste. A la hauteur du cap Matapan, nous eûmes la douleur d'apprendre la mort presque subite de notre amiral. Il était très-aimé de ses marins, et fut regretté de tous.

Je ne terminerai pas ce récit bien incomplet sans vous parler du naufrage de la *Semillante*, qui périt sur les roches des bouches de Bonifacio. La France entière poussa un cri de douleur en apprenant ce désastre qui nous enlevait trois cents marins et quatre cents hommes de troupe. Nul ne sait ce qui s'est passé là, mais la tempête a été si effroyable que les toitures des maisons ont été enlevées, et des arbres arrachés. On n'a pu rien retrouver du bâtiment que quelques débris informes. Une centaine de cadavres ont reçu la sépulture. Tous ces cadavres étaient nus. Le capitaine seul fut facile à reconnaître. Il était en grand uniforme. La tombe de ces malheureuses victimes a été faite par les marins de l'*Arverne*. Ce sont deux grandes croix construites avec des débris de frégate.

Je vous recommande cette tombe, monsieur Paul, si jamais vous passez par là.

Ce récit n'avait pas été interrompu une seule fois, et, chose étrange ! quand il fut fini, personne ne trouva mot à placer.

Paul serra la main de Cartahut, embrassa son oncle et se retourna pour s'endormir ; mais il ne dormit pas de la nuit, et le lendemain, il aurait bien voulu qu'un des marins lui fît un récit aussi émouvant pour lui que celui de Cartahut. Quand son oncle vint l'embrasser, il lui dit :

— La marine militaire, mon oncle, il n'y a que ça !...

L'île de Poulo-Pinang.

Les pêcheurs malais.

CHAPITRE IV

RABAMOR

Rabamor et le Rouget. — L'île Poulo-Pinang. — Lutte de Rabamor et d'un Indigène. — Sa fuite. — Les pêcheurs Malais. — L'île Maurice. — Bornéo. — Capture d'un vaisseau chinois. — Un matelot pris par un requin. — Les jungles. — Un orang-outang. — Chasse au tigre. — Les petits éléphants chasseurs. — Excursion dans l'île avec les insulaires. — Leur trahison. — Combat. — Retour. — Le brick le *Pinson*. — La mer Rouge. — Les Seychelles. — Chasse au crocodile. — Bombay et Goa. — Conspiration à bord. — Mort du Rouget. — Attaque des pirates. — Le *Pinson* à la côte. — Débarquement. — Inhumation du Rouget. — Le rocher forteresse. — Nouvelles attaques des Indiens. — Une frégate anglaise. — Dernier combat avec les pirates.

— Je ne voudrais pas, dit Rabamor quand ce fut son tour à parler, me faire meilleur que je suis ou plutôt que j'étais. J'avais un caractère exécrable....

— Il lui en reste quelque chose, dit une voix.

— Et de plus la détestable habitude de lever le coude. Au fait, voici mon portrait fidèle :

A vingt ans, je savais comment étaient bâtis les cachots et les prisons de toutes les villes de relâche, je ne parle pas des cabarets, que je connaissais mieux encore. Il n'y avait pas de Breton ni de Normand pour lutter avec moi. Je ne sais pas ce qui coulait dans mes veines et ce que j'avais sur la peau, mais je cherchais dispute à tout le monde, et quand mon poing fermé tombait, il ne se relevait pas sans avoir démoli quelque membre, poché un œil ou cassé une mâchoire. Je n'avais jamais senti la douleur. Amarré un jour au bastingage, je reçus vingt coups de garcette cinglés vertement. J'étais un peu honteux, mais voilà tout, et quand ce fut fini j'allai tranquillement boire un verre de vin à la santé du contre-maître qui m'avait fustigé. J'étais très-méchant, aussi méchant que fort, mais pour ceux qui m'avaient rendu des services, j'étais un agneau. Je serais mort avant eux et pour eux. Quant aux autres, ceux que j'avais en antipathie, ils pouvaient songer à leur défense, non pas qu'ils aient à craindre que je les attaque par derrière, oh! ça, jamais! mais à la première occasion je cherchais dispute, et le marteau tombait sur l'enclume. Avec cela, bon marin et n'aimant la terre que parce qu'on y buvait davantage qu'à bord.

Je n'avais qu'un ami fait aux caprices de mon caractère et que j'aimais beaucoup. Je n'ai jamais su son nom, le vrai. On l'avait surnommé le Rouget, car il était rouge de figure, de mains, de sourcils et de cheveux. Avec ça tout petit, à se tenir debout dans l'entre-pont sans craindre de bosses à la tête. Quand il marchait, on eût dit une gabare au roulis. A quelques pas, il ressemblait à une grosse demoiselle à paver les rues. Il n'avait jamais porté de souliers et, quand il lui fallut en mettre, ce fut un supplice atroce. Jamais non plus le rasoir n'avait effleuré son visage, tanné comme une vieille semelle de cuir. Enfin il était si laid que sa seule préoccupation, était d'en trouver un plus laid que lui pour lui faire des rentes.

Un jour, il en rencontra un, mais l'équipage proclama à l'unanimité que la face du Rouget était d'une encâblure plus hideuse

Le Rouget.

que celle de son compétiteur. Il en fut tellement vexé, que depuis il chercha parmi les sauvages des îles Sandwich ou d'Honoloulou un rival de sa laideur, prétendant qu'il était unique en son genre de la race blanche.

Mais quel cœur! Ah! ce n'est pas lui qui aurait cherché dispute pour des riens. Et puis il était toujours de sang-froid, même quand il avait bu. Le danger l'effrayait au premier moment, mais, une fois ce moment passé, il était plus brave que nous tous.

Avant de le connaître, j'en avais beaucoup entendu parler, et sa réputation me gênait. Quand le hasard nous fit trouver sur le même bord, je lui cherchai dispute naturellement. Il me cassa deux dents d'un coup de tête, se glissa dans mes jambes et me jeta par terre, puis me tendit la main pour me relever. Je le regardai dans le blanc des yeux. Il sourit. Depuis ce fut mon ami.

Plusieurs aventures malheureuses auraient dû me forcer à changer de caractère, mais plus il m'en arrivait, d'accidents, moins je me corrigeais. Dame! tant plus on tape sur un clou et tant plus il s'enfonce! D'ailleurs il n'y avait pas toujours de ma faute. Un exemple :

Le Rouget et moi nous eûmes une fois la permission de quarante-huit heures. On louvoyait dans le détroit de la Sonde et le bâtiment ayant besoin d'être ravitaillé d'eau, nous avions été détachés avec un lieutenant et quelques matelots près de Poulo-Pinang, une ville que l'Angleterre a achetée aux Malais ainsi que l'île où elle se trouve et qui porte aujourd'hui le nom du prince de Galles. Cette île n'est pas très-grande, mais elle est entourée d'un canal qui offre aux vaisseaux un magnifique port.

Notre premier officier et ses matelots avaient donc monté le grand canot et étaient partis pour s'acquitter de leur mission. J'en étais avec le Rouget, mais nous nous moquions bien de la mission. Pour nous, il s'agissait d'aller en ville. Nous dirigeâmes notre course le long de la côte malaise.

Vers le soir on arriva à Prya, ville protégée par un fort, et, après avoir demandé notre chemin aux pêcheurs malais qui suivaient notre sillage dans leurs barques, nous allâmes avec eux jusqu'à la rivière de Pinang, où nous avalâmes des huîtres qui sont aux huîtres de Marennes ce qu'une goëlette est à une frégate. C'est bon, mais ça ne vaut pas celles de notre côte. Après ça, c'est peut-être une idée. Question de patriotisme.

— Du patriotisme à propos d'huîtres, fit une voix.

Rabamor, ne sachant à qui répondre parce qu'il ne savait qui avait parlé, poursuivit :

— En traversant la rivière, l'officier s'aperçut que notre canot

Rabamor.

était trop grand pour gagner le rivage. Nous le conduisîmes dans le havre, et ceux qui voulurent descendre à terre en eurent la permission. Le Rouget et moi nous fûmes les premiers à en profiter pour aller à la ville. Nous devions être rentrés deux jours après si nous ne voulions pas rester en gage à Poulo-Pinang. Le chemin qui nous y conduisit était parfumé comme une serre. Partout des fleurs et des épices. Les collines étaient remplies de forêts et la plaine qui redescend jusqu'à la mer était aussi cou-

verte d'ananas que peut l'être de pommes de terre un champ
de paysan du Périgord. Affamés comme des écoliers en maraude,
nous nous en payâmes des tranches, choisissant ce qu'il y avait
de plus beau et de plus mûr. Une fois rassasiés, nous entrâmes
en ville. Il était presque nuit, et comme nous ne connaissions
pas notre chemin, nous rôdâmes longtemps dans des rues droites
comme un tire-bouchon, parmi des huttes de boue brûlées
par le soleil, puis enfin nous atteignîmes une vaste place autour de laquelle s'étendait une file de boutiques abritées contre
le soleil par des bambous et des paillassons. Le jour était remplacé, vu son absence, par des lanternes en papier de toutes
couleurs. Il paraît que c'était là le bazar des bijoutiers. J'étais
sinon ivre, du moins un peu troublé par le soleil, qui m'avait
tapé dur sur l'occiput, et par certaines visites que nous avions
faites pour nous rafraîchir aux divers cabarets de l'endroit.
Le Rouget n'avait rien qu'une violente envie d'aller au bal.
Le hasard voulut qu'il y en eût un. En effet, dans l'angle de
la place, un roulement de tambours et un grincement de
cordes nous attirèrent bientôt. Je dis nous, parce que je suivais mon camarade, mais dès que je le vis entrer en danse avec
des moricauds qui sentaient l'huile rance, je m'esquivai pour
aller voir les boutiques. Une fois seul, n'ayant plus un bras solide
pour me soutenir, je festonnai d'une manière affreuse. L'idée me
vint de retourner chercher mon camarade au bal, mais je me
trompai de route et je me trouvai bientôt à l'angle opposé. Là,
je m'appuyai contre un bambou qui soutenait la devanture d'une
boutique et, pour me distraire, je suivis du regard les emplettes
et la vente des clients et du marchand. Tout d'un coup il me
sembla m'apercevoir que le marchand qui venait de vendre une
boîte fort jolie à une dame, l'avait changée en se retournant
pour l'envelopper. J'allongeai le bras et je saisis la main du
marchand. Celui-ci crut que je voulais le voler et se mit à dire

en malais : « Filou, escroc, voleur. » Ce devait du moins être ça, car je n'avais, pour comprendre ses paroles, que le langage de ses petits yeux méchants. S'il n'avait fait que parler, je n'aurais trop rien dit, mais voilà-t-il pas qu'il me saisit par la

Une rue de Poulo-Pinang.

ceinture et me la déchire en voulant me mettre à la porte ? Alors..... dame ! je me retournai et je lui appliquai un si furieux coup de poing qu'il alla rouler au milieu de ses caisses.

Ce n'était pas fini. Le Rouget était bien au bal : mais c'est moi qui allais la danser. Le Malais se relève, saisit un couteau et s'élance sur moi. D'une main je lui saisis le bras et de l'autre je lui administre une paire de soufflets à décoller la tête d'un mousse. Et pendant ce temps-là voilà la foule qui s'amasse et, comme de juste, prend fait et cause contre moi, pousse des cris furieux et veut qu'on me conduise en prison.

La vue du danger, en calmant ma colère, me rendit le sang-froid, et je mis la main à ma poche pour y saisir mon couteau. Le pistolet qui était à ma ceinture était tombé par terre. Je le ramassai en menaçant les assaillants de mon couteau, mais d'un coup d'œil jeté sur la boutique, je vis qu'il ne m'était pas possible de me sauver. Ne pouvant sortir par la porte, encombrée de monde, je résolus alors de me réfugier dans la boutique même et de m'y barricader si je ne trouvais pas une sortie par derrière. Au moment où, dans ce but, je me précipitais par-dessus le comptoir, un homme tenta de s'opposer à mon passage ; je le frappai de mon poignard pendant que d'un coup de pied j'enfonçais la poitrine du bijoutier, qui me prenait par les jambes ; puis, saisissant les deux bambous qui soutenaient le hangar, je les attirai brusquement et le toit s'effondra entre le peuple et moi, sur le dos du bijoutier et de l'autre victime. Un passage s'étendait derrière le bazar. On n'y voyait goutte, mais je m'y engageai tout de même. Une fois en plein air, je n'avais qu'à aller tout droit, le bruit des vagues m'indiquant mon chemin.

Mais je ne pouvais abandonner le Rouget, et, passant derrière le bazar, je reparus sur la place. Seulement j'avais eu soin de me déguiser tant bien que mal, en retournant mon habit, en relevant mon pantalon et en me faisant un turban avec les débris de ma ceinture. J'avais caché mon chapeau dans mon pantalon, ce qui me faisait un ventre d'armateur.

Après avoir franchi des rues boueuses et de sombres allées, je me retrouvai à l'extrémité de la place que je venais de quitter. Je vis de loin le marchand qui trépignait de rage sur l'emplacement jadis occupé par sa boutique, et au milieu de la foule qui l'entourait je distinguais mon Rouget qui gesticulait. C'était un lamentable concert d'injures et de jurons, parmi lesquels se distinguait la voix de mon camarade qui ne parvenait pas à se faire entendre. Bientôt après, ce flot de populaire afflua de mon côté, et je n'eus que le temps de me ranger de côté pour le laisser passer. On conduisait sans doute le Rouget en prison. Que faire ? Il était minuit, je n'avais plus qu'à rejoindre le canot et tout conter à l'officier. C'est ce que je fis ou plutôt ce que je tentai, car ici se place une des aventures les plus terribles de ma vie de marin.

Le temps était beau, la nuit calme et l'air parfumé par l'odeur des plantes aromatiques, c'était une délicieuse promenade à faire. Restait à trouver mon chemin. La lune qui brillait dans son plein me permit de le reconnaître, et je fus bientôt en dehors de la ville où je reconnus les sentiers parcourus la veille avec mon pauvre Rouget.

Par malheur, je ne savais pas que, la nuit, on entourait le faubourg d'une palissade de bois protégée par des sentinelles. Cette frêle enceinte de bambou ne m'inquiétait pas, mais la première sentinelle qui me cria : « Qui vive ? » me gênait beaucoup. Le soldat avait d'autant moins l'air commode qu'après quelques mots échangés, comme nous ne nous comprenions pas du tout, lui parlant en malais, et moi en patois anglais, il arma son mousquet et me mit en joue.

Je n'eus que le temps de faire un saut de côté ; la balle me siffla aux oreilles ; mais, sans perdre de temps, je bondis sur le soldat et, le saisissant à la gorge, j'allais lui faire passer un mauvais quart d'heure, quand j'entendis le pas précipité des autres sentinelles qui accouraient au secours de leur camarade. Je lâchai le soldat et me sauvai à toutes jambes dans la direction de la ville comme un homme qui se rejette dans un chemin déjà parcouru.

Après un quart d'heure de course furibonde, je fis un crochet et me dirigeai vers les bords de la mer. Tout à coup une ombre se dessina derrière moi. J'eus beau faire des tours et des détours, l'ombre ne me perdit pas de vue. Je l'attendis. L'ombre disparut. Enfin, j'arrivai sur un monticule de sable qui dominait le port, et je m'appuyai contre le mur d'un chantier que je voyais en contre-bas avec ses outils, ses charpentes et un vaisseau à moitié démoli, sur le bord d'un large canal, très-profond et comblé par les sables. A peine étais-je là, m'épongeant le front avec mon mouchoir, et m'occupant à remettre mon chapeau, mon pantalon et ma veste à leurs positions habituelles, que je vis se tracer sur le mur un long bras armé d'une grande lance qui cherchait à m'atteindre. Un mouvement naturel me fit tendre le bras qui tenait ma veste dont je n'avais encore passé qu'une manche, et je la sentis se déchirer sous deux coups de poignard. Je cherchais mon pistolet, mais je l'avais perdu dans ma course ; mon poignard, je ne l'avais pas non plus. Il me restait mes deux mains pour me venger et mes deux jambes pour courir après mon assassin, que je voyais s'enfuir. Je m'élançai à la poursuite, il était très-agile et connaissait bien les sinuosités d'un terrain contre lequel je me butais à chaque pas. Pour se soustraire à mes regards, il se glissa à travers l'ouverture d'un mur d'où se détachèrent quelques grosses pierres que je lançai sur mon fuyard.

Enfin nous arrivâmes sur le bord de ce canal dont je vous ai parlé. La fuite n'était plus possible pour l'assassin, et pourtant je le vis hésiter et m'attendre. Quand je me jetai sur lui, il évita mon étreinte et, se rejetant en arrière, me cria :

— Voleur et assassin, oserez-vous m'approcher ?

C'était mon bijoutier pâle et terrible. J'en restai stupéfait et comme honteux ; mais, poussé par la colère et le sentiment que j'avais d'être dans mon droit, je résolus d'atteindre le drôle et de lui infliger une de ces corrections que j'infligeais à ceux qui ne me plaisaient pas.

Je fis un pas en avant et me reculai aussitôt. J'étais sur un rebord sablonneux qui s'émiettait sous mes pas. Un tronc d'arbre sans écorce était placé au travers de l'abîme et je voyais mon ennemi le traverser pieds nus avec la plus grande précaution. Au milieu de ce dangereux passage il s'arrêta pour me défier de le suivre au-dessus d'un gouffre dans lequel le moindre choc pouvait nous précipiter. Alors, sans hésitation, sans réflexion surtout, j'ôtai mes souliers et je bondis vers le tronc d'arbre.

Le bijoutier fit sur le pont un saut de tigre pour faire remuer le pont mouvant; mais, irrité jusqu'à la furie, j'arrivai sur lui avec la rapidité que met un éclair à courir le long d'une barre de fer. La violence de notre rencontre nous fit perdre l'équilibre, et nous tombâmes ensemble. Mon adversaire fit l'effort surhumain de se retenir et voulut m'entraîner avec lui dans l'abîme. Sa fureur le servit mal, il se saisit de ma veste qui flottait, elle lui resta dans la main et il tomba lourdement dans le gouffre. J'étais resté sur le tronc, mes jambes se croisèrent autour de lui, mes bras l'enlacèrent, et, reprenant peu à peu mon sang-froid, je me glissai à plat ventre sur ce pont dangereux et j'arrivai enfin sur le sol, où je tombai presque mourant. Malgré moi, mes regards étaient attirés vers l'abîme où les rayons de la lune éclairaient une mare de boue et de sable dans laquelle se tordait le bijoutier en faisant entendre des gémissements qui troublaient le silence de la nuit. Je ne pus en supporter davantage, et, bien que j'eusse le poignet foulé, je résolus de lui porter secours. Mais ce fut inutile, car quelques minutes suffirent pour que le malheureux qui s'enfonçait dans la boue y disparût complétement. Tout était fini, une sueur glacée perla à mon front, j'avais la fièvre, et je crois n'avoir jamais éprouvé de plus grande douleur que celle qui oppressa mon cœur, quand je vis disparaître l'infortuné qui me devait sa triste fin.

Tout à coup, j'entendis des coups de feu et des balles siffler à mes oreilles. De l'autre côté du pont étaient les soldats anglais qui, lancés à ma poursuite, avaient fini par me découvrir. Je me glissai comme un serpent sur le talus et me laissai aller de l'autre côté qui allait en pente douce jusqu'au rivage. Là, je vis une barque de pêcheurs en mer, et, bien que fatigué, je me mis résolûment à la nage pour l'aborder.

L'inquiétude de ma position m'était moins pénible que celle d'ignorer le sort du Rouget et de craindre d'être porté à bord comme déserteur si je n'arrivais pas à l'heure dite. Cette dernière idée surtout me donna la force d'atteindre la barque, où je fus recueilli par des Arabes indiens, dont je parlais un peu la langue. Je leur fis un conte d'après lequel j'étais une victime des Anglais, et comme ils ne les aiment pas beaucoup, ils me promirent de me sauver. Ces Arabes sont très-communs dans ces parages. Ce sont d'excellents marins.

J'eus le bonheur de retrouver notre barque et mon pauvre Rouget qui y était arrivé dans la nuit. Il avait eu plus de chance que moi. Il s'était sauvé. On l'avait même poursuivi, et c'est moi, sans le savoir, qui avais détourné la piste.

Je vous demande pardon, monsieur Paul, de m'être si longtemps occupé de moi, mais je vous avouerai que ma vie de marin n'est pas très-accidentée. De mes voyages je ne me rappelle guère que les dangers ou les luttes auxquels mon camarade et moi avons été mêlés jusqu'à ce que la mort nous ait séparés l'un de l'autre. Naufrages ou combats, le récit en serait toujours le même, mais comme je n'ai jamais été un marin régulier, comme j'ai roulé ma bosse sous tous les pavillons du monde commerçant, leur variété pourra m'aider à vous intéresser quelquefois à mon humble personne. Et pour ce faire, je vais vous raconter une des parties les plus aventureuses de cette vie.

Rouget et moi nous étions à cette époque, moi comme second, lui comme simple gabier, au service d'un négociant de l'île Maurice qui avait armé sa corvette en guerre afin de faire la chasse aux bateaux chinois, pirates enragés qui, même encore aujourd'hui, j'en suis sûr, sont les ennemis de tous les vaisseaux de commerce. Pour dire aussi la vérité, notre capitaine — il se disait de Saint-Malo pour les Français et de Portsmouth pour les Anglais, mais c'était un Américain, ce qui ne l'empêchait pas d'être un bon marin et de nous payer en bonne monnaie, — notre capitaine, dis-je, était un peu pirate lui-même et il ne se gênait pas pour s'emparer des bateaux chinois qu'il trouvait sur sa route.

Un matin — nous nous trouvions dans un groupe d'îles situé tout près de Bornéo, — nous aperçûmes à notre droite, sous le vent, une jonque chinoise chassée hors de son chemin ; elle glissait si légèrement sur l'eau qu'on eût dit une caisse de thé. Le fond de sa carène et les côtés du haut bord étaient peints de dragons verts ou jaunes. Les mâts — il y en avait six, — étaient en bambou, une double galerie ornée de la proue à la poupe haute comme un grand mât de hune portait six cents tonneaux. L'intérieur ressemblait à un bazar et fourmillait de magasins, de boutiques et de tentes, encombrées de monde. L'aspect général en était si étrange que le capitaine voulut l'examiner.

Tous les métiers étaient pratiqués sur ce bateau comme au milieu d'une ville, depuis la forge de fer jusqu'à la fabrication de la paille de riz, depuis la sculpture des éventails en ivoire jusqu'à la broderie d'or sur mousseline. Dans une cabine un Chinois au ventre arrondi se préparait à un grand festin. Devant un ardent brasier rôtissait un chien farci, à côté cuisaient un nid d'hirondelle et les nageoires d'un requin dans une gelée d'œufs, un immense bol était plein de punch dont un mousse activait le feu avec une cuiller. Un peu plus loin des Chinois jouaient aux dés et se disputaient sous l'œil d'un grand gaillard à lunettes qui riait en dessous et à côté d'un petit fumeur d'opium, qui n'avait pas l'air de se soucier beaucoup du jeu.

Le capitaine m'avait amené avec lui dans cette visite, nous avions caché nos armes et nous nous présentâmes pour affaires, soi-disant pour acheter de leurs produits ; mais tous étaient occupés de leur dîner, et personne ne parut faire attention à nous. Le plus gros — ce devait être un chef ! — grogna une réponse incompréhensible; sa main salie par la graisse plaça sur un coin de la table une poignée de riz à laquelle il ajouta du lard et des œufs

Les Chinois jouaient aux dés.

et nous fit signe de manger. Le cœur me souleva, et furieux je flanquai un coup de pied sur la table qui sauta avec tout ce qu'elle contenait, sur le ventre du Chinois. Le capitaine me reprocha mon manque de patience et nous sortîmes de la cabine. Un matelot nous fit comprendre que le capitaine chinois habitait près du gouvernail, et que là nous aurions peut-être les renseignements que nous venions chercher. Par curiosité nous y allâmes. Étendu sur une natte, le Chinois fumait de l'opium en chantant. Impossible d'en obtenir une réponse. D'un côté, un rêveur abruti ; de l'autre, un homme stupéfié par la bonne chère. Partout nullité et abrutissement.

— Bonne affaire, me dit le capitaine ; va me chercher dix hommes d'équipage pour arrimer à notre bord les marchandises que je vais acheter à ces Chinois.

Un clignement d'yeux me fit comprendre le sens de ce mot : acheter ; et comme, en définitive, c'est tout bénéfice de voler un voleur, — l'année précédente nous avions été dévalisés par des Chinois d'un chargement complet de coton et d'aloès, — je me hâtai d'aller chercher du renfort. Bien entendu que le Rouget en fut.

Dès que nous fûmes de retour, nous fîmes une perquisition générale, que les Chinois occupés à manger, boire, fumer ou dormir nous laissèrent faire tranquillement. Tout fut fouillé, coins obscurs, réduits, coffres, boîtes, malles et ballots. Il y avait dans cette arche de Noé une salle pleine de singes, de perroquets, de canards, de poules, de chiens, de petits cochons de lait et d'une foule d'oiseaux que je ne connaissais pas. Nous nous empressâmes de les laisser de côté, ainsi que le camphre, les drogues, les épices, le fer, nous contentant des ballots de soieries qui toutes avaient la marque française, — beaucoup venaient de Lyon et Saint-Étienne, d'autres d'Angleterre — et que les Chinois avaient pris sur quelque bâtiment échoué ou en détresse. C'est leur habitude et leur manière de sauver un navire.

Nous mîmes de côté aussi beaucoup de nids d'hirondelles, des œufs salés et du riz, sans oublier l'eau-de-vie.

— Les œufs salés, s'écria Chasse-Marée, jamais je n'en avais entendu parler.

— Grand-papa, répondit Rabamor, c'est tout simplement des œufs bouillis dans l'eau salée ; le sel pénètre la coquille et les conserve ainsi pendant de longues années. C'est chinois, mais ce n'en est pas plus mauvais pour ça.

Quand nos bateaux furent pleins de marchandises, nous songeâmes à nous retirer, mais à ce moment-là, les Chinois se réveillèrent et voulurent être payés. C'est à ce moment-là aussi que nous sortîmes nos armes cachées, et que devant notre attitude, ils ouvrirent une bouche large comme une écoutille, et, se précipitant à la manœuvre pour s'enfuir, ils allèrent chercher dans d'autres mers, un autre bâtiment assez bête pour se laisser arrimer.

Le capitaine était un honnête homme...

— Oh ! firent tous les marins d'un commun accord. Paul et le père Vent-Debout se contentèrent de sourire. Clinfoc approuvait d'un signe de tête le récit de Rabamor.

— Oui, un honnête homme ! Chacun de nous eut sa part de la vente des ballots de soieries ; nous en retrouvâmes même un propriétaire qui nous donna une bonne gratification quand nous lui ramenâmes sa marchandise. Mais je continue, ou plutôt je commence le récit promis à M. Paul et dont l'histoire du bateau chinois m'a éloigné.

Nous fîmes voile vers l'île de Bornéo ; au moment de gagner la terre, le vent s'abaissa tout à fait, et nous restâmes stationnaires durant quatre jours. Pendant cet arrêt, nous perdîmes un de nos meilleurs matelots. Voici comment :

Attaché par des cordes et suspendu au-dessus de la proue sur laquelle il clouait un morceau de cuivre, cet homme jeta tout à coup un cri terrible. J'étais sur le pont. Je courus vers la proue et je vis un énorme requin dont la mâchoire monstrueuse s'était saisie de la jambe du matelot. Le monstre fouettait la mer à l'aide de sa longue queue et il tiraillait sa victime pour l'attirer à lui. Une forte corde était attachée sous les aisselles de l'homme qui se cramponnait aux chaînes en faisant de violents efforts pour échapper à la mort cruelle qui le menaçait.

Les hommes accoururent à cet appel désespéré avec des harpons et des piques d'abordage. Avec cette promptitude des matelots qui ne craignent rien quand ils voient l'un des leurs en danger, ils attaquèrent le requin qui fut harponné avant d'avoir lâché sa proie. Mais la corde du harpon se cassa, et notre proie disparut dans les profondeurs de la mer, nous laissant sa victime affreusement mutilée. Le malheureux mourut dans la soirée.

A bord, une mort inattendue produit toujours de profondes et douloureuses sensations. Tout l'équipage en souffre, soit crainte d'un pareil sort, soit superstition.

Le lendemain, autre malheur. En se baignant, un matelot disparut. Cette double mort jeta sur le vaisseau un voile de deuil.

Enfin nous pûmes reprendre notre course en nous avançant avec lenteur le long de la côte. Un soir, avant le coucher du soleil, de légères vapeurs commencèrent à envelopper les montagnes. Au moment où le soleil disparut, une barre de flamme s'élança le long de leur sommet, s'entrelaça autour de la cime la plus élevée et y resta pendant dix minutes, étincelante comme une couronne de rubis. La lune était d'un rouge sombre. La mer changea de couleur et devint claire et transparente : on voyait les rochers, les poissons et les coquillages, et il y avait pourtant douze brasses d'eau. L'atmosphère était brûlante et lourde et la flamme d'une chandelle allumée sur le pont s'élevait claire comme si elle avait été dans une caverne. Le capitaine ordonna de ferler les voiles et de laisser tomber l'ancre en attendant, pour la lever, le premier souffle de vent.

Le rivage qui était près de nous était très-bas. On eût dit un marais couvert de roseaux. C'était la demeure des éléphants, des tigres, des boas, et l'air pestilentiel qui s'en exahalait en rendait l'abord et le voisinage très-dangereux.

Le ciel était sans nuages. Pourtant quelques éclairs illuminaient les montagnes. Tout à coup un bruit étrange plus fort que celui du tonnerre fit retentir l'air d'une sinistre clameur. Je bondis sur le pont. Nous étions complétement démâtés. Les barres de bois, les vergues, les agrés, tout avait été emporté par le vent. La mer blanche d'écume nous couvrait comme si nous avions été placés sous une cataracte. Nos sabords étaient démolis, les fers des canons enlevés et les canons eux-mêmes détachés de leur place. La corvette plongeait follement dans la mer. Si le câble de l'ancre ne s'était pas brisé, nous aurions coulé à fond.

Les vagues jouaient à la paume avec nos matelots qu'elles se renvoyaient comme des volants de raquette. Le pont était balayé par les lames qui se succédaient avec acharnement. Cela ne dura pas, heureusement, sans cela nous étions perdus. Le simoun s'arrêta comme il était venu, d'un seul coup. La mer reprit son aspect habituel, et nous pûmes sauver quelques-uns des nôtres qui se noyaient ; cramponnés aux épaves du navire, ils nous demandaient du secours depuis longtemps, mais le tapage assourdissant qui se faisait dans l'air nous empêchait de les entendre.

La bise nous vint du large ; nous en aspirâmes les bouffées avec plaisir, et ce bienfait du ciel nous rendit un peu de force pour appareiller tant bien que mal notre corvette et fuir ce rivage empesté, ce mouillage maudit. Démâtée, fracassée et brisée, la pauvrette n'avait que peu de voiles et elle fut bientôt livrée à la merci des vagues et du vent. Cinq jours après nous étions arrimés dans un port au sud de l'île de Bornéo, au milieu d'un groupe d'îles peu habitées, sinon par les bêtes sauvages et des indigènes chassés de leur pays par les Anglais ou les Malais. Ce port est fermé par une bande de sable sur lequel la mer se jette sans cesse. Nous étions là comme chez nous, à l'abri d'abord, et ensuite à portée des matériaux nécessaires à la réparation de notre corvette. Quant à aller dans un port de commerce étranger, personne ne s'en souciait. Il eût fallu payer des droits pour nos marchandises, et nos réparations nous eussent coûté très-cher, en outre nous aurions eu à subir tous les quolibets des divers marins qui peuplent les ports de Bornéo. Jamais vaisseau n'avait été maltraité comme le nôtre, nous ressemblions à une cloche à plongeur ou à un ponton hors de service. On n'aurait pas manqué de nous traiter de maladroits et de fainéants.

Pour ajouter un malheur de plus à nos calamités, nous fûmes soudainement saisis d'une fièvre putride et de la dyssenterie. La plus grande des îles reçut nos malades et nos blessés, et ceux qui étaient valides s'occupèrent de suite de réparer la corvette, chose facile, mais qui nous lança dans des aventures pleines de dangers, quand nous voulûmes aller couper le bois de charpentes dans les forêts. Les animaux nous firent moins de mal que les hommes.

Un jour nous allâmes assez loin le long de la côte. Nous découvrîmes dans une des îles habitées seulement par les bêtes féroces, une petite baie inaccessible du côté de la terre, car elle se trouvait gardée par une montagne de jungles. La vue de quelques sapins me détermina à en tenter l'approche. Le Rouget et moi nous descendîmes pendant que le bateau retournait à la corvette pour en ramener les charpentiers. C'était l'affaire de quelques heures, et je comptais les passer à chasser. Le capitaine m'avait prêté un fusil à deux coups, et le Rouget était armé d'une petite lance malaise, excellente contre les sangliers, ce qui en prouvait la solidité.

La chaleur était accablante, nous nous mîmes à chercher de l'ombre. Elle ne manquait pas, mais, pour pénétrer dans les jungles entrelacées, il eût fallu être un serpent ou un rat. Un bruit

sourd nous fit dresser l'oreille. Le Rouget s'étendit à plat ventre sur le sable, et moi, je me collai contre un rocher, non sans avoir armé mon fusil et vérifié les amorces.

— Regarde, dit le Rouget tout bas. Ce taoo qui plane sur nos têtes nous annonce la présence d'un tigre. Tu as bien eu tort de renvoyer le canot.

Le taoo est une espèce d'aigle de petite espèce que je n'ai vue qu'à Bornéo. J'allais le tirer quand le bruit sourd devint plus distinct et derrière moi, dans les branches d'un arbre énorme, apparut un orang-outang couvert de poil gris. Ses bras étaient très-longs, sa carrure, celle d'un de ces hercules de foire que j'aimais tant autrefois *à tomber*, et sa figure affreuse, toute ridée avec des yeux brillants comme ceux d'un démon. La vue d'un tigre nous eût moins effrayés. Ces orangs-outangs, qu'on appelle dans le pays des *Jungles Admées* sont aussi forts que méchants et plus rusés, plus cruels, plus féroces que les tigres et les lions. Fuir n'était pas possible. Il fallait combattre ou ne pas bouger en attendant qu'il disparût.

Nous prîmes ce dernier parti. L'*Admée*, après avoir mangé des moules et des coquillages, reprit le chemin des jungles sans nous avoir aperçus.

— Bonne affaire, me dit le Rouget, j'ai vu par où il a passé. Nous n'aurons pas besoin de la hache pour nous frayer un chemin.

— C'est ça, suivons-le ; car je suis un peu plus rassuré.

Je vous avouerai que j'étais honteux d'avoir laissé partir l'animal sans lui envoyer une balle.

Nous nous glissâmes sous un massif de hantak et nous découvrimes un sentier tortueux que l'*Admée* suivait à pas lents. Il n'aurait pas manqué de nous entendre, car ils ont l'oreille fine, mais il changea son itinéraire, traversa le lit d'un ruisseau, grimpa sur un rocher et de là sur un vieux pin couvert de mousse. Il s'attacha par un bras à une branche horizontale, et, semblable à un matelot qui traverse les étais d'un mât, il gagna le sommet du rocher. Puis, soutenant son corps avec ses mains, il se laissa doucement tomber de l'autre côté et continua sa marche. Nous le suivions toujours. Le vent qui soufflait dans les jungles emportait le bruit de nos pas. L'*Admée* franchit plusieurs rochers dans les crevasses desquels poussaient les pins dont nous avions besoin. En passant, il brisa comme une allumette un jeune pin qu'il dépouilla de ses feuilles et s'en fit une massue. Cela fait, il se dirigea vers un petit espace de terrain sur lequel se trouvaient des mangoustans et des bananes. Plus

loin, sous un arbre couvert de fleurs blanches, était une jolie petite hutte construite avec des cannes entrelacées.

L'endroit était délicieux. A droite de la hutte s'étageaient des rochers couverts de tamarins et de muscades sauvages; à leur base on voyait une excavation ombragée par des arbres de bétel aux troncs droits et à l'écorce argentée. Derrière et à perte de vue les jungles impénétrables laissaient passer la cime des cactus, des acacias et des bambous.

Nous allions nous retirer quand sous le buisson qui nous abritait apparut en sifflant la tête hideuse d'un serpent noir. Le Rouget poussa un cri de terreur et, pendant qu'avec la baguette de mon fusil prestement retirée je coupais en deux le reptile, le *Jungle Adméé* se retournait, nous apercevait, et balançant sa formidable massue, se dirigeait à grands pas sur nous.

La massue voltigeait au-dessus de la tête du vieux scélérat ; son regard était effrayant, sa mâchoire claquait de rage. Nous nous sentîmes perdus.

Le Rouget esquiva le premier coup. La massue en retombant brisa un arbre à côté de lui et s'embarrassa dans le feuillage. J'en profitai pour viser l'*Adméé* à la poitrine et lui loger tout le contenu de mon arme dans le corps. Il fit un bond effrayant et tomba sur moi comme une masse. Le Rouget par derrière le traversa de part en part avec sa lance au moment où les longs bras du monstre cherchaient à m'étrangler. Je n'eus pas de peine à me débarrasser de son étreinte et, en me relevant, je pus constater sa mort. Il était temps, car il paraît que leur agonie est terrible. Seulement l'arbre en tombant avait écrasé le pied du Rouget. Il souffrait comme un damné. Je le pris dans mes bras et le portai jusqu'à la hutte de l'orang-outang. L'intérieur ressemblait à celle des habitations de l'île. Seulement il était plus propre.

J'étais très-inquiet, car je ne pouvais abandonner le Rouget et je me croyais loin du rivage, mais je fus tout surpris d'entendre des voix qui nous appelaient. Notre canot était de retour, et nous nous trouvions tout près de la mer.

Une autre fois nous courûmes un plus grand danger. Avant

de vous en parler, il me faut faire un récit d'une chasse au tigre à laquelle nous fûmes invités par le chef des Malais qui peuplaient la grande île à l'est et qui étaient nos amis. Ceux de l'ouest ne nous témoignaient qu'une amitié craintive, défiante, qui devait bientôt se changer en haine, vous verrez pourquoi. Donc, j'en viens à ma chasse aux tigres.

Il faut dire que les Malais n'attaquent le tigre qu'en cas de légitime défense ou pour protéger leurs propriétés. Comme les réparations de notre corvette marchaient à grands pas sous l'œil vigilant du capitaine, nous nous mîmes en route, quelques matelots, le Rouget un peu boiteux mais guéri et moi, avec un Malais pour guides et une vingtaine d'indigènes chargés de faire les battues. Nous montions des petits chevaux et les malais des éléphants qui devaient nous servir à porter les blessés en cas de malheur et à nous frayer un chemin dans les jungles. La route se fit lentement. Dans ces solitudes profondes, quoique le paysage fût toujours le même, à chaque pas on rencontrait des animaux inconnus et des oiseaux étrangers à nos souvenirs et à nos regards.

Nous approchâmes enfin du lieu de la chasse. L'air était chargé de miasmes si impurs que nous étions obligés de fumer sans cesse. Ceux qui conduisaient les éléphants assis sur leur cou portaient devant eux un pot de charbon de terre allumé et un grand sac de tabac. En examinant le voisinage, on trouva les traces de trois tigres dans les jungles. Notre petite troupe se divisa et on se porta à chaque sortie, pendant que les éléphants trépignant d'impatience se dirigeaient vers l'antre des tigres. Les chevaux avaient été laissés en arrière.

Au même instant un tigre monstrueux s'élança de notre côté. Nous fîmes feu tous ensemble. Cette première décharge n'eut pour effet que d'effrayer nos éléphants qui s'enfuirent. L'un d'eux tomba dans un puits caché sous une couche d'herbe. Un second feu bien nourri foudroya le tigre qui avait été à peine effleuré la première fois.

— Il y a une tigresse et ses petits, sous cette voute là-bas, nous dit le Malais qui restait prudemment à l'écart.

D'un pas ferme, guidés par l'abominable odeur qu'exhalent ces bêtes fauves, nous gagnâmes le lieu de leur retraite.

— Ne tirez que sur la tigresse et tirez bas, nous cria-t-on.

La tigresse apparut sous un épais buisson d'où elle appela ses petits en grognant. Trois petits tigres sortirent de l'antre et coururent se cacher avec effroi près de leur mère. Un coup de feu tiré dans le buisson et qui blessa un de ses petits fit apparaître la mère, les yeux en feu et écumante de rage. Elle se précipita sur nous. Je fis feu des deux canons de mon fusil. La tigresse frissonna et toute chancelante ploya sur ses jambes. Un coup de lance l'acheva.

Restaient les trois petits. Deux se sauvèrent sans qu'une seule balle les atteignît, mais le troisième s'élança sur moi au moment où je rechargeais mon arme, et sans le Rouget qui lui fit sauter la cervelle, je ne sais pas comment je m'en serais tiré ; ses griffes m'avaient déchiré la poitrine, et en tombant je m'étais blessé à la tête.

De l'autre côté où étaient les indigènes, se passait un drame autrement terrible. Le jungle était vivant de tigres. On en avait tué deux, mais cette double mort avait coûté la vie à trois indigènes. Un Malais qui avait eu l'épine dorsale fracassée expirait après une heure d'agonie.

Ce fut bien pis quand nous approchâmes de la lisière des jungles. Le Rouget, qui n'avait jamais pu se servir d'un fusil, — il craignait ça comme le feu, disait-il, — n'avait qu'une pique et un sabre d'abordage. Le premier tigre qui nous attaqua passa sur lui d'un bond, le roula comme un chat ferait d'une pelote et disparut pour tomber sous nos coups.

Le Rouget n'était pas content et puis, faut-il le dire, il avait peur. Aussi se hâta-t-il de rejoindre un des éléphants déserteurs ou un cheval quelconque. Mais les chevaux avaient brisé leurs longes. Heureusement qu'il rencontra un éléphant que son guide avait pu retenir. Ces guides sont d'étranges compagnons. Ils aiment leur éléphant plus qu'eux-mêmes. L'éléphant du reste le leur rend bien.

Le guide fit monter le Rouget sur le cou de l'éléphant. A ce moment les broussailles s'écartèrent, et un tigre bondit suivi d'un autre. Que se passa-t-il, je l'ignore. Le Rouget avait fermé les yeux. Quand nous arrivâmes guidés par un bruit affreux de cris et de rugissements, nous vîmes l'un des tigres suspendu par les pattes aux flancs de l'éléphant et l'autre déchirant à belles dents quelque chose de blanc que je ne pus distinguer. En même temps que moi, arrivait au grand galop de son cheval le chef malais qui guidait la chasse.

L'éléphant cruellement déchiré par les griffes de son ennemi fit un mouvement si brusque que le tigre perdit l'équilibre et roula sous les pieds du cheval du Malais qui se renversa sur son maître. Le tigre, en se relevant, brisa les reins du malheureux cheval d'un seul coup de dent et se tourna vers moi qui le reçus sur le bout de mon fusil dont je lâchai les deux détentes. Il roula comme foudroyé, mais se releva presque aussitôt. Le Malais qui était dégagé de dessous son cheval mort, lui envoya une balle dans la hanche, mais n'eut pas le temps de recharger son arme, le deuxième tigre s'était élancé sur lui et déjà sa langue lui léchait la figure, quand le Rouget, réveillé de sa peur, sauta sur le monstre qu'il attaqua à coups de sabre et qui tomba bientôt frappé de vingt coups de poignard.

Je ne m'occupais plus du premier tigre que je croyais mort, et du reste toute la chasse s'était rapprochée. Plusieurs indigènes entouraient son cadavre, quand soudain nous le vîmes se tordre avec rage en faisant voler autour de lui les herbes et les bambous, puis faire un bond désespéré. En un clin d'œil il renversa deux de nos matelots et un malheureux Malais dont il broya la tête d'une seule étreinte de ses terribles mâchoires. C'était son dernier effort. Il retomba aussitôt percé de plusieurs balles.

Quant à l'éléphant, il ne s'occupait ni du tigre ni de nous, il ne regardait que le corps inanimé de son guide ; mais quand il tourna la tête et qu'il vit le tigre mort, il poussa un cri de sauvage triomphe. Puis, ne pouvant venger son ami, il baissa sa trompe et ses oreilles, et ses petits yeux humides ne quittèrent plus le cadavre du Malais.

Le retour de cette chasse fut aussi long que triste : nous rentrâmes à notre corvette, où le capitaine nous apprit que dans peu de jours nous quitterions ces parages, — dès que nous aurons fait notre provision d'eau, ajouta-t-il.

Derrière l'île où nous étions ancrés en était une autre dont les naturels nous avaient toujours témoigné une méfiance instinctive, mais là était l'eau douce, il fallait se mettre bien avec eux. C'est pourquoi nous y débarquâmes en nombre et bien armés. Dès le premier jour, il y eut rixe et mort d'homme. Deux naturels furent tués et d'autres blessés. Comme sur terre il n'est pas possible de se faire obéir des matelots, — je le sais par moi-même ! — le capitaine vint avec nous afin d'obtenir une réconciliation avec les natifs dont l'inimitié, en se prolongeant, eût pu nous causer grande perte de temps, d'hommes et de provisions. La réconciliation fut complète et, pour la sceller, le chef du village nous invita pour le lendemain à une grande chasse aux daims et aux sangliers.

Se fiant très-peu aux doucereuses protestations d'amitié des insulaires et de leur chef, le capitaine me recommanda de prendre quatorze hommes parfaitement bien armés et équipés. Nous arrivâmes au lieu du rendez-vous où nous attendaient le chef et cinq hommes armés de lances. Puis, après les saluts d'usage, nous prîmes la route de la forêt, au milieu de laquelle nous fîmes halte vers le milieu du jour, dans une hutte où des Malais prévenants nous avaient préparé des pipes et du café.

Je vous ai dit que le Rouget, poltron devant un tigre ou un chat, devant un serpent ou une araignée, devant un crocodile ou un crapaud, n'aimait pas les armes à feu. Pour ne pas me quitter dans cette chasse dont il augurait fort mal, il prit une carabine, se contentant du rôle officiel d'éclaireur. Donc, au moment où, assis dans la hutte, nous allions prendre le café, je vis avec étonnement le Rouget me faire signe de ne pas boire et de sortir. Nous étions seuls, le Malais avait fui dans les jungles. Seulement sur le seuil un des nôtres se roulait dans d'affreuses coliques.

— Le seul qui ait bu du café! me dit sentencieusement le Rouget. Je l'ai arrêté à temps, sans cela il était perdu.

Chaque homme fut averti tout bas du péril qui nous menaçait, on vérifia si les armes étaient chargés et, dès que le malade put se lever, nous reprîmes le chemin par lequel nous étions venus. Mais le pauvre diable se trouva mal, il fallut le transporter et prendre une voie plus praticable, ce qui nous fit égarer en nous éloignant du rivage. Heureusement que nous rencontrâmes une rivière, et comme l'eau va toujours à la mer, nous en suivîmes le cours. Le Rouget était en avant qui la sondait avec sa lance. Tout à coup, il s'arrêta en nous montrant du doigt les taillis qui bordaient la rivière. Les sauvages qui y étaient embusqués en sortirent avec de grands cris, mais nos hommes avaient eu le temps de les recevoir avec un feu bien nourri dont ils n'attendirent pas une seconde décharge. Cette fuite nous donna le temps d'arriver jusqu'à un banc de sable, du haut duquel nous aperçûmes la mer et le haut des mâts de notre corvette. Nous nous croyions sauvés, quand sur la large plaine sablonneuse qui bordait la mer, nous aperçûmes une masse noire et confuse. C'étaient des cavaliers qui, unis aux sauvages que nous avions mis en fuite, mais qui nous suivaient de loin sachant bien ce qui nous attendait, faisaient une troupe assez forte pour que nous ne puissions pas espérer la vaincre facilement.

Nous nous affermîmes tant bien que mal sur la bande de sable; protégés d'un côté par un bloc de rochers et de l'autre par de gros arbres dont les racines plongeaient dans la rivière, nous avions en face de nous l'ennemi, dont les chevaux ne pouvaient escalader notre position et les piétons dont les flèches pouvaient à peine nous atteindre.

— Ménagez vos munitions, criait le Rouget, qui surveillait l'expédition, et visez bien.

— Courage, enfants, dis-je à mon tour. Eh bien! où vas-tu, Rouget?

— Je reviendrai, fit mon camarade.

Et il disparut du côté opposé à la bataille. Où allait-il? nous le verrons bientôt.

Les naturels s'étaient approchés de nous en hurlant. Celui qui les conduisait montait un cheval fougueux dont la robe était d'un rouge vif. La crinière et la queue voltigeaient dans l'air comme les banderoles d'un mât. On aurait dit qu'il avait du feu dans les naseaux et des ailes aux jarrets. Son cavalier s'avança seul sur nous, déchargea son pistolet, jeta sa lance à la tête d'un matelot, cria contre les siens qui n'osaient avancer, se rejeta dans la rivière, sans que je pusse une seule fois tirer sur lui, et cependant je le tenais depuis longtemps au bout de ma carabine. Autant aurait valu viser une mouette ou une hirondelle balancée par les vagues!

Notre position était si avantageuse que, malgré tous leurs efforts, les natifs ne purent nous en débusquer. Notre feu était si bien dirigé que leurs pertes étaient déjà très-fortes. Par malheur nos munitions diminuaient et il ne nous restait plus qu'à faire l'impossible pour tenter de gagner le rivage. Nous passâmes un à un sur le bord opposé et bien rapprochés les uns des autres, nous réussîmes à descendre jusqu'à la plage, en faisant halte à chaque instant pour faire face à nos ennemis qui, s'étant aperçus de notre manœuvre, nous serraient de près.

Enfin, après une demi-heure de marche, nous aperçûmes notre corvette, mais comme elle était ancrée dans l'autre île, il est probable qu'à cette distance ceux qui étaient à bord ne pouvaient rien distinguer ni rien entendre. Cette vue pourtant redoubla notre courage et nous hâtâmes le pas. Tout à coup, un nuage de sable obscurcit nos regards et quand il fut dissipé nous vîmes que non-seulement les cavaliers nous coupaient le passage, mais encore que derrière nous la retraite était fermée. Nous étions entre deux camps. Notre troupe était réduite à sept personnes et il ne nous restait que quelques coups de feu à tirer, trois ou quatre environ.

En jetant les yeux autour de moi, je vis un groupe de palmiers ombrageant des huttes en ruines. Je dirigeai ma troupe vers cette petite fortification et là nous nous préparâmes à vendre chèrement notre vie.

Les naturels furieux de ne pouvoir nous atteindre nous enfumèrent comme des jambons. Ils entassèrent du bois mort et des roseaux secs tout autour et y mirent le feu. Il fallait quitter au plus vite notre abri. Une haie de vacoua bordait le chemin opposé au feu. Nous le prîmes en courant et, nous jetant dans ces buissons épineux, nous attendîmes une nouvelle attaque.

A ce moment un coup de canon retentit dans l'air suivi d'une décharge de mousqueterie, nous poussâmes un cri de triomphe. La corvette nous envoyait du secours.

Notre première idée fut de courir à la rencontre de nos sauveurs, mais nous ne pouvions abandonner nos blessés. Bientôt un feu meurtrier dispersa les sauvages, nos camarades nous rejoignirent et, aidant les blessés à marcher, nous gagnâmes en bon ordre le rivage, épuisés, affamés et mourant de soif.

Mais au moment où nous nous embarquions, les natifs revinrent pour renouveler l'attaque. Ils étaient deux fois plus nombreux, et leur nombre grossissait toujours.

— Par ici ! me cria une voix, celle du Rouget, et je vis mon bon et cher camarade debout sur un bateau à la poupe duquel était une caronade. J'allais y monter quand un cavalier, le même que je n'avais pu atteindre, fondit sur moi et me blessa avec sa lance. Le Rouget mit le feu à la caronade, et le long du rivage, un cri perçant de terreur vint assurer notre victoire. A ce cri en répondit un autre, celui du Rouget qui me voyait tomber évanoui sur le banc des rameurs !

Ma blessure guérit, notre voyage s'acheva sans accidents. Mais ce que je n'ai pas osé vous dire encore, c'est que je buvais toujours et beaucoup. Cette fatale passion devait me coûter cher et, comme en définitive, je suis là pour ne rien cacher de ce qui peut vous intéresser, bien que j'en rougisse et j'en souffre encore aujourd'hui, je vais vous faire ma confession tout entière.

Le voyage que je vais vous raconter est celui pendant lequel je me brouillai définitivement avec l'eau-de-vie. Le Rouget et moi nous étions à Maurice, où nous avions mangé et bu jusqu'au dernier sou de nos économies, quand un Gênois vint nous proposer un voyage de caravane, d'où nous reviendrions avec une forte somme, si nous voulions suivre ses conseils et faire tout ce qu'il nous dirait à bord. Nous acceptâmes avec plaisir et sans réflexion, moi surtout, qui n'étais pas corrigé et que l'appât du gain attirait. Et pourtant si j'avais réfléchi !... Je savais bien qu'un voyage de caravane consistait à transporter des cargaisons de port en port, et que comme nous n'étions à bord que de simples gabiers, nous ne devions pas en retirer un intérêt énorme.

Enfin !... j'acceptai. Le brick *le Pinson* me plaisait assez. Il était fin voilier, et son capitaine, un Français de Bordeaux, nous reçut à bord avec beaucoup d'amitiés. Je trouvai seulement qu'il y avait beaucoup trop d'hommes d'équipage pour un navire de commerce, mais il me fut répondu que c'était en cas d'attaque des pirates indiens, communs dans les parages que nous allions parcourir. De fait, nous étions armés en guerre. Il y avait même quatre caronades en bronze.

L'équipage donc se composait du capitaine, un Bordelais, du second, un Malaisien, du lieutenant, un Parisien, du maître d'équipage, un Alsacien, tous Français, quoi! mais en revanche sur les vingt matelots nous n'étions que dix Français sans compter le Rouget et moi, trois Provençaux, deux Espagnols, un Malais, un Maltais et le Génois dont je vous ai dit deux mots. Ah! j'oubliais Bibi, le moussaillon.

— Pardon, demanda Cartahut, est-ce que les Provençaux, ils sont pas Français?

— Pas ceux-là, répliqua Rabamor, et tu verras, mon brave, pourquoi j'ai fait cette distinction.

— J'accepte l'excuse !

— En quittant Maurice, nous nous dirigeâmes vers la mer Rouge. Notre première relâche fut aux Seychelles, où nous fîmes de l'eau. C'est là que pour la première fois de ma vie, j'ai vu des caïmans. Ah! monsieur Paul, vous qui aimez la chasse, je m'en vais vous apprendre comment on chasse le caïman dans ce pays-là, sans fusil ni sabre.

Nous étions à rouler nos barriques d'eau sur une petite rivière; quand un des nègres qui nous aidaient poussa un cri. Un caïman s'avançait vers nous. Il était à cent pas à peu près.

— Ne bougez pas, fit le nègre, en appelant ses compagnons, à qui il montrait le monstre.

La chasse au caïman.

Ceux-ci le suivirent avec empressement. Le nègre prit sa course vers le caïman, qui, voyant qu'on lui épargnait la moitié du chemin, redoubla de vitesse pour atteindre son déjeuner, car ces messieurs sont très-friands de chair humaine. Seulement le déjeuner, ou si vous voulez, le nègre, arrivé à quelques pas du monstre, tourna bride et se mit à fuir devant son ennemi. Celui-ci, indigné d'un pareil procédé, poursuivit le nègre, qui, arrivé à un arbre, y monta lestement. Le caïman ne se tint pas pour battu et grimpa à son tour le long de l'arbre, comme un vrai lézard. Le nègre, poursuivi jusque dans sa retraite, se sauva sur une des branches horizontales. Le caïman s'empressa de l'y suivre. Mais arrivé à l'extrémité, le nègre se laissa déposer à terre sans lâcher la branche. Aussitôt les autres nègres, accourant à son aide, saisirent cette extrémité de la branche et la secouèrent par saccades. Le caïman furieux de se voir secoué s'y cramponna tant qu'il put avec ses griffes, mais il finit par perdre l'équilibre. Il tourna le corps en bas, puis tomba à une dernière secousse. Les nègres se jetèrent alors sur lui. Le caïman s'était cassé les reins dans sa chute.

Il ne faut pas croire, monsieur Paul, que c'est par hasard que ce caïman a été tué de cette manière. C'est très-ordinaire et tous les jours cela arrive. Mais il arrive aussi que le caïman ne se casse pas les reins, et il faut recommencer la chasse. Le nègre se garde bien de lutter par terre. Le caïman ne se laisse pas prendre deux fois au même piége, c'est sur mer qu'il l'attaque. La lutte est plus sérieuse, mais le nègre est si adroit qu'il en sort toujours triomphant. Il amène son ennemi près d'un rocher qu'il peut tourner, et il en fait faire plusieurs fois le tour au caïman, que sa carapace gêne pour ce mouvement. L'animal impatienté franchit le rocher pour atteindre son ennemi, et le nègre, qui n'attend que ce moment-là, nage entre deux eaux, passe sous le ventre de l'alligator qu'il frappe d'un coup de poignard sous la patte gauche, seul défaut de la cuirasse. Le caïman est presque toujours frappé à mort.

— Et puis si ce n'est pas vrai, nous n'avons pas le temps d'y aller voir. En tout cas, c'est très-original, mais j'aime mieux le récit de votre voyage. Je ne sais pas pourquoi, mais il m'intrigue.

Rabamor pâlit légèrement. Ce n'était qu'à contre-cœur qu'il allait raconter une des plus grandes fautes de sa vie. Mais il l'avait tant de fois rachetée !

— Des Seychelles nous allâmes mouiller à Moka et à Mascate, puis par Surate et Bombay, à Goa, une belle ville où il n'y a que des marins et des soldats et de l'herbe dans les rues. Là, le gouverneur nous chargea pour Ceylan de deux sacs de roupies d'une valeur de cinq cent mille francs.

Le soir même de notre départ, le Génois me frappa sur l'épaule :

— Notre fortune commence, me dit-il. Es-tu prêt ?

Je le regardai bien en face. Il ne sourcilla pas.

— Parle, lui dis-je.

— Viens, me répondit-il.

Et il m'amena sur le gaillard d'avant, où étaient réunis mes trois Provençaux, mes deux Espagnols, mon Malais, mon Maltais et enfin mon pauvre Rouget. Mais dans quel état ! Je ne sais pas quelle drogue on lui avait fait boire, les yeux lui sortaient de la tête, et il gesticulait comme un possédé. Je fus obligé pour le faire taire de lui administrer deux ou trois coups de poing, qui tombèrent sur lui comme une douche d'eau glacée.

— Ah ! bégaya-t-il, si tu en avais goûté ?

Il faut vous dire que les officiers avaient formellement interdit à bord les boissons alcooliques. Or les matelots sont comme les enfants ; ils aiment bien à faire le contraire de ce qui leur est défendu. Je demandai à goûter cette liqueur, dont le Génois s'empressa de me verser une ample rasade. Je la bus avec plaisir. Depuis les îles Sandwich, où je m'étais gorgé d'*ava*, je n'avais bu rien d'aussi fort. Je fis claquer ma langue et j'en redemandai une goutte. Le Rouget étendit machinalement le bras pour m'ar-

Le complot.

rêter. Je lui répondis par une bourrade. La tête me tournait déjà. Au deuxième verre je ne sais ce qui me passa dans le cerveau, mais ma raison fut retournée comme une manche de veste. Au moment où je m'en apercevais et où je me levais pour ressaisir le peu de raison qui me restait, le Génois me fit asseoir. Je lui obéis en le regardant d'un air égaré, et je l'entendis me dire :

— Causons un brin, mais tout bas, l'officier de quart nous enlèverait la bouteille.

— Qu'il y vienne ! fis-je presque furieux, et saisissant la bouteille j'en appliquai le goulot à mes lèvres, et je bus tout ce qu'elle contenait.

Il fallait une tête solide et un coffre cuirassé comme le mien pour y résister. Mon sang bouillait, j'avais des mouvements convulsifs, comme un poisson qui sort de l'eau, et, par malheur, je comprenais ce qu'on me disait :

— Vois-tu, poursuivit le Génois, nous sommes sur un bâtiment pirate. Le capitaine est un bandit qui vient de voler cinq cent mille francs au gouverneur de Goa. Nous allons à Ceylan, où il nous tirera sa révérence sans même nous payer nos journées, et si nous bougeons, si nous avons l'air de nous plaindre, à la mer !

— Cré coquin, fis-je, je le démolirai.

— Chut ! Il est armé en guerre parce qu'on a envoyé un vaisseau à sa poursuite. Il veut pouvoir se défendre et compte sur nous pour cela. Ce serait rendre service à son pays que de le livrer au lieu de le défendre.

— Il faut qu'il s'explique avant.

— Ne vois-tu pas comme on nous regarde avec défiance ? On nous surveille pour que nous ne fassions pas de signal à la côte ou aux vaisseaux qui passent.

En effet nous descendions la côte de Malabar, prenant les amures à tribord pendant la brise du large et à bâbord pendant celle de terre.

— On ne nous donne que peu de vin et pas d'eau-de-vie, continua le Génois, on nous prive même du nécessaire, et le capitaine mettra l'argent dans sa poche. Plus nous serons mal nourris, plus il sera riche.

— Faut qu'il s'explique, répétai-je avec la ténacité d'un homme ivre.

Je me levai et j'allai droit au capitaine, les poings serrés, les yeux hagards, l'écume aux lèvres..

— Failli chien, lui dis-je, est-ce vrai que tu veux nous faire crever de soif ?

Et je levais déjà la main, quand je me sentis saisi à bras le corps. C'était le Rouget qui, malgré ma résistance, m'emporta comme un enfant. Je me réveillai aux fers.

Chose étrange, inexplicable ! Dès ce moment, plus le Rouget buvait, moins sa raison s'en allait. Une lumière semblait veiller dans son intelligence, et cette lumière c'était son amitié pour moi. Dès ce moment aussi, moi, je me remis à boire et j'y perdis ma raison. Continuellement ivre par les soins du Génois, j'étais continuellement furieux contre le capitaine et les officiers. Du reste les cinq autres étaient presque dans le même état.

Je crus voir un commencement d'inquiétude sur le visage des officiers, et je me fis ce raisonnement que puisqu'ils avaient peur de nous, — des honnêtes matelots — c'est qu'il y avait à redire à leur conduite. Et puis, ce qui m'agaçait, c'était de les voir se méfier de nous et faire faire bonne garde autour de l'entrepont, où étaient le vin, le rhum et les sacs de roupies.

Il faut tout dire, la boisson m'avait complétement changé et quand, le matin, je n'avais pas mon petit verre, j'étais inquiet, nerveux, colère, en un mot, les chefs ne pouvaient rien obtenir de moi, pas même l'obéissance. Le Rouget faisait toutes mes corvées, sauf les cas où il ne pouvait me remplacer. Par malheur encore, j'avais une idée fixe, et le Génois savait attiser cette idée, comme un forgeron attise le feu de sa forge, je croyais que nos officiers étaient des traîtres à leur pays et à l'honneur. Ces deux mots sonnaient pourtant bien mal dans la cervelle creuse d'un ivrogne, mais il paraît que le Génois me connaissait mieux que je ne me connaissais moi-même, et à la seule pensée qu'un Français pût trahir la France, je me serais révolté contre l'univers entier.

Puisque je fais ma confession sincère, j'ajouterai que le plus grand tort des officiers était à mes yeux de me reprocher mon ivrognerie et de m'empêcher de boire. Et quand l'ivresse, entretenue à dessein par mon faux ami, était à son comble, je me disais que, s'ils n'étaient plus là, je pourrais boire à mon aise. Jugez de mon état d'abrutissement et de la terrible position dans laquelle je me trouvais. Mais le Rouget, sur lequel, comme je vous l'ai dit, la boisson avait peu de prise et qui feignait l'ivresse pour mieux déjouer les complots de ceux en qui il avait devinés des traîtres, veillait sur moi, et c'est ce qui me sauva, en le perdant, le pauvre!...

Un matin, la vigie signala au large un de ces grands bateaux indiens dont la rapidité tient du prodige et qu'on appelle *Praw*. Il ventait petit frais, la brise de large commençait à régner et l'embarcation signalée tenait notre route.

— Nous sommes sauvés, me glissa le Génois dans l'oreille, je reconnais cette embarcation; c'est celle du gouverneur, qui a deviné en nous des bandits et des pirates et nous fait la chasse.

— Laisse arriver! fis-je.

— Pour nous faire massacrer, ma foi non. Mieux vaut empêcher la défense. Nous forcerons ainsi le bandit à se rendre, et nous y gagnerons de ne pas être pendus et d'avoir une part dans le magot.

— Ah! tu crois! répondis-je hébété. Alors que faut-il faire?

— Viens avec moi.

Je le suivis en jetant un regard de défi sur le second, qui aurait bien voulu entendre ce que nous disions. Je sus plus tard que le Rouget s'était chargé de le lui dire, en promettant de veiller sur nous.

Pendant ce temps le praw nous faisait une chasse en règle. Vers le soir, nous prîmes bâbord amure pour profiter de la brise de terre et prendre le large. Mais cette brise était très-faible, et le courant nous drossait vers la côte. Au jour, le praw avait dis-

Le capitaine déclara qu'il ferait sauter le navire.

paru. On se trouvait près d'une terre montagneuse et boisée, gardée par une ceinture de rochers. Aussitôt que nous en fûmes à une portée de fusil, le praw sortit de derrière ces rochers et nous coupa la retraite. Le combat était inévitable, mais dans quelles conditions?

J'entendis le capitaine crier le branle-bas de combat, je vis le second faire la distribution d'armes et les servants s'approcher des caronades. Je ne pus m'empêcher de tressaillir, et je me passai la main sur la figure. J'étais rouge de honte. J'avais encloué les canons!

— Qui trahit-on ici? me dis-je dans un éclair de raison.

Au moment de faire feu, le capitaine s'aperçut de l'enclouement des caronades, et pâle de fureur il appela tout le monde sur l'arrière :

— Enfants, s'écria-t-il, plutôt que de tomber dans les mains de ces pirates, je ferais sauter le navire, mais nous allons payer chèrement notre triomphe ou notre défaite. Pour cela, il faut nous débarrasser des traîtres qui sont ici et qui ont déjà encloué nos caronades.

— C'est inutile de vous déranger, capitaine, répondit le Génois, des traîtres, il n'y en a qu'un ici, et le voilà.

Et me saisissant par le bras, il me poussa hors du cercle. Je regardais sans comprendre.

— Réponds, traître, est-ce toi qui as encloué nos canons?

Une réaction s'opéra dans mon esprit, et retrouvant mes forces à défaut de parole, je sautai sur le Génois, je le saisis à la gorge, et, le ployant comme un roseau, je le jetai à demi suffoqué aux pieds du capitaine.

— Le traître, dis-je, le voilà, et il y en a d'autres. Je les trouverai. Quant à moi, capitaine, vous me ferez fusiller, je le mérite, mais après le combat.

A peine avais-je dit ces paroles, que le Malais, le Maltais et les Provençaux se mirent sur la défensive en criant :

— A nous Génois, les Indiens arrivent! le *Pinson* nous appartient.

Cette fois j'étais désabusé et seul, sans armes, je m'élançai sur ces misérables, quand le Génois me saisit par une jambe, me fit tomber, et se relevant m'ajusta avec un pistolet tout armé qu'il tenait caché dans sa ceinture. Le Rouget arriva à temps — pour recevoir la balle en pleine poitrine. Il tomba en me disant :

— Il s'est trompé d'adresse. Méfie-toi des autres !

Tout occupé de mon pauvre Rouget qui expirait dans mes bras, je ne fis pas attention au Génois qu'on avait saisi et étroitement garotté. Les Provençaux étaient aux fers. Quant au Malais et au Maltais, ils avaient disparu.

Les cris des pirates me rappelèrent à la réalité. Je mis le corps du Rouget à l'abri, et me saisissant d'une hache d'abordage, je m'élançai, résolu de trouver la mort en expiation de mes fautes. La mort ne voulut pas de moi.

Les balles et les flèches des Indiens commençaient à pleuvoir sur le pont, car nous n'étions qu'à quelques encâblures de l'ennemi. Le capitaine essaie de doubler la pointe de la grande île pour nous écarter de la côte. Il commande la manœuvre, mais le navire vient au vent malgré sa barre. Les voiles sont en ralingue. Je cours au gaillard d'avant, et je vois collé au flanc du navire le Malais qui coupait les drisses et les écoutes des focs. D'un coup de hache je l'envoie dire bonjour aux requins, mais il était trop tard, les Indiens montaient à l'abordage. Ils étaient quatre-vingts environ et nous quinze à peine. La ruse vint en aide au courage.

Il y avait à bord pour maître timonier un Bordelais que nous avions appelé le père Sang-Froid. C'était lui, qui, le premier, s'était aperçu de notre trahison, et dès les premières attaques des pirates il avait cherché à y porter remède.

Comme nous ne pouvions plus nous servir de nos canons, voici ce qu'il avait imaginé !

D'abord, il avait mis les poudres et les fusils à l'abri, puis établi avec des cordages une espèce de filet d'abordage allant du mât de beaupré au couronnement et élevé de quatre pieds au-dessus du bastingage. Enfin, il avait amarré six boulets de nos

Les Indiens montaient à l'abordage.

caronades ensemble dans un fort filet, et fait hisser ce ballot de nouvelle espèce au bas de la vergue de misaine, à bâbord.

Ce n'est pas tout. Il avait ordonné au maître Cook de faire chauffer de l'eau et de la tenir à sa disposition.

Le combat n'était encore qu'à son début, et nous pouvions en prévoir l'issue. Aussi nous nous jetâmes sur les Indiens, moi surtout, avec une rage qui tenait du délire. A chaque ennemi que j'abattai, je m'écriai :

— Encore un, Rouget !

Il arriva un moment où le manche de ma hache se brisa, et ce fut à coups de poings que je continuai ce combat inégal. Tous ceux que je saisissais je les étranglais ou les jetais par-dessus bord.

— Passage, cria tout à coup le Bordelais qui portait une marmite. Trois matelots qui le suivaient en avaient une aussi, et chacun en versa le contenu sur la tête des pirates. Ah ! si vous les aviez vus se rouler sous cette douche d'un nouveau genre ! C'était de l'eau bouillante qu'on venait de leur administrer. Nous profitâmes du moment où ceux qui en étaient atteints se roulaient dans d'affreuses contorsions pour abattre une dizaine d'assaillants.

Par malheur, on ne s'occupait pas assez du navire, tous les matelots étant en train de repousser les Indiens. Le capitaine s'en aperçut, et me voyant sans armes, me cria d'aller à la barre du gouvernail, abandonnée à elle-même. Je dus obéir, à regret je l'avoue, mais si je n'avais pas assez vengé le Rouget, il me restait du moins à venger mon honneur.

J'y étais à peine, furieux de voir les pirates monter comme des tigres le long de notre brick, quand une espèce de sifflement passa sur ma tête, et j'entendis un grand cri et la chute lourde d'un poids énorme. Notre ingénieux Bordelais avait largué le cartahut qui retenait le paquet de boulets, hissé au bout de la vergue de misaine. Le résultat obtenu par cette chute fut prodigieux, sans parler des Indiens tués ou blessés, les boulets avaient défoncé le praw.

Pendant le temps que les Indiens mirent à revenir de leur stupéfaction, je jetai un coup d'œil au vaisseau qui lofait encore plus qu'auparavant; la drisse du petit hunier était larguée, les ralingues du petit perroquet rompues, le petit cacatois cassé en deux et la voile déchirée. J'appelai le Bordelais en lui montrant ces ravages, je lui demandai si je ne devais pas larguer les deux drisses du pic. Il me fit un signe affirmatif, et à peine étais-je à ma manœuvre, que je vis le Maltais se glisser du beaupré sur le gaillard d'avant. C'était l'auteur de toutes ces plaisanteries. Un croc en jambes, un coup de pouce sur la margoulette et à l'eau. Ce fut l'affaire d'une seconde. Je retournai à ma barre sûr désormais que toute manœuvre était impossible. Les voiles de l'avant étaient en pantenne et celles de l'arrière en ralingue.

Le praw défoncé s'emplissait d'eau à vue d'œil et ne devait pas tarder à couler. Cela donnait du courage à nos matelots, mais aussi cela forçait les Indiens désespérés à s'emparer quand même de notre navire.

Malgré notre résistance et les pertes sérieuses que nous avions fait éprouver aux pirates, nous nous sentions perdus. Je voyais avec tristesse le moment où notre vaisseau tomberait par ma faute dans les mains de ces bandits. Pour nous sauver il nous aurait fallu une heure de bonne route. Mais nous allions en dérive, la barre que je maintenais au vent ne gouvernait plus, et n'ayant plus de voiles orientées sur l'avant, nous ne pouvions les orienter sans compromettre le salut du navire et le nôtre.

Nous recommençâmes à combattre, et j'allais me mettre de la partie quand le Bordelais me fit signe d'aller à lui. Les pirates montaient toujours, ils seraient bientôt sur le gaillard d'avant. En ce moment critique, le maître d'équipage, avec mon aide, élève un rempart de barriques pleines d'eau derrière lesquelles il place deux de nos caronades, les seules qu'il avait pu remettre en état et qu'il avait chargées à mitraille. Une fois ces préparatifs achevés, il cria d'une voix forte :

— Quatre matelots dans les hunes pour faire feu sur l'ennemi ; tout le reste dans la chambre où j'ai chargé les armes et fait des meurtrières.

Ce qu'il y a de plus curieux, c'est que le capitaine obéit comme le dernier des matelots. On n'avait pas de temps à perdre. Seulement, pour sauver la dignité du commandant, le Bordelais cria :

— Ce sont les ordres que le capitaine m'a donnés ce matin. Qu'on obéisse !

Recommandation inutile. Chacun était à son poste.

Et les pirates avec de grands cris venaient d'envahir le pont de notre brick. Attention ! nos espingoles chargées avec six balles vomissent sur eux à travers les meurtrières de la chambre une telle masse de plomb, que plus de dix tombent morts ou blessés. Du haut des dunes un feu bien dirigé soutient le nôtre. Les Indiens épouvantés reculent, mais n'ayant plus de retraite, car le praw a coulé, ils reviennent avec des hurlements prêts à reprendre leur revanche, quand une épouvantable détonation se fait entendre. Le Bordelais et moi avions mis le feu aux deux caronades. Quand la fumée fut dissipée, la voix du maître d'équipage se fit entendre. Chacun croyait qu'il allait donner un ordre et écoutait.

— Est-ce qu'il y en a encore? dit le loustic.

Alors, en un clin d'œil, presque joyeux chacun se précipita sur le pont, pour achever sans pitié les Indiens blessés et tuer ceux que la mitraille avait épargnés.

Nous nous comptâmes, nous restions sept, plus le capitaine et un lieutenant. Le Bordelais seul n'avait pas reçu une égratignure. Quand nous voulûmes le féliciter :

— Pas la peine, camarade, répondit-il, je n'ai fait qu'obéir aux ordres du capitaine.

Il y avait dix heures que nous nous battions, chacun sentait le besoin de se refaire et de se reposer, moi surtout dont le corps était une véritable pelote ; mais au moment où, tout à la joie d'une victoire, nous songions au repos, une violente secousse ébranla le navire, nous venions d'échouer.

La mer était calme et le vent léger. Notre sauvetage offrait peu de dangers, seulement nous ne savions pas si l'île où nous allions aborder ne renfermait pas de nouveaux pirates, et la crainte de tomber entre les mains des Indiens après notre victoire nous épouvantait.

La première embarcation qui se dirigea vers la terre contenait cinq hommes armés. Trois restèrent sur le rivage, les deux autres ramenèrent le canot. Alors le déchargement du *Pinson* commença, d'abord l'argent, puis l'eau douce et les munitions. Quant aux provisions de bouche, l'eau ayant gagné l'entre-pont, nous ne pûmes sauver que deux sacs de biscuit et quelques livres de viande salée. Il était près de six heures quand nous abandonnâmes le *Pinson*. Mal enclavé où il avait touché, la marée en baissant le laissa glisser de telle façon que la mer recouvrit bientôt son pont.

A cette vue, je bondis et me précipitai à la nage. Le Bordelais m'arrêta. Le capitaine en s'avançant me dit d'une voix sévère :

— Tu n'as ni à fuir ni à te suicider. Tu es notre prisonnier. Attends que notre tribunal ait prononcé sur ton sort.

— Capitaine, répondis-je avec respect, vous oubliez que dans le navire est le Génois, celui qui m'a perdu et a failli tous nous perdre. Le laisserez-vous mourir sans jugement ?

— Soit, va le chercher, mais hâte-toi.

Ce n'était pas le Génois que j'allais chercher. La mer devait en avoir fait justice, mais le corps de mon pauvre Rouget, allais-je donc le laisser manger aux poissons, quand je pouvais lui donner une sépulture chrétienne ?

J'arrivai sur le haut du pont que la mer n'avait pas encore envahi. Je vis dans le coin où je l'avais placé le Rouget qui dormait son dernier sommeil. Je le chargeai sur mon épaule. Oh ! il ne pesait pas lourd, tout son sang était sorti par sa blessure ! et je descendis dans le canot que le capitaine avait envoyé pour me reprendre.

Je débarquai avec le Rouget qui n'avait pas quitté mes épaules. Chacun connaissant notre amitié se taisait devant ma douleur et, comprenant le motif qui dictait ma conduite, personne ne s'opposa à mon débarquement. Une fois à terre, je pris un sentier qui conduisait à une masse de rochers et je déposai mon précieux fardeau sur le bord d'un petit ravin. Nous n'avions pas d'outils, mais je brisai une grosse branche que j'affilai avec mon eustache et je me mis à creuser avec rage un trou assez profond pour qu'il fût à l'abri des oiseaux de proie, et quand il fut creusé, j'y plaçai le Rouget. Une prière, un dernier serrement de main et quelques pelletées de terre... Ce fut tout. Par-dessus j'entassai de grosses pierres et de ma branche je fis une croix. Le Rouget avait une tombe chrétienne!...

Il était nuit. J'étais brisé de fatigue. Je m'endormis à côté; c'est là que mes caramades me trouvèrent le lendemain. J'avais froid, mes blessures me faisaient horriblement souffrir, et c'est à peine si je pouvais marcher, mais je me disais en moi-même que je n'en avais pas pour longtemps à vivre. Je méritais la mort pour ma trahison et j'espérais bien qu'on me ferait justice.

Pourtant, quand je demandai l'heure de mon jugement, le Bordelais haussa les épaules, et le capitaine me tendit la main.

— Je ne suis pas digne de la prendre, répondis-je, mais l'émotion que me causa cette bonté du capitaine jointe à mes blessures et à mes fatigues me causa un éblouissement tel que je m'évanouis. Quand je revins à moi, le Bordelais voulut m'humecter les lèvres avec du rhum. Je crus qu'il me donnait du vitriol à boire. Je le repoussai avec énergie :

— Je jure, dis-je tout pâle et en tournant les yeux vers la tombe de Rouget, de ne jamais boire ni eau-de-vie ni vin.

C'était assez s'occuper de moi. Il fallait songer au salut de tous, nous étions bel et bien tombés dans un nid de pirates. L'idée que nous courions un grand danger et qu'il allait falloir peut-être en découdre avec les Indiens ranima mes forces, et je me mis à la disposition du Bordelais qui depuis le combat m'affectionnait beaucoup, sachant quel parti il pourrait tirer de ma force et de mon courage. Du reste, je vous le dis encore une fois, je n'attendais que la mort et je préférais mourir en combattant que fusillé comme un chien.

D'abord nous transportâmes au sommet d'un rocher élevé qui s'avançait en pointe dans la mer non-seulement nos provisions et nos armes, mais même encore nos deux canots. Puis nous creusâmes un fossé assez profond dans le sable auquel, avec des éclats de roches, on fit une espèce de parapet. Enfin on fit la distribution des vivres et je demandai à n'avoir que demi-ration. Je n'avais pas le droit de manger autant que les autres.

La journée et la nuit se passèrent sans incidents. Le lendemain au petit jour, nous aperçûmes trois praws se dirigeant de notre côté. Le Bordelais qui avait flairé cette attaque n'avait pas jugé à propos de nous effrayer, mais il avait parfaitement distingué des Indiens qui, cachés derrière les rochers, guettaient notre débarquement; n'étant pas en nombre, ils avaient été chercher du renfort et c'était ce renfort, qui arrivait.

D'un autre côté le Bordelais, qui connaissait les Indiens comme sa poche, savait que ces messieurs professent un profond respect pour tout ce qui est fortification. Un simple fossé avec parapet les arrête. Ceux qui venaient nous attaquer devaient nécessairement s'arrêter court devant notre forteresse. Abrités derrière nos canots qu'on avait mis la quille en l'air, nous attendîmes l'assaut, mais les Indiens n'essayèrent même pas de franchir le fossé et rebroussèrent chemin en désordre, salués par nos coups de fusil qui en étendirent deux ou trois. Ils revinrent plusieurs fois, et leur nombre se doublait à chaque visite. Ils étaient bien un millier qui entouraient le rocher.

Le danger n'était pas là. Nous sentions que jamais ils n'oseraient franchir nos fossés, mais nos vivres diminuaient. Les gredins nous prenaient par la famine.

Cela dura huit jours. Nos rations s'épuisaient, bien qu'on les eût réduites de moitié. Tout à coup nous aperçûmes une voile européenne qui pointait à l'horizon. Les voiles de nos embarcations furent plantées au bout de nos rames. On tira des coups de fusil. Mais la voile disparut. Seulement nous remarquâmes qu'à la vue de cette voile, les Indiens avaient filé avec leurs praws, ne laissant à terre qu'une centaine d'hommes pour nous garder.

— Je vois ce que c'est, dit le Bordelais. Cette voile est celle d'un croiseur anglais qui fait la chasse aux pirates pour le compte de sa nation. Je suis sûr qu'il ne s'éloignera pas. Le tout est d'aller le retrouver.

L'idée était bonne, mais l'exécution était loin d'être facile. Il fallait d'abord déjouer la surveillance des Indiens, puis affaler un de nos canots du haut de notre rocher dans la mer.

Dès que la nuit fut venue, voyant que la plage n'était pas très-bien gardée, car nos ennemis ne se doutaient pas que nos canots fussent en état de prendre la mer, nous nous mîmes à trois dans un canot et l'on nous descendit du haut de notre falaise. On avait tiré au sort à qui tenterait l'entreprise, mais j'avais demandé à en être, et je pris la place d'un pauvre diable qui ne tenait guère plus sur ses jambes.

Parvenus à la mer, nous détachâmes les cordes qui retenaient notre canot, puis, ramant avec la plus grande précaution, nous nous éloignâmes sans être poursuivis.

Il y avait trois heures que nous naviguions avec vigueur, quand nous aperçûmes à tribord une lumière. Le vent ayant fraîchi, nous hissâmes notre voile et nous avançâmes plus rapidement. La lumière nous apparaissait de plus en plus brillante, et pourtant personne ne répondit à nos cris et aux détonations de nos fusils. Une heure se passa ainsi dans une cruelle incertitude.

Tout à coup nous aperçûmes à fleur d'eau une autre lumière, moins vive et moins grande que la première, qui avançait rapidement vers nous. A peine nous étions-nous levés pour héler ceux qui venaient à nous, qu'un coup de fusil troubla le silence de la nuit et qu'une balle siffla à mon oreille. Alors une voix nous ordonna, en anglais, de nous arrêter.

Plus de doute. C'était l'embarcation du navire que nous cherchions. Nous étions sauvés. La frégate anglaise qui nous secourut était le *Roal-West*, une des frégates de la Compagnie des Indes les plus connues sur la côte.

Quand nous eûmes pris des forces devant un bon repas, nous

racontâmes nos aventures, et le capitaine s'empressa de rallier les naufragés du *Pinson*.

La brise de terre était favorable et la frégate gouverna de telle façon que, lorsque deux heures plus tard le soleil se leva, nous aperçûmes la pointe de la falaise sur laquelle nos amis étaient réfugiés. Malheureusement la brise du large arriva et nous força de louvoyer. Le capitaine profita de ce retard pour déguiser sa frégate en praw indien. Les matelots anglais eux-mêmes se déguisèrent avec des turbans.

Les pirates qui gardaient nos camarades, trompés par l'apparence du navire, ne doutant plus que ce ne soit un Indien, se précipitent en masse sur la plage pour le voir tout à leur aise. Alors la frégate, démasquant tout à coup ses caronades chargées à mitraille, fait feu et couvre la grève de morts.

Cinq minutes après, trois embarcations montées par soixante hommes abordent l'île et délivrent nos compagnons.

Une fois que nous fûmes tous embarqués, je priai le capitaine de régler mon affaire. La vie m'était à charge, et il me tardait d'aller retrouver le Rouget. Un conseil s'assembla et à l'unanimité me condamna à mort. A l'unanimité aussi, il déclara que je resterais prisonnier jusqu'au port le plus prochain, où je serais rendu à la vie et à la liberté.

Revenons au vaisseau anglais qui nous avait sauvés et dont le capitaine était surtout désireux de nous venger des pirates indiens. Comme je vous l'ai dit, il leur avait déjà donné une leçon, mais ce n'était pas assez, il voulait la donner plus complète.

Le Bordelais souriait d'un air incrédule et narquois aux menaces de l'Anglais, et je l'entendais marmotter :

— Prends le large ! c'est tout ce que tu as de mieux à faire ! Quand on trouve ces gredins en mer on les coule très-bien, mais aller les chercher chez eux, ce n'est pas prudent.

Le lendemain matin, la corvette laissa tomber son ancre, et

trois embarcations armées de soldats de marine et munies des objets nécessaires pour une descente, furent envoyées vers une crique éloignée où l'on apercevait plusieurs praws, en partie cachés sous des arbres. J'aurais bien voulu en faire partie, mais j'étais « condamné », et le capitaine anglais répondit sèchement à mes camarades :

— Je n'emploie jamais d'étrangers au service de Sa Majesté britannique.

— Tant pis pour Sa Majesté britannique! riposta le Bordelais.

Mais le jour et la nuit se passèrent sans qu'on vît revenir les embarcations. Les praws n'avaient pas bougé de leurs abris. De l'expédition, nulle trace.

Le lendemain, il fut résolu qu'on enverrait un canot avec l'ordre de ne pas aborder.

Le canot disparut comme les autres. Seulement nous entendîmes cette fois une vive fusillade, qui s'éteignit presque aussitôt. Les praws étaient toujours immobiles sous leurs abris.

Soixante hommes étaient perdus sans profit pour l'Angleterre. Le capitaine était désolé et nous partagions sa douleur. Trois jours après, il ordonna l'appareillage. On vire au cabestan et plusieurs gabiers montent dans la mâture pour défiler les voiles, quand tout à coup une grêle de balles, partant de derrière les rochers qui flanquaient notre droite, tue et blesse plusieurs hommes. Deux de ces derniers tombent à la mer. On veut leur jeter des cordes, impossible. Tous ceux qui se montrent au-dessus des bastingages deviennent des points de mire pour les pirates embusqués.

Ce fut alors un cri d'épouvante à bord. Ne pouvant déferler les voiles, il fallait attendre que le vent nous poussât directement du mouillage au large, c'était le seul moyen pour abandonner la baie à sec de voiles. La lune, pour surcroît de malheur, était dans son plein, et la nuit ne nous offrait pas les ressources de l'obscurité !

Le capitaine anglais était humilié. Le Bordelais riait dans sa barbe.

— En voilà des boulettes, murmurait-il, nous sommes capables de rester là jusqu'à la fin de nos jours. Il ne peut donc pas faire larguer ses voiles ?

— Et comment vous y prendriez-vous, mon ami, pour appareiller, *if you please* ?

C'était le capitaine anglais, qui avait entendu le Bordelais et lui faisait cette question sans le regarder.

Les matelots qui étaient là entendirent aussi, mais ils ne comprenaient pas le français, seuls mes compagnons écoutaient avec un air qui disait : « Il y vient l'Englisch. » Le Bordelais s'en aperçut, et comme il avait un profond respect pour tout ce qui porte l'épaulette, il ôta sa casquette, et répondit :

— Capitaine, je mettrais à exécution l'idée que vous aviez ce matin.

L'Anglais ne broncha pas :

— Vous croyez ? ah ! bien !.. Merci... dit-il.

— Seulement...

— Ah ! il y a un seulement.

— Oui, capitaine, sauf votre respect. Pour faire hisser vos gabiers dans les hunes et sur les basses vergues par l'autre bord et à l'abri des bas mâts, vous avez raison, ça les garera des balles et ils seront tous prêts pour la manœuvre. Le grand amiral qui est là-haut n'aurait pas mieux trouvé.

Le capitaine eut un tressaillement, mais ne bougea pas.

— C'est votre idée, elle est donc bonne. Pour lors, vous faites charger les caronades jusqu'à la gueule. Vous attendez qu'il fasse calme, et puis feu partout. C'est très-bon.

L'Anglais ne put s'empêcher de se retourner, mais il se maintint toujours roide et dit froidement :

— Oui, c'est là mon idée. Par malheur je ne peux faire feu contre les rochers.

— Aussi, au lieu de mettre des boulets, moi, — pardon, capitaine, c'est là le seulement dont je vous parlais... — Je n'en mettrais pas et ça ferait autant de fumée, allez, et comme vous le disiez, cette fumée rendrait la corvette invisible aux pirates. Pendant ce temps-là, comme vous le disiez toujours, vos matelots largueront les voiles sans danger et nous pourrons *fiche notre camp!* Ah! capitaine, puisque vous demandez l'avis d'un simple matelot comme moi, mettez votre idée à exécution.

Une heure plus tard, grâce à ce conseil, aussi délicat qu'habile, la corvette jetait des tourbillons de fumée, les gabiers larguaient les voiles et nous appareillions sans être inquiétés. Quelques jours après, nous débarquions à Trinquemaly.

— Et le capitaine n'a rien donné au Bordelais?

— Il lui a fait cadeau d'une poignée de main et d'une montre en or.

— Oh! une poignée de main!

— Les officiers anglais en sont avares pour tous ceux qui ne sont pas de leur grade. Si le Bordelais avait été Anglais, il n'aurait eu que la montre.

Mais l'heure s'avance et je craindrais, monsieur Paul, de vous fatiguer. Si je ne vous ai pas trop ennuyé, je recommencerai un autre soir.

— Hé là-bas, chacun son tour, dit le père la Gloire.

— C'est juste. Enfin, monsieur Paul, voilà pourquoi et depuis quand je ne bois plus. Je suis devenu, j'ose le dire, un bon marin de l'État. Et aujourd'hui, de tous mes souvenirs, c'est celui du Rouget, qui seul, a le don, en me rappelant mes fautes, de faire de moi ici ce que j'ai été à bord.

Les larmes suffoquaient le narrateur. Il n'y put tenir et se retira. Paul se promit de le faire parler encore, pendant que les autres marins discutaient à qui parlerait le lendemain.

PENDANT CINQUANTE ANS IL FUT A LA RECHERCHE DE LA PERLE BLEUE.

Partage du butin après un naufrage.

CHAPITRE V

Le Breton Yvonnec. — Les naufrageurs de la Bretagne. — Naufrage du *Colibri*. — Les vaches porte-falots. — Les pilleurs de mer en Écosse. — Les côtes de la Bretagne. — Les lutins. — Le *Koriyan* et le *Drac*. — Le *Double*. — Saint-Malo et les chiens du port. — Le Breton recueilli par un vieux pêcheur. — En Islande. — Le tour du monde. — Jaffa, Ophir, les Cyclades, l'Afrique, les pôles, les Lapons. — Le Gobelin, lutin des navires. — La statue de Saint-Antoine. — Les Hirondelles. — Le Voltigeur-hollandais. — Le grand Chasse-foudre. — Le voyage fantastique. — Un village du Calvados. — Retour au village. — La fiancée de 70 ans. — La 1re communion de la sœur du matelot.

Le lendemain Paul s'éveilla plus tard que de coutume, Clinfoc avait jugé à propos de le laisser dormir, puisque la veille, malgré ses observations, le capitaine avait jugé à propos de le laisser parler.

La première personne que Paul aperçut, debout à son chevet, fut Yvonnec, le Breton-bretonnant à qui il n'avait pas encore adressé la parole et qui lui-même n'avait pas encore ouvert la bouche pour faire sa partie dans le concert oratoire joué autour du lit du blessé. Il est vrai que toutes les fois qu'il ouvrait la bouche, le rire sardonique de Rabamor ou les joyeuses exclamations du père la Gloire la fermaient plus vite qu'elle ne s'était ouverte. D'un autre côté, sa figure un peu sombre, sa voix sourde, son regard atone inspiraient peu de sympathie pour l'homme et peu de confiance dans l'orateur.

Mais ce jour-là, aux premiers rayons de l'aube que tamisaient les carreaux ruisselants de buée, le Breton s'était comme transfiguré. L'œil s'éclairait de joyeux reflets, la bouche dessinait un sourire presque spirituel, et sa voix sembla briser les cloisons qui l'emprisonnaient dans le fond de la gorge pour laisser tomber ces phrases assaisonnées de sel marin :

— Eh bien ! monsieur Paul, comme ça, vous v'là *rahuché?* on n'a plus qu'à enverguer ses *frusques* de fête, quoi? Vierge Marie, vous en teniez, mais là d'aplomb. Je connais ces sortes de grains. On n'a pas le temps de dire un *pater*, que crac !... enlevé le cacatois. Une balle, ça vous saute à bord quand on ne s'y attend pas et ça vous tombe par le travers avant d'avoir pu pousser la barre tribord ou bâbord pour la parer, mais à présent, hisse le grand foc !... Attrape à mettre à l'eau le *youyou!*...

Et ce disant, le Breton serra la main de Paul étonné de ce flux de paroles et de ce geste d'amitié, si peu familiers avec les habitudes du marin.

Paul allait répondre, quand le capitaine parut sur le seuil :

— Il parle donc, celui-là, s'écria-t-il.

— Oui, mon oncle, mieux vaut tard que jamais.

— Bonjour, petit, comment va, ce matin?

Et l'oncle embrassa Paul sans plus s'occuper du Breton qui, reprenant ses allures timides et hargneuses, gagnait discrètement la porte. Là il reçut une bourrade de Clinfoc qui entrait.

— Il n'y a donc pas de vigie à ta grand'hune, que tu abordes sans crier gare? lui dit le vieux matelot.

Yvonnec le regarda de travers et sortit sans répondre. Cela ne faisait pas le compte de Clinfoc, qui courut après lui et le ramena, sans résistance du reste.

— Que faisais-tu là? Le petit dormait. Tu l'as réveillé, pas vrai, pour qu'il voie ta face blême à son réveil. Écoute, bavard, prends bien garde à ce que je vais te dire. Oriente-toi à ne pas faire d'embardées, parce que si tu tombes sous mon écoute !...

— Que vous ai-je fait, reprit doucement le Breton, que vous soyiez toujours pour moi comme une bouline de revers?

— Ce que j'ai?... Tu vas le savoir. Mais entre; la porte ouverte, ça fait un courant d'air. Bonjour, le petit. Capitaine, je vous salue.

Paul ayant souri au vieux matelot, le capitaine ayant grogné un bonjour, Clinfoc s'approcha du lit dont il arrangea les couvertures, souleva l'oreiller sous la tête du malade, lui versa à boire une cuillerée de sa potion, sans faire attention aux yeux furibonds du capitaine qui finit par s'écrier :

— Ah ça! vieux désemparé, est-ce que j'avais besoin de toi pour faire le service? C'est pas malin, j'espère.

— Vous n'êtes pas capable de commander la manœuvre du ménage, mon capitaine, riposta froidement Clinfoc.

Le père Vent-Debout allait répondre, ce qui eût été le prélude d'une de ces éternelles disputes du capitaine et de son matelot; mais Paul d'un signe apaisa son oncle. Clinfoc n'y fit même pas attention ; il était stupéfait !

En jetant un regard circulaire autour de lui pour parer au désordre habituel d'une chambre à coucher quand on s'éveille, Clinfoc s'était aperçu que tout était à sa place, le parquet soigneusement nettoyé, le feu allumé, la bouillote sur le feu. Bref, tout était en ordre. Qui donc s'était permis de faire son travail?

Quel intrus s'était permis de profiter d'une matinée que lui, Clinfoc, n'avait pas voulu employer pour ne pas réveiller le malade?

Il rageait en dedans, mais n'osait rien dire, ne sachant sur qui passer sa colère, quand le Breton lui dit avec une pointe de raillerie :

— Ça vous fâche?...

Paul et son oncle éclatèrent de rire. Clinfoc se retourna, mit les mains dans ses poches — jusqu'au coude — et dédaigneusement laissa tomber ces mots :

— Y a pas de quoi rire !... Ce paroissien-là me fera avaler ma gaffe dix ans trop tôt! Et puis, quoi, je n'aime pas les Bretons!

— Faudrait voir à savoir pourquoi?

— Il y a peut-être une histoire là dedans, dit Paul. Le plus curieux serait d'entendre Clinfoc la raconter.

— Ce n'est pas l'heure de dormir, répliqua aigrement le capitaine.

— Tiens-tu à savoir le pourquoi de la chose, Breton?

— Si ça ne vous déplaît pas, matelot.

— Eh bien? — Et le vieux Clinfoc enfonça davantage les mains dans ses poches, ce qui lui fit renflouer les épaules, position qu'il prenait toujours pour toiser avec mépris ses adversaires et même tous ceux qu'il « avait dans le nez ». — Eh bien! voilà. Tes côtes de Bretagne, ce ne sont que des nids de brigands. Et pour qui a vu ces côtes, ça n'a rien d'étonnant, sinueuses, décharnées, creusées par les embouchures des fleuves, elles sont défendues par un tas de rochers noirs comme la bouche du diable, aux pieds desquels sont des sables mouvants qui vous engloutissent comme un requin avale le harpon.

— C'est la faute du bon Dieu, ce n'est pas la nôtre.

— Avec ça que vous n'en profitiez pas!... dans le temps, car aujourd'hui, vous êtes à moitié civilisés. Mais je reviens à mon affaire. J'étais mousse à bord du *Colibri*, un bateau pêcheur de Paimbœuf, où mon père m'avait fait embaucher pour m'appren-

Les naufrageurs.

dre la discipline sur mer, puisque je ne pouvais pas l'apprendre sur terre. Mais minute. Ce n'est pas le cas d'en parler.

Où allions-nous ? Je ne le savais point.

Il paraît qu'on allait pêcher à la morue. Un drôle de métier. Enfin !... Bref, le temps, qui était beau au départ, commença à bouder, comme nous approchions de la Pointe de Raz. Un satané cap, entre nous soit dit, où s'élevait une grande ville dont la mer a pris la place. Ça lui arrive souvent, à la bonne vieille femme. Il paraît même, quand les sables sont soulevés par l'ouragan, qu'on aperçoit au fond de la baie de larges troncs d'une couleur noire. Alors des gémissements répondent aux rafales : ce sont les cris des habitants qui ont bu à la grande tasse et n'ont pu encore digérer le bouillon.

Quel drôle de pays ! Mais minute ! Ce n'est pas encore de ça qu'il s'agit.

Donc, à peine avions-nous dépassé Plogoff, que le ciel devient tout rouge; la mer commence à se fâcher tout à fait et notre bateau danse un quadrille sur le sommet des vagues. Pas de mal encore; on envoie un gabier en vigie avec l'ordre de prévenir dès qu'il aurait connaissance des côtes. La nuit était venue, et le vent soufflait de tous côtés. Notre bateau tournait comme une toupie et, d'un commun accord, on décida de se laisser aller au vent qui, venant des côtes, nous en éloignerait. Au bout d'un moment, le gabier en vigie cria : « Fanal de navire au large ! »... On se précipita sur le pont et, en effet, au large on aperçut une lumière balancée par les vagues. Voilà que ça commence. Breton, tiens-toi bien.

— Je n'ai pas peur !

— Attirés par l'espoir et nous croyant plus éloignés des côtes, nous nous laissâmes porter sur le fanal, et notre navire alla échouer sur les récifs qui brisèrent le bateau et nous jetèrent sur une grève sauvage, où nous trouvâmes une hospitalité charitable.

— Ah ! ah !

— Oui, Breton, l'hospitalité des pilleurs de mer, autrement dits les naufrageurs, qui nous avaient joué ce joli tour. Ces gredins-là savent que les naufrages sont communs sur leurs côtes : c'est ce qui entretient chez eux un amour du pillage que rien n'a pu détruire. Tous les objets que la tempête et la mer apportent sur leurs côtes sont à eux. Voleurs !

— Je connais ça, dit sérieusement le Breton, mais il n'y a plus guère de naufageurs. Et quand même, il y a des braves gens en Bretagne qui se croiraient deshonorés s'ils participaient à ces vols.

— Oui da! je n'en crois rien. La foule suit la foule, et tous

Ils attachent une lanterne sur la tête d'une vache.

vous courez au rivage vous partager la dépouille des naufragés. Vous ne savez pas, monsieur Paul, comment ils s'y prennent pour attirer sur les récifs les navires en danger.

C'est bien simple. Ils attachent une lanterne sur la tête d'une vache, et, après avoir entraîné l'animal vers la grève, ils le font marcher la nuit sur les rochers battus par la tempête, derrière lesquels leurs camarades guettent avec des gaffes, des crampons et des cordes. La lumière oscille, va de l'avant, va de l'arrière. Ça la fait ressembler à celle d'un fanal de navire balancé par la mer. Les marins tourmentés au large croient à cette lumière comme on croit à l'étoile de la Vierge. Et va te promener le navire!... Voilà pourquoi j'en veux aux Bretons!...

Et les bras tout entiers de Clinfoc disparurent dans ses poches profondes.

— Il est de fait, reprit le capitaine, qui eût été furieux que son matelot parlât seul, qu'autrefois dans certaines parties de l'Allemagne, on priait Dieu publiquement pour qu'il y ait beaucoup d'échouements sur les côtes. Il s'était glissé un abus assez singulier dans les temples protestants du Hanovre. On y faisait des prières publiques, surtout pendant les tempêtes, pour demander au Ciel que les marchandises ou autres effets des vaisseaux qui font naufrage dans l'océan Germanique, fussent jetés sur les côtes de ce pays plutôt qu'ailleurs, afin d'en pouvoir profiter. Le conseil chargé de la Régence en l'absence du roi Georges, son souverain, défendit sous de rigoureuses peines de continuer ces prières.

— Je l'ai lu aussi, répondit Paul; il existe même sur les côtes de l'Angleterre toute une flottille de bateaux montés par des marins avides, rôdant sans cesse dans le voisinage des bancs pour épier les navires, les sauver de gré ou de force d'un péril parfois imaginaire, et rançonner ensuite les armateurs que la loi met à leur discrétion.

— Les braves gens! dit Clinfoc, n'est-ce pas, Breton?

— Leurs compatriotes les appellent naufrageurs. Jadis ils attendaient à la côte les épaves que la tempête y poussait; maintenant ils vont les chercher en pleine mer. Le mal est arrivé à un tel excès, que la France s'en est émue et a dénoncé en termes énergiques ces actes odieux au gouvernement anglais.

— Mon ami, reprit le capitaine, tu commets la même faute que Clinfoc, qui pour un crime isolé commis sur les côtes de Bretagne en accuse tous les Bretons. Il n'y a pas de pays dont les institutions de sauvetage aient rendu plus de services aux naufragés que l'Angleterre. Ses établissements sur tous les points de son littoral en sont la preuve. Ses sauveteurs sont dévoués et désintéressés. Je ne doute pas que le peuple anglais ne fasse un jour justice des odieuses spéculations des naufrageurs et de ces instincts de piraterie, derniers vestiges d'un autre âge.

— Oh! je vous crois, mon oncle. Je regrette que mon vieux Clinfoc n'ait pas compris que les Bretons ne peuvent pas être responsables du crime de quelques-uns: Je regrette surtout qu'il n'ait pas pu admirer, comme moi, les côtes dentelées de la vieille Armorique, dont la vue remplit mon âme de poésie.

— Merci, monsieur Paul, dit humblement le Breton. Du reste, ajouta-t-il un peu plus bas, qui dit marin, dit poëte. La mer, comme la poésie, est pleine de mystères. Elle nous rapproche de Dieu par la contemplation et le rêve; le marin qui ne prie pas n'est pas digne d'être marin.

Chacun se regarda, étonné de ce langage peu en harmonie avec le ton habituel du Breton. Celui-ci, comme étonné lui-même, reprit plus haut, en s'adressant à Clinfoc:

— C'est raisonné comme un oracle, pas vrai, vieux?

— Toi, tu cours des bordées en louvoyant pour marcher contre le point d'où souffle le vent. On ne sait pas plus ce que renferme un Breton que ce que contient la goëlette d'un négrier.

— Bon! Quand il a dit ça, ce qui arrive souvent, il croit avoir cargué et serré une misaine!

Paul s'adressa au Breton:

— Yvonnec, je ne vous demande pas qui vous êtes, mais je suis sûr que votre vrai langage est celui que vous teniez tout à l'heure quand vous vous parliez à vous-même. Vous m'avez refusé de raconter votre vie. Je ne vous le redemande pas. Mais, parlez-moi un peu, sinon de vous, du moins de votre pays.

Le Breton se taisait. Appuyé contre le mur, les bras croisés et sa jambe droite repliée sur la jambe gauche, il jetait sur le jeune blessé un regard mouillé de larmes qui en disait plus long que tous les récits des marins. Clinfoc avait ôté les mains de ses poches, et, furieux qu'on ne répondît pas de suite à son maître, semblait tout prêt à s'élancer sur le Breton.

— Eh bien, continua Paul, si cela vous répugne, dites-nous quelques-unes des légendes de votre mystérieux pays, dont les côtes sont pleines d'esprits et de lutins.

— N'est-ce pas, monsieur Paul, que vous y croyez aux esprits et aux lutins? s'écria Yvonnec en changeant de position, d'air et de langage.

— Pourquoi pas? Il n'est pas besoin d'être né au moyen âge pour saisir par ses beaux cheveux flottants le lutin de la chaumière ou de la barque, de la plaine ou de la mer. Chez toutes les nations de l'Europe, dans toutes les provinces de la France, sur toutes les côtes de l'Océan ou de la Méditerranée on le rencontre ce lutin charmant et terrible qui peuple les veilles et les nuits des paysans, des pêcheurs et des marins. Il se plaît surtout chez ceux qui ne peuvent réagir que par l'imagination contre la rude misère de leur vie matérielle: *Kobold* en Suède, *Korigan* en Bretagne, *Follet* en Berry, *Orco* à Venise, il s'appelle le *Drac* en Provence. Il en est de même d'un autre esprit, plus fâcheux et plus sinistre, qu'en tous pays on appelle le *Double*. Oh! celui-là!

— Paul! mon ami, ne t'anime pas tant!

— Laissez, laissez, cria le Breton.

— Yvonnec a raison. Laissez! Il y a si longtemps que je n'ai parlé, et vous le savez, mon oncle, j'aime le surnaturel. C'est votre faute ça, bien souvent vous m'avez raconté des histoires....

— Ne parlons pas de ça, dit l'oncle en se levant.

— C'est la faute du Breton, grommela Clinfoc.

— Un jour que vous m'avez parlé de ces lutins en esprit fort que vous êtes, vous, j'ai voulu voir un lieu hanté par eux. Je ne vous le disais pas, mais, sans le vouloir, vous m'y avez amené. C'était non loin de Saint-Malo...

— Je t'en prie, Paul.

— Ah! vous pâlissez, mon oncle.

— Des hauteurs du cap Frehel, je descendis seul dans une de ces nombreuses petites anses que forme la dentelure des falaises à pic. Le décor était splendide, et bientôt, gagné par le grand spectacle de la mer agitée, j'oubliai tout ce qui n'était pas elle et dans un de ces rêves dont on n'a, Dieu merci! à rendre compte à personne, je me représentai le monde impalpable qui doit peupler l'immensité et l'inconnu. Aucun sentier ne m'avait amené à la cachette formée par la mer où le sable blanc et chaud, pur de toute empreinte, m'invitait à rêver. Figurez-vous une forêt à perte de vue de rochers plantés dans la mer ; ces écueils innombrables et présentant les formes les plus inouïes n'étaient pas des fragments écroulés de la montagne, mais des blocs surmontés d'aiguilles formant le sommet d'autres montagnes submergées. L'eau brillante d'un bleu presque noir détachait en gris blafard cette armée de spectres livides imprégnés de sel. Le soleil, qui les blanchissait encore, jetait sur ces apparitions je ne sais quelle effrayante gaieté. Nul être humain ne pouvait sans danger parcourir ces écueils et nul être terrestre ne pouvait y vivre. Pas un brin d'herbe, pas un lichen, pas même un débris de plante marine sur ces îlots, et pourtant cela donnait le vertige. Mon esprit allait de roche en roche, enivré de ces curiosités comme s'il eût voulu vivre d'une autre vie. Eh quoi ! m'écriai-je, ce monde merveilleux de l'abîme n'aurait pour hôtes que des muets et des aveugles, les poissons et les coquillages ? Non, je ne pouvais pas le croire. Il devait y avoir là quelqu'un de ces esprits dont j'enviais la vie mystérieuse et l'ineffable liberté.

Le capitaine, debout, presque livide, écoutait son neveu avec un effroi que semblait expliquer un souvenir terrible.

— En quittant ce Carnac maritime, reprit Paul, je voyais les pêcheurs amarrer leurs barques et réparer leurs agrès d'un air absorbé. Ils n'entendaient pas un mot de français et ne se parlaient pas non plus entre eux dans leur dialecte. Sombres et rêveurs, ils semblaient écouter les menaces ou les promesses des esprits de la plage ; mais quand ils remontèrent vers leurs cabanes pittoresquement semées le long de l'abîme, ils échangèrent des paroles bruyantes comme pour se féliciter d'avoir échappé aux embûches des mauvais génies. Leurs voix se perdirent dans l'éloignement. La mer continua son éternel monologue et je restai à l'écouter, en proie à cette fascination pénible et délicieuse qu'elle exerce et qu'elle n'explique pas. C'est là, mon oncle, que tu m'as retrouvé, là que tu m'as raconté une mystérieuse aventure.....

— Tu as trop parlé, Paul, repose-toi.

— Eh bien, mon oncle, si je ne parle pas, si tu ne veux pas parler, je prierai le Breton de me dire ce que c'est qu'un lutin terrible appelé le *Double* et que tous les marins connaissent.., pour ne jamais l'avoir vu.

— Je l'ai vu, moi.

— Moi aussi.

— Hélas ! il existe !

Ces trois exclamations furent jetées presque à la fois en réponse aux dernières paroles de Paul.

Le père Vent-Debout commença.

— J'ai vu. J'affirme, dit-il. Il y a bien longtemps de cela, j'étais à bord de la *Pallas*, un baleinier bien connu dans les mers polaires. Nous partions du Havre. Un des nôtres, l'élève du capitaine, un nommé Babiot, manqua à l'appel. On resta en rade jusqu'au soir pour l'attendre. Il ne vint pas et l'armateur nous envoya un homme pour le remplacer. Babiot remplacé, rien ne nous retenant en rade, nous gagnâmes le large. Nous étions en pleine mer depuis deux jours, lorsqu'un autre navire, pavillon américain à la corne d'artimon, laisse arriver sur nous vent arrière. Le navire passe rapide derrière notre couronnement et les porte-voix des capitaines retentissent. A cent pieds de distance, on échange sans lunette force saluts et force bonjours. Tout à coup le capitaine s'écrie :

— Eh! voilà Babiot! En effet nous le reconnaissons tous et nous crions : — Bonjour, Babiot! en télégraphiant avec nos chapeaux. Babiot répond de son côté avec son bonnet. Moi je l'ai vu comme les autres. — C'est ça, dit le capitaine, nous ayant manqués, il aura pris un autre engagement. Vite, enfants, une embarcation à la mer. Je veux aller serrer la main de mon brave Babiot. — Et nous aussi, dîmes-nous en chœur. — Non, je vais le chercher et je le ramène. Le capitaine saute dans l'embarcation et aborde le navire. Les deux commandants se saluent. Puis le capitaine regarde avec inquiétude autour de lui. — Qui cherchez-vous? lui demande son collègue. — Un de vos hommes, un ami à moi. Puis à haute voix : — Hé! Babiot, mon vieil ami, ohé! où te caches-tu donc? L'équipage le regarde avec un étonnement qui ressemble à de la terreur. — Que cherchez-vous? qui appelez-vous?

— Mais pardieu Babiot qui était là avec vous, qui m'a fait signe avec son bonnet.

— Vous en êtes sûr? — Parbleu! je l'ai vu et tout l'équipage aussi. — Il y était.

— Comment, il y était? — Oui, mais hier à neuf heures du soir, il est tombé à la mer, le navire a passé et le pauvre Babiot dort à l'heure qu'il est dans le ventre des poissons. Le capitaine baissa la tête et revint à bord! — Enfants, dit-il, attendons-nous à quelque malheur, ce n'est pas le corps de Babiot que nous avons vu, c'est son double. A chaque tempête, nous l'avons revu, le pauvre Babiot. De retour en France, nous lui avons fait dire une messe et depuis..... Ah! ma foi! il doit bien savoir que nous l'avons tous regretté!...

— Moi, dit Clinfoc, je n'irai pas par quatre chemins. C'est vrai et ce n'est pas vrai, mais c'est vrai tout de même. A bord de notre vaisseau, il y avait un novice que l'on envoyait larguer d'ordinaire la voile du petit perroquet : une nuit qu'il revenait de faire sa besogne habituelle, l'officier de quart lui demanda : — Pourquoi n'y es-tu pas allé seul? Le novice regarda l'officier d'un air étonné et dit : — Mais j'étais seul. — Non. — Si. — Non, je dis. — Ah! mais je sais bien que j'étais seul à carguer le raban de la voile. — Tu mens et, pour t'apprendre à mentir...
— L'officier appela deux hommes et commanda vingt coups de garcette sur le dos du novice. Il est de fait que, moi tout le premier comme les gens de quart, nous avions vu deux formes humaines sur le marchepied de la vergue. Un novice, c'est si peu de chose qu'on ne lui demanda même point le nom du matelot qui l'avait aidé. La nuit suivante on envoie le même individu larguer la même voile. Le pauvre diable avait sur le cœur les coups de garcette qu'il avait reçus sur le dos. Une fois penché sur la vergue, il regarda au vent et sous le vent, si personne ne l'avait devancé. Personne. Tout joyeux, il largua la voile et redescendit. Mais nous avions encore vu les deux mêmes formes humaines sur le marchepied de la vergue, et le malheureux eut beau crier,

protester, il reçut ses coups de garcette, dix de plus que la veille. Ça ne pouvait pas se passer comme ça. On chercha le farceur qui lui avait joué le mauvais tour d'être invisible pour lui et visible pour ses camarades, mais bernique. Personne ne répondit. Aussi on guetta, et la première nuit qu'on envoya le mousse en haut, les hommes de quart se comptèrent et on s'assura ainsi que, si l'obligeant matelot paraissait encore, c'était un particulier de l'autre bordée. Mais par où monterait-il? Et chacun de faire le bossoir, chacun d'avoir l'œil ouvert sur les enfléchures de bâbord et de tribord, sur les étais et les hunes. Le diable seul pouvait y grimper sans qu'on s'en aperçût. Cependant notre étonnement fut terrible, quand, en détournant les yeux du novice qui larguait l'empointure du vent, nous vîmes à l'autre bout de la vergue un second individu qui paraissait travailler d'aussi bon cœur que le premier. En deux temps je saute dans la hune pour saisir au passage celui qui nous avait échappé en montant. Le mousse allait de bâbord à tribord et on devinait à sa manière d'agir qu'il ignorait encore la présence de son voisin, quand tout à coup les deux mousses se rapprochèrent. Si je n'avais pas vu? — mais j'ai vu... Ils se redressent, se regardent; leurs bras quittent la vergue, ils s'embrassent et puis v'lan! ils partent du pied gauche et patatras! ils tombent à la mer. On masqua le grand hunier, on jeta des cordages, mais rien ne reparut : on n'avait même pas entendu le cri de détresse. Le capitaine fit l'appel de l'équipage pour savoir quel était celui qui venait de se noyer avec le novice. Nul autre que le mousse ne manquait à l'appel. Alors un vieux loup de mer nous dit d'un air sombre : — Enfants, c'est son matelot de l'autre monde qui est venu le chercher. Je connais ce tour-là, chacun de nous verra arriver son matelot un beau jour ou une belle nuit. Enfants, tenons notre gréement bien en ordre, si nous voulons que le grand amiral qui navigue là-haut nous donne la ration de biscuit des bienheureux, le lard du paradis et les fayots des archanges.

Chasse-Marée qui entrait appela Yvonnec à son service, celui-ci disparut.

— Juste au bon moment, s'écria Paul.

— Je vous le ramènerai ; mais voici l'heure du déjeuner et, comme la mer est belle aujourd'hui, nous aurons des visiteurs.

Pendant le déjeuner, auquel nous pouvons ne pas assister, car ce matin-là, surtout, il fut très-monotone, suivons Yvonnec et, puisqu'il ne parle pas, parlons de lui.

Son premier malheur avait été de naître. Il était venu au monde dénoncé comme un vagabond, bien qu'il fût le dernier-né d'une famille très-estimée du Finistère.

Sans cesse grondé et battu par son père, il avait fini par se révolter contre les colères et la haine de ses frères et sœurs, contre l'indifférence de sa mère et l'abandon dans lequel on le laissait. De sauvage, il devint indiscipliné. De martyr, il devint bourreau. Loin d'affaiblir ses passions et de les contraindre, la sévérité des uns, les coups d'épingles des autres, le poussèrent d'abord à la désobéissance avec une joie d'esclave emporté par le courant d'une révolte. Les privations, les coups, les pénitences aigrirent son caractère, et le jour où il atteignit ses dix ans, déclaré incorrigible, on le chassa de la maison comme une bête féroce. Il ne savait ni lire ni écrire et ne connaissait pas même le nom de son père. Il se rappela qu'on ne l'appelait que — le loup — et se baptisa lui-même du nom d'Yvonnec qu'il avait conservé depuis. Sa famille ne l'avait jamais recherché et, lui, n'avait jamais songé à s'en faire réclamer.

Cette famille était de Saint-Malo. Chose étrange, rare, inexplicable, il n'avait pas un seul marin dans ses parents. — Raison de plus pour que je le sois, se dit-il. Quand il quitta la maison, meurtri de coups, les habits déchirés, sans un morceau de pain, il ne songea pas à retourner en arrière et, se fiant dans l'avenir, il courut vers la grève. Il allait à la mer comme pour lui demander une hospitalité qu'il n'aurait pas trouvée sur terre. La première nuit qu'il passa hors du logis paternel fut consacrée à une longue course sur les rochers qui bordent la côte malouine et, le matin, il alla frapper à la première cahute de pêcheurs qu'il rencontra sur sa route. On lui donna à manger, mais on se moqua de lui quand il demanda du travail. Il avait dix ans ! Toute la journée, ce furent la même offre et les mêmes refus. Il rôda comme un mendiant et finit par devenir suspect. Un pêcheur le ramena à Saint-Malo, à la nuit tombante ; mais il s'esquiva et courut se cacher dans les rochers de la grève.

Là se place une histoire terrible qu'Yvonnec devait raconter plus tard, mais dont voici la véritable place :

Vers la fin du siècle dernier, il y avait, comme fidèles gardiens du port de Saint-Malo, des chiens, molosses redoutables, qu'on appelait chiens du guet. D'une robuste constitution, la tête forte, le masque noir, la lèvre ridée, d'une agilité presque égale à celle des lévriers, hardis, tenaces, ils réunissaient toutes les conditions d'un bon service. Pris fort jeunes, rompus de bonne heure à une discipline sévère, ces dogues étaient tous d'une grande docilité sous l'œil et le fouet du maître. Incorruptibles, ils auraient tous péri plutôt que de toucher aux gâteaux et au sucre que de curieux touristes leur offraient. Chaque soir, à dix heures, ils étaient lâchés sur la grève, dont ils ne franchissaient jamais les limites. Une heure avant le jour, les chiennetiers les rappelaient au son de leur trompette de cuivre. Malheur à ceux qui, coquins ou honnêtes gens, se seraient attardés sur le terrain des chiens du guet, ils étaient sûrs de tomber sous la dent des gardiens du port de Saint-Malo.

Un soir d'été de l'année 1769, deux jeunes époux s'attardèrent dans un village aux environs de Saint-Servan. La nuit était noire. Afin d'arriver plus tôt, ils prirent le chemin du pont du Val qu'ils avaient l'habitude de suivre quand la marée était basse. Mais à peine s'étaient-ils aventurés sur la grève que retentit le son argentin de la cloche de la ville, — la Noguette, une cloche que Duguay-Trouin avait rapportée du Brésil sur ses vaisseaux vain-

Saint-Malo.

queurs! — Il était dix heures; heure fatale dans la grève solitaire. Soudain la trompette des chiennetiers mêla ses bruits inquiétants aux derniers tintements de la Noguette. Les chiens du guet étaient lâchés.

Les imprudents voyageurs voulurent fuir. Hélas! il était trop tard. Les dogues terribles accouraient; ils n'étaient qu'à quelques pas.

— Nous sommes perdus, s'écria la jeune femme.

Puis, tout à coup, par une pieuse inspiration, prompte comme l'éclair :

— A genoux, s'écria-t-elle, à genoux, mon ami ; vouons-nous à la sainte Vierge. Elle seule peut nous sauver.

Les deux époux tombèrent tremblants, à genoux sur le sable humide, les regards au ciel, entre une dernière espérance et la pensée d'une mort cruelle.

Les dogues farouches, comme si une mystérieuse barrière arrêtait leur élan, fixèrent leurs yeux sanglants sur le couple prosterné, s'arrêtèrent immobiles, puis, tournant à gauche, disparurent dans l'ombre du côté opposé.

Les jeunes gens étaient sauvés et leur vœu fut religieusement rempli à la Vierge en présence de la population entière du pays.

Les chiens du guet, malgré tous les services qu'ils avaient rendus, furent condamnés au dernier supplice pour le fait suivant :

— Un jeune officier de la marine marchande, étant allé dîner à Saint-Servan, revint la nuit à Saint-Malo, bien qu'on eût employé tous les moyens pour l'en détourner. On lui représenta que les chiens du guet se trouveraient inévitablement sur la grève avant qu'il ne pût la franchir, qu'il lui était impossible de passer par ce chemin sans courir les plus grands dangers, il repoussa tous les conseils de la prudence, toutes les supplications de l'amitié et s'élança vers la grève... vers la mort.

Les dogues étaient descendus vers le port et commençaient leur ronde de nuit. L'officier confiant dans son énergie et dans son épée continua résolûment sa route.

Les chiens s'avançaient en ligne serrée, menaçants, prêts à broyer le téméraire sous leurs crocs aigus. Le combat s'engagea vif, affreux, sanglant, horrible. On entendit au loin des aboiements répétés, et les cris féroces de la meute, puis à travers cet effroyable concert, les gardiens des navires crurent comprendre des menaces, des plaintes, des accents de désespoir; une sinistre tragédie devait se passer, mais nul ne pouvait porter secours à l'infortuné, victime des chiens du guet. Enfin le silence de la tombe suivit ces bruits. On n'entendit plus que la voix des vagues pleurant au rivage et celle du vent dans la nuit sombre. Au lever de l'aube on retrouva sur la grève la dépouille glacée de ce jeune et bel officier, si fêté et si joyeux la veille.

C'est depuis cette époque qu'avaient disparu les chiens du guet; mais leur histoire quasi légendaire est encore racontée bien souvent, les soirs d'hiver, par les grands-papas à leurs petits-enfants.

Yvonnec connaissait cette histoire. Plus d'une fois il avait pâli au récit qu'en faisait un vieux domestique sous le manteau de la cheminée. Quelle ne fut donc pas sa terreur quand, seul, la nuit, sur la grève de Saint-Malo, caché dans les ruines d'une maisonnette qui avait dû servir de niche aux chiens du guet, il revit devant ses yeux hallucinés le tableau effroyable de la lutte de ces gardiens du port contre les voleurs ou les imprudents attardés. Notez qu'il avait dix ans à peine et que c'était la première nuit qu'il passait à la belle étoile. Or, pour qui a passé une nuit seul en face de l'Océan, les terreurs de cet enfant abandonné doivent paraître épouvantables.

Un instant Yvonnec se crut fou, le moindre bruit du vent le faisait tressaillir, le plus petit aboiement d'un chien dans la campagne le couvrait d'une sueur glacée; le sable criait sous les moindres efforts de ses pieds crispés par la peur, et les pierres de la maisonnette auxquelles il s'accrochait pour ne pas tomber, roulaient lugubrement autour de lui. L'enfant se secoua brusquement, et debout, les yeux instinctivement levés vers ce ciel où on ne lui avait jamais dit qu'il y eût un Dieu protecteur des enfants, il se roidit violemment contre cette frayeur instinctive qui l'étranglait et alla bravement au-devant des fantômes que la nuit émiettait dans ses ombres. Depuis, Yvonnec n'eut plus peur. Cette nuit en fit un brave, et pétrifia son cœur au point qu'il ne battit plus à aucune émotion. Jamais un moment de faiblesse, jamais un signe de pitié, jamais un souci du danger ne firent plisser son front, remuer sa lèvre, mouiller ses yeux. La parole elle-même se glaça au fond de son gosier et, muet, triste et doux, il s'avança avec indifférence dans la vie qui depuis son berceau ne lui donnait que des désenchantements.

Il avait fini le lendemain par trouver un asile dans une barque, et un père dans un vieux pêcheur qui lui apprit son état de marin. Vie bien âpre et bien rude que celle des pêcheurs de l'Océan ! ce fut une dure école pour Yvonnec : un lambeau de voile lui servit de couchette ; son premier jouet fut un sabot invalide qu'il s'efforça de transformer en navire, en lui taillant un gouvernail avec un grossier eustache dans un morceau de sapin et en le lestant d'une fausse quille de plomb, fondue d'une vieille cuiller ! Pas de livres, le pêcheur ne savait ni lire ni écrire..... Ce fut ainsi qu'Yvonnec atteignit ses quinze ans !...

Un jour le vieux pêcheur l'emmena dans un voyage en mer. On allait, je crois, en Islande. Et voilà le mousse qui tient la barre pendant que le vieux file l'écoute, halant sur l'aviron pendant le calme ou amorçant la ligne. Ses yeux s'habituent vite à percer les nuageuses limites de l'horizon, et à lire avec lucidité dans le lointain. Il apprend tout ce qu'un matelot doit savoir. Le pêcheur étant venu à mourir pendant le voyage, il prit tout seul la direction de la barque, qu'une tempête engloutit dans les flots, laissant Yvonnec lutter avec les vagues. Un caboteur qui passait le recueillit et le voilà, lui, le sauvage, transporté au milieu d'un monde joyeux et allègre de mousses aussi jeunes que lui. Il les regarda avec stupeur. Ces « petits morceaux de chrétiens, ces écureuils de navire, » espiègles comme des pages, mystificateurs comme des singes, prompts à la riposte, qui se jouaient sur les bastingages, grimpaient d'un pied sûr dans les haubans, ou dansaient sur le bout d'une vergue. Il fit comme eux et n'eut pas de peine à leur ressembler, sauf pour le caractère.

Le capitaine le rapatria au rivage breton. Il retrouva la cabane, s'acheta une vieille barque et continua son métier de pêcheur. Il voulait vivre toujours seul et pourtant il sentait qu'il lui manquait quelque chose. Le jour où il sut qu'il y avait un Dieu et où le curé du pauvre village qui était sur la dune lui apprit à lire et à écrire, il sentit qu'il ne lui manquait plus rien. Il acheva lui-même son instruction. Quand il eut vingt ans, il s'engagea à bord d'un navire de guerre. Fait prisonnier à je ne sais quel combat, il passa sur un corsaire néerlandais, de là il navigua sous le pavillon vert chargé d'un croissant du Grand Turc, puis sous le pavillon jaune chargé d'un hibou des Tartares.

Sa devise était : « Partout, pour tous. »

Marqué au front du sceau des aventureuses existences, il erra par le globe, un jour sur une frêle brisquine perdue entre les lames, le lendemain à bord d'un fier trois-mâts défiant la mer houleuse qui brise et qui déferle. Il visita tous les bras de mer, toutes les manches, tous les pas, toutes les bouches de fleuves, toutes les langues de terre. Il vit Jaffa, le plus ancien port du monde, Tharsis, où les flottes de Salomon allaient charger de l'or, Ophir, où les bâtiments de la reine Balkis allaient chercher des diamants. Il côtoya les jolies Cyclades et toute cette belle Méditerranée dont les fraîches îles semblent des bouquets de fleurs le jour, des vases de parfums la nuit. Il traversa le ruisseau qui ne gèle pas dans les plus durs hivers à Saint-Pétersbourg, les montagnes de glaces au cœur de l'été dans le Sahara et le mont Ventoux en Provence qui parcourt toute la gamme des climats depuis les chaleurs torrides jusqu'aux neiges éternelles. Il caressa le mouton à poil de cheval en Afrique et le cheval du Nord frisé comme un mouton. Il cueillit le jasmin d'Arabie qui donne le café, la tulipe persane et la rose chinoise, la *turucasa* qui meurt au coucher du soleil et renaît à l'aube, l'herbe de Saint-Gerbold qui rend invisible et le roseau typha dont les Juifs mirent une tige entre les mains du Christ!...

Il étudia la nature et les hommes, les pays et leurs langues, la mer et ses mystérieuses légendes, l'histoire, la géographie, la cosmographie. Ne se parlant qu'à lui-même, il concentrait en lui-même sa science, qui se conservait ainsi comme une liqueur précieuse dans un vase bien fermé. Il découvrit le secret de l'Eldorado dans la Guyane et de la fontaine de Jouvence dans la Floride. Il apprit à scalper avec un os tranchant et à tanner le cuir chevelu à la mode des Sioux. Il brava la faim et la soif, il but sous les tropiques le lait des cocotiers et sous les pôles le lait des rennes, seul arbre à fruit et seul animal qui, vivant sur terre, soient passionnés pour l'eau de mer!

A force d'avoir tant vu et tant étudié, il était devenu, comme on disait à bord, un puits de savoir. Seulement il n'y avait pas de seau pour y descendre. Aussi il fallait voir, aux heures de la soupe surtout, au moment où le matelot fatigué puise des forces dans la gamelle où nagent des fèves, des haricots et de maigres morceaux de lard, où le flacon de tafia ou de cognac sort de sa cachette pour humecter le gosier des « *Boit sans soif* », comme chaque matelot se hâtait de finir qui sa soupe, qui son verre, pour entourer la table où Yvonnec mangeait. Debout ou assis, chacun l'écoutait recueilli et étonné. Le matelot, si gouailleur d'habitude, le regardait parler plus encore qu'il ne l'écoutait. Chacun était suspendu à ses lèvres. Le novice consultait son ancien pour lui demander si tout cela était bien possible. Les vieux « requins » n'en revenaient pas et leur figure presque consternée attestait la puissance qu'avait conquise sur leurs nerfs, pourtant peu irascibles, le talent du narrateur.

Nous verrons plus tard comment et pourquoi, après vingt années de voyage, il quitta son navire. Fermons cette pa-

Les récits d'Yvonnec.

renthèse déjà longue et rentrons dans la chambre de Paul. Le ton de la conversation ne changea pas ce jour-là. Le mystérieux en fit les frais et les narrateurs puisèrent dans cette mine féconde de légendes et de contes fantastiques que les marins se racontent, le soir, après la soupe, autour du grand panneau, pendant le premier quart.

Du reste le matelot est très-superstitieux. Grand papa Chasse-Marée en savait quelque chose. Voici ce qu'il disait avec son bon sens habituel :

— Il est à remarquer que ces hommes braves jusqu'à la témérité, impassibles devant le péril que le combat multiplie autour d'eux ont conservé toutes leurs superstitions. Ils craindront d'appareiller un vendredi ou le 13 d'un mois, et verront, dans le sel renversé sur une table, un augure fâcheux dont il faudra conjurer les conséquences, par des précautions timides qui démentent leur intrépidité ordinaire.

— Pour moi, dit le capitaine, le vendredi ne devrait pas être rangé parmi les jours néfastes. Ne devrait-on pas le regarder au contraire comme un jour heureux ? N'est-ce pas celui, où s'accomplit l'acte sublime de la rédemption ? Pour les chrétiens vraiment pieux, le vendredi peut être une commémoration douloureuse du plus grand sacrifice qui se soit accompli ; mais il ne saurait être pour nous un jour de malheur. La superstition change toutes les idées et gâte tout ce qu'elle touche.

Un silence presque embarrassé suivit cette boutade.

— Ce que vous dites là a sa raison d'être, mon capitaine, reprit Chasse-Marée, mais il sera bien difficile de le faire comprendre aux matelots. Tenez, ce matin vous parliez avec M. Paul des lutins de nos rivages. Eh bien, moi, j'en ai vu un.

Chacun poussa un cri d'étonnement, Chasse-Marée n'était pas superstitieux.

— Oui, je l'ai vu. Il s'appelle le Gobelin. C'est un démon familier, un lutin qui fait mille malices. Il ne fut pas d'abord l'hôte des navires. Il habitait avant, les chaumières où il renversait le sel dans le feu, où il découvrait tout seul les marmites pour saler la soupe outre mesure, où il changeait le vin en vinaigre ; les écuries, où il s'amusait à embrouiller les crinières des chevaux si bien qu'on ne pouvait les démêler à moins qu'on ne récitât quelque oraison pour implorer le saint qui préside aux travaux difficiles. De là, il passa sans doute à la suite d'un marin incrédule à bord des navires, et il s'est plu si bien à tourmenter les esprits naïfs des matelots qu'il quitta presque la terre pour la mer.

— Mais où l'avez-vous vu?

— Oh ! si vous croyez que je *m'en* rappelle !

Cette fois, ce fut un rire général.

— Moi, dit le père la Gloire, je n'ai pas vu de lutins, mais je me rappelle avoir vu des marins qui y croyaient.

Grand papa Chasse-Marée se leva furieux :

— Vous êtes tous plus superstitieux les uns que les autres et vous faites les esprits forts. J'ai navigué sur un navire portugais qui embarquait toujours une petite statue de saint Antoine que les matelots rendaient responsable du temps. Un jour le vent n'était pas favorable ; ils allèrent dévotement devant l'image de saint Antoine et firent une prière suppliante, lui demandant le vent propice. La prière fut sans effet. Les marins impatientés prirent la statuette pour l'attacher au mât et contraindre ainsi, par cette torture, le saint à leur obéir. La corde était prête et l'exécution allait avoir lieu quand le pilote, ému de pitié pour le saint, s'engagea en son nom, et promit que le saint accorderait de bon gré le vent souhaité ; mais saint Antoine, sans égard pour son répondant, étant resté sourd à toutes les prières, le capitaine céda aux vœux de son équipage et ordonna qu'on liât le saint. En effet, on le fixa au mât par quelques tours de corde. Le vent ne vint point. On prit alors le parti de laisser là, exposée à la risée et aux injures, l'image devant laquelle on s'agenouillait la veille. Chaque jour on ajouta une cordelette de plus pour mieux garrotter la victime sainte. A la fin, le vent souffla et l'on délivra saint Antoine qu'on remit très-respectueusement dans sa niche, en le remerciant, mais en lui reprochant son obstination qui avait contraint des hommes, pleins de confiance en lui, à user de rigueur à son égard et à lui manquer de respect. Eh bien! croyez-vous que je n'aime pas mieux croire à des lutins que je n'ai jamais vus, que de faire des sottises pareilles?

Chacun riait de bon cœur, mais Paul reprit sérieusement:

— Les superstitions furent de tous les temps et de tous les pays. Chez les Grecs et les Romains, si des hirondelles se posaient sur un navire, c'était un présage funeste. Cléopâtre, au moment de s'embarquer pour aller à Actium retrouver la flotte ennemie, vit ces oiseaux perchés sur les mâts de ses navires et elle retourna à son palais, n'osant braver un augure que tous les gens de la flotte regardaient comme fatal.

— Vous voyez bien! s'écria Chasse-Marée, M. Paul n'est pas si sot que vous!

— Ma foi, dit Rabamor pour apaiser un peu les rires qui finissaient par impatienter le grand papa Chasse-Marée, personne ici ne pourra contester l'existence du *Voltigeur* hollandais.

— Ah! oui, riposta Clinfoc, ce n'est peut-être pas vrai, mais c'est vrai tout de même que les Hollandais jouent dans tous nos contes un rôle de damnés.

— Voyons l'histoire du *Voltigeur* hollandais. La parole est à Rabamor.

— Donc, il y avait autrefois, mais il y a bien longtemps de ça, un capitaine qui ne croyait ni à Dieu, ni aux saints ni à d'autres. C'était un Hollandais de je ne sais plus quel pays, mais ça ne fait rien à la chose. Il partit un jour pour aller dans le Sud. Tout alla bien jusqu'à la hauteur du cap de Bonne-Espérance, mais là il reçut un coup de vent à faire changer un îlot de place. Le navire était en grand danger. Tout le monde disait au capitaine :

— Capitaine, il faut relâcher. Nous sommes perdus si vous vous obstinez à rester à la mer. Nous mourrons infailliblement et il n'y a pas à bord d'aumônier pour nous absoudre.

Le capitaine riait de la peur de son équipage et de ses passagers. Il chantait, le scélérat, des chansons horribles à faire tomber cent fois le tonnerre sur sa mâture. Il fumait tranquillement sa pipe et buvait de la bière comme s'il avait été assis à une table d'un cabaret d'Anvers. Ses gens le tourmentaient pour relâcher, et tant plus ils priaient, tant plus il s'obstinait à rester sous toutes voiles dehors, car il n'avait pas seulement mis à la cape, ce qui faisait trembler tout le monde. Il eut des mâts de cassés, des voiles d'emportées, et, à chaque accident, il riait.

Donc le capitaine se moquait de la tempête, des avis des matelots, des pleurs des passagers. On voulait le forcer à laisser arriver dans une baie qui offrait un abri, mais il jeta à la mer celui qui était venu pour le menacer. Alors un nuage s'ouvrit et une grande figure descendit sur le gaillard d'arrière du bâtiment. On dit que cette figure, c'était le Père Éternel. Tout le monde eut peur. Le capitaine continua à fumer sa pipe. Il ne leva même pas son bonnet quand la figure lui adressa la parole :

— Capitaine, tu es un entêté !

— Et vous, un malhonnête, que le capitaine lui répondit, laissez-moi la paix, ou je vous brûle la cervelle.

Le grand vieux ne répliquait rien, il haussait les épaules. Alors le capitaine sauta sur un de ses pistolets, l'arma et ajusta la figure des nuages. Ah ! mes enfants, quel coup dur ! La balle, au lieu de blesser l'homme à la barbe blanche, perça la main du capitaine. Ça l'ennuya pour le moment, comme vous pouvez croire. Aussi il se leva furieux pour aller porter un coup de poing dans la figure du vieillard, mais son bras retomba frappé de paralysie. Oh! ma foi, alors il se mit dans une colère, jurant, sacrant comme un impie et appelant le bon Dieu je ne sais pas comment!

La grande figure lui dit pour lors :

— Tu es un maudit. Le ciel te condamne à naviguer toujours sans jamais pouvoir relâcher, ni mouiller, ni te mettre à l'abri dans une rade ou un port quelconque. Tu n'auras plus ni bière ni tabac. Tu boiras du fiel et tu mâcheras du fer rouge. Ton mousse aura des cornes au front, le museau d'un tigre et la peau plus rude que celle d'un chien de mer. Tu seras éternellement de quart et tu ne pourras pas t'endormir quand tu auras sommeil, parce qu'aussitôt que tu voudras fermer l'œil, une longue épée t'entrera dans le corps ; et puisque tu aimes à tourmenter les marins, eh bien, tu les tourmenteras! car tu seras le diable de la mer. Tu courras sans cesse par toutes les latitudes. Tu n'auras jamais ni repos ni beau temps. Tu auras pour brise la tempête. La vue de ton navire, qui voltigera jusqu'à la fin des siècles, au milieu des orages de l'Océan, portera malheur à ceux qui l'apercevront.

— Amen! cria le capitaine en riant à gorge déployée.

— Et quand le monde finira, tu iras chez Satan, dans la chaudière des damnés.

— Je m'en moque, fut toute la réponse du Hollandais.

Le Père Éternel disparut et le capitaine se trouva seul à bord avec son mousse, qui était déjà marqué comme lui avait dit le vieillard. Tout l'équipage avait disparu avec la grande figure, et le capitaine qui le vit, se mit à blasphémer. Oui, va, blasphème, propre à rien, ça te servira à grand'chose!

Depuis ce jour, le *Voltigeur* navigue au milieu des gros temps et tout son plaisir est de faire du mal aux pauvres marins. C'est lui qui leur envoie les grains blancs, qui jette les vaisseaux sur des bancs qui n'existent pas, qui leur donne les fausses routes et leur fait faire naufrage.

Il y en a bien qui disent que le *Voltigeur* hollandais a quelquefois l'audace de venir visiter les bâtiments qui passent; alors il y a révolution à la cambuse, le vin aigrit et tout devient fayots. Souvent il envoie des lettres à bord des navires qu'il rencontre, et si le capitaine a la chose de les lire, perdu! Il devient fou, son bâtiment danse en l'air et il finit par sombrer dans un tangage sans pareil.

Si je savais comment il est peint, ce *Voltigeur*, je vous le dirais, mais on ne sait pas. Il se peint comme il veut et il change dix fois par jour, le vilain forban, pour ne pas être reconnu. Des fois il a l'air d'un long bateau qui a peine à haler dans le vent; d'autres fois, il se fait corvette et il fend la mer comme un corsaire léger. J'en sais d'autres qu'il a voulu attirer, le gredin qu'il est, en tirant du canon d'alarme, mais il n'a pas pu les attraper, parce qu'ils s'en sont méfiés. Enfin il est capable de tous les tours et ce qu'on a de mieux à faire quand il arrive au milieu de l'orage, c'est de laisser courir, et si on peut ajouter quelque chose à la voilure, de le faire bien vite pour éviter sa rencontre.

Son équipage est aussi damné que lui, c'est un tas de mauvais sujets. Tout ce qu'il y a eu de mauvais matelots, de coquins morts sous la garcette, pour vol à bord des navires, de lâches qui se sont cachés dans les combats, est sur son bâtiment. Et ça fait une jolie société!... C'est le Père Éternel qui la lui a donnée après les difficultés qu'ils ont eues ensemble. Elle se recrute avec tout ce qui meurt dans ce genre-là sur tous les vaisseaux du monde.

Donc, les enfants, veillons au grain! Qui ne se comporte pas bien dans son service a pour retraite le *Voltigeur* hollandais. Et il y a de l'ouvrage ! Là, point d'histoires, la faim, la soif, la fatigue, l'envie de dormir, tout le tremblement, quoi ! Avec ça que si on se plaint, si on ne marche pas droit, les officiers mariniers ont des fouets dont les mèches sont finies en lames de rasoirs qui vous coupent un homme en deux comme mon couteau, sans comparaison, couperait une demi-once de beurre. Dire ensuite que les matelots du *Voltigeur* hollandais ne feront pas longtemps ce métier-là, non ! Tout le temps de l'éternité seulement ! c'est-à-dire vingt-cinq millions de millions d'années. Allez vous y frotter !....

— Ça, c'est l'Enfer, risposta le père la Gloire pour ne pas laisser refroidir l'intérêt, mais il y a aussi le Paradis. Le grand *Chasse-Foudre !* En voilà un petit navire. Il ne met pas moins de sept ans à virer de bord ; quand il roule, ce qui n'arrive guère, vu la résistance que son avant oppose à la puissance de la mer, les baleines et les cachalots se trouvent à sec sur ses porte-haubans. Les clous de sa carène serviraient de pivot à la lune, sa drisse de pavillon fait honte au maître câble de notre plus fort trois-ponts. Il a fallu pour sa coque tout le fer des mines de Norwége. Les forges où se ferrèrent ses œuvrements eurent, pour souffler leur feu toutes les tempêtes mises en réserve à cet usage par le pôle arctique. Ses câbles sont gros comme le dôme de Notre-Dame de la Garde ; ils feraient une ceinture au globe, on pourrait même faire un nœud. Il n'a que des sabords pour artillerie. Il attend du bronze, tout ce qu'il y a de connu sur terre ne suffirait pas pour sa caronade. Ses bas mâts sont si hauts qu'un mousse qui monte à la hune pour porter la soupe aux gabiers a la barbe blanche avant d'y atteindre. Son cacatois de perruche est plus grand que l'Europe entière. Vingt-cinq mille hommes peuvent faire l'exercice sur la pomme de son grand mât auquel l'arc-en-ciel sert de flamme.

Le grand *Chasse-Foudre* est un monde : dans chaque poulie il y a une auberge. La pipe du moindre mousse est grande comme une frégate. La chique d'un seul homme ferait la provision pour une campagne de dix-huit mois à l'équipage d'un navire de guerre ordinaire. Sa dunette est un lieu de séduction sans pareilles. Dans un coin reculé, on a brouetté trois mille arpents de terre, plantés d'arbres qu'un gazon toujours vert recouvre et sur lequel on a lâché des éléphants, des tigres, des lions, histoire de se faire la main en chassant la grosse bête.

Ce vaisseau, comme le *Voltigeur* hollandais, naviguera éternellement, mais ce sera un plaisir d'être à son bord parce qu'il n'y aura là que des braves parmi les braves de la marine. Et quelle nourriture! de la viande à tous les repas. Pas trop de fayots ni de gourganes. Du vin de Bourgogne le matin, du madère à dîner, le soir une chopine de rhum.

Jusque-là Paul s'était mordu les lèvres pour ne pas rire. Du reste personne ne riait. Son oncle lui-même écoutait sérieusement ces contes à la réalité desquels les marins ne croient plus guère aujourd'hui. Mais, à la fin, le jeune homme ne put contenir son sérieux quand il vit les figures des marins suer de satisfaction au récit des délices de la table du grand *Chasse-Foudre*. Une chopine de rhum! et leur langue caressait amicalement leurs lèvres qu'humectait le désir de goûter cette bienfaisante liqueur.

Le rire intempestif de Paul jeta un froid dans la conversation. Personne n'eût osé le lui reprocher, mais chacun était d'accord pour s'en sentir froissé.

Le capitaine qui s'en aperçut, — du reste il était aussi superstitieux que les autres — rompit la glace en prenant la parole :

— Écoute, mon cher Paul, il ne faut pas se moquer des superstitions des marins. Ces hommes qui sont toujours entre le ciel et l'eau charment leurs labeurs par des rêveries auxquelles ils finissent par croire comme à la réalité. Ils ont besoin de croire à quelque chose et comme ils sont très-sceptiques de leur naturel, ils sont portés à croire à tout ce qu'ils ne peuvent ni voir ni toucher. Deux figures jouent un rôle énergique dans leurs croyances : d'abord Satan, qu'ils craignent.... comme le diable ; et puis surtout la Vierge qu'ils aiment et adorent comme ils aiment ou adorent leur mère. Que de fois n'a-t-on pas vu des marins gravir à genoux des montagnes à la pente rude et pénible, pour aller remercier la Vierge qui les a sauvés de la tempête. Car il est à remarquer que presque toutes les chapelles sont bâties sur les côtes comme un point de reconnaissance pour les navigateurs. Ce sont les phares pour les yeux de la foi.

Un profond silence suivit ces paroles. Le capitaine reprit :

— Au retour d'un voyage, je n'ai jamais manqué de faire un pèlerinage à la chapelle de la Vierge, dans quelque endroit qu'elle fût élevée. Ces lieux saints ont un charme mystérieux et consolant. Quand tout manque ici-bas, quand tout secours est impuissant et que la science humaine a dit son dernier mot, c'est là qu'on vient se jeter pour demander la guérison du corps ou de l'âme. Les grandes peines appellent la grande foi. Que ce soit à Notre-Dame de Grâce, au haut de cette ravissante colline qui domine Honfleur ; que ce soit à Notre-Dame de la Garde, au haut de cette montagne aride d'où la sainte Mère étend ses deux bras sur la vieille cité phocéenne ; que ce soit à la Sainte-Baume, au milieu des rochers où la Madeleine marchait pieds nus ; que ce soit dans une plaine aride comme à la Délivrande ou bien au milieu d'un mélancolique paysage comme Sainte-Anne d'Auray, jamais même le plus incrédule n'entrera dans un de ces sanctuaires bien-aimés sans se sentir involontairement pris de respect et d'émotion. Tant de genoux ont usé ces dalles ! Tant de fleurs ont été suspendues à ces autels, tant d'offrandes à ces murs !.... Tout cela ne nous dit-il pas la longue et invariable histoire des souffrances de l'humanité, cercle inexorable dans lequel l'homme se débat pour revenir toujours au même point? La Vierge, toujours la Vierge, sera le soutien et la consolation du marin dans ses longues pérégrinations, dans ses jours d'épreuve et de souffrance!....

Le père Vent-Debout, s'était levé et ses yeux fixés vers le plafond de la casemate semblaient y chercher la présence de la sainte Mère de Dieu!

Il se rassit en essuyant une larme.

— Pourtant, dit-il, avec un sourire, il y a parmi quelques marins certaine absence de tout sentiment religieux qui ne revient pas au milieu des plus grands périls, mais c'est une exception. Je me souviens, — c'était sous la Restauration, j'étais déjà gabier! — qu'après une violente tempête, notre navire, — un gros sucrier à la marche très-lente, — finit par aborder à la Martinique, notre destination. A peine débarqués à Saint-Pierre, deux matelots vinrent prier notre capitaine de leur avancer dix francs.

— Que voulez-vous faire de cet argent?

— C'est, capitaine, répondit le plus osé, que mon camarade et moi avons fait un vœu.

— Un vœu! vous, chenapans qui n'avez fait que jurer et blasphémer pendant la tempête? Et quel vœu, s'il vous plaît?

— Nous avons fait vœu, mon camarade et moi, de manger une poule si nous débarquions, et nous voici à terre, capitaine.

Les dix francs leur furent donnés, mais le capitaine en eût bien donné vingt pour entendre en mer le vœu formulé par ces mécréants.

— Oh! capitaine, firent les marins en chœur, c'est une exception!

— Moi, dit timidement Antenolle, si je ne craignais pas d'avoir le mal de mer, je vous raconterais bien un de mes voyages...

— Ce n'est pas le moment.

— Trop tard à la soupe !

— Mais, continua Antenolle, si le capitaine me le permet, je raconterai une petite anecdote que m'a rappelée son invocation à la Vierge.....

— Oh ! oh !

— Ma foi, dit Paul, dépêchez-vous, voici l'heure du dîner.

— En mars 1860, nous nous trouvions presque perdus dans l'océan Pacifique. Je dis, perdus, car le scorbut nous décimait ; les bras manquaient aux manœuvres et le pont du navire était un vrai promenoir d'hôpital. Chaque jour on était forcé de coudre quelque camarade dans un sac de toile et de le jeter à la mer. Plus de viande fraîche, ni thé, ni café, ni pommes de terre, ce remède infaillible pour le scorbut. On n'avait que des biscuits mangés aux vers, de la viande salée et un litre d'eau fétide pour ordinaire. La terre semblait fuir devant nous et les nuits s'écoulaient lentement au milieu des cris et des jurons des malades. J'étais au lit...

On ne put s'empêcher d'interrompre Antenolle par un éclat de rire.

— Ne riez pas, dit-il, le scorbut c'est autre chose que le mal de mer. Je souffrais tellement que le docteur veillait près de mon grabat, il craignait de me voir mourir dans le délire de la fièvre.

— Beau cadeau pour les requins, grogna Cartahut.

— Or il advint que mon matelot, mon camarade d'ordinaire, eut besoin d'ouvrir mon coffre pour me donner du linge. Il met la main sur un chiffon de papier. — Tiens, dit-il, voilà une lettre de sa grand'mère. Je soulevai la tête et m'écriai : — Une lettre, donnez, oh ! donnez-la-moi ! ma pauvre grand mère ! Et comme j'essayais de la déchiffrer sans pouvoir y arriver, le docteur me la lut à haute voix. Je pleurai en l'écoutant. Quand elle fut finie de lire, je pleurai encore et je m'endormis en sanglotant. De toute la nuit, je ne me réveillai point et je n'eus ni fièvre ni délire. Le lendemain le délire et la fièvre revinrent. Le docteur, qui ne savait plus quel remède employer, eut une inspiration. Il recommença à me lire tout haut la lettre de ma grand'mère. Je pleurai encore comme j'avais pleuré la veille et je m'endormis encore d'un sommeil tranquille. Et ce remède-là, le docteur l'employa jusqu'à notre arrivée au mouillage. Il me sauva la vie avec cette lettre qu'un navire venant du Havre m'apportait quelques mois auparavant et que je jetai au fond de mon coffre. On me recommandait, dans cette lettre, d'être sage, bon marin et de faire des économies afin de pouvoir habiller de neuf ma jeune sœur qui attendait mon retour pour faire sa première communion. Et la bonne grand'mère ajoutait qu'elle avait à mon intention offert un cierge à Notre-Dame d'Honfleur! Vous voyez bien, capitaine, qu'en passant par les lèvres d'une vieille mère, une prière à la Vierge n'est pas à dédaigner pour les marins, — peut-être bien aussi endurcis que moi.

Cette anecdote valut à Antenolle un murmure de satisfaction et une poignée de main du Breton qui entrait pour annoncer l'heure du dîner.

Comme le docteur n'était pas venu, bien qu'on l'attendît, Chasse-Marée renvoya tout le monde, sauf le capitaine et Clinfoc qui restèrent pour l'aider à panser le blessé.

Le soir, à la nuit tombante, Paul voyant réunis autour de lui tous les marins du phare, sauf Antenolle et Cartahut qui, étant de service, ne devaient revenir que plus tard, s'adressa d'abord à son oncle :

— Mon oncle, vous m'avez mis l'eau à la bouche avec toutes vos histoires fantastiques. Je vous en prie, si vous en connaissez encore, parlez, à moins que ces messieurs ne tiennent à me faire connaître, dans leur langage imagé, une de ces légendes de la mer qu'ils racontent si bien.

— Il en est une, dit le capitaine, avec laquelle on peut fair vingt contes, c'est l'histoire de Brelindindin.

— Connu, fit-on en chœur

— Eh bien, chacun à son tour. Voyons, qui commence

Le père la Gloire commença :

— Pour lors et d'une : Brelindindin était un faible moussaillon, un petit morceau de chrétien qui avait poussé tout seul sur la grève d'un village du Calvados et que tous les patrons se disputaient à qui le prendrait à bord. Dans le même village demeurait Marie, la fille d'un capitaine. Ce capitaine était un vieux marin, tête de plomb, bras de fer, cœur d'or. Après cinquante ans d'orages sous toutes les latitudes, sa tête s'était alourdie, ses bras se rouillaient, mais le cœur restait vermeil comme à son premier voyage. Il avait beaucoup vu sous la coupole céleste et connaissait aussi bien les étoiles du firmament que les plages du globe ; mais à la fin tout s'use, même les marins, et le père de Marie était venu terminer ses jours au pays, dans une cabane du flot. La mère de Marie était morte, elle avait laissé, pour sa fille, une petite boîte fermée et un billet que devait lire Marie elle-même. Ce billet lui ordonnait de n'ouvrir la boîte qu'au jour de son mariage. Brelindindin qui, à l'âge où l'on bégaye encore, savait déjà filer l'écoute et lever la madrague était devenu un brave pêcheur et un beau marin.

Le capitaine l'aimait comme s'il eût été son fils. Au moins avec lui, il pouvait parler de ses voyages et de ses aventures, et il s'en privait d'autant moins que le jeune homme l'écoutait religieusement. Chaque anecdote était arrosée d'un bon verre de cidre, et le capitaine avait plaisir à boire avec un compagnon qui l'écoutait si bien.

Il finit par atteindre ses vingt ans dans la société du vieillard qui ne pouvait plus se passer de lui et qui, du reste, comprenait bien pourquoi le jeune homme l'aimait tant.

A cette époque, Marie avait quinze ans. Le capitaine voulut

Brelindindin et le capitaine.

bien les fiancer, mais une nuit d'orage, le vieux papa expirait en bénissant les deux orphelins fiancés. Voici quelles furent ses dernières paroles à son gendre : « Avant de déraper et d'appareiller pour le port qui a une entrée et pas de sortie, je veux te donner, mon garçon, un conseil. *Prends le temps pour voile et la patience pour gouvernail.* Toute la sagesse du marin tient là dedans. » Et le vieillard cassa sa mâture. Or, le mariage n'était point fait. Marie aimait bien Brelindindin, mais celui-ci était toujours en mer. Voici pourquoi : il était ambitieux et voulait faire à sa fiancée un beau cadeau de noce, il songeait aux merveilles et aux trésors enfouis dans l'Océan, et se désolait de ne pouvoir les atteindre. Comme il rêvait tout haut en se promenant sur les falaises, quelqu'un l'entendit. Ce quelqu'un était un habitant du hameau, ancien matelot, qui avait navigué longtemps et fait son tour du monde comme calier. Les vieux de la cale sont tous sorciers, tout le monde à bord le sait bien, et il faut s'en méfier comme des loups-garous. Il ensorcela Brelindindin, ce qui ne fut pas difficile.

— Comment, lui dit-il, tu veux offrir à ta femme un présent digne de la plus belle et du plus brave, et tu ne te mets pas en route pour aller le chercher! Ne peux-tu aller ramasser la perle bleue, cette perle qui donne la richesse? Dame! il y a du danger, mais en allant chez les druidesses de l'île de Sein, tu pourrais bien t'assurer où est la perle bleue, et la demander à qui la possède.

Vous avez deviné, n'est-ce pas, que ce calier-là, c'était le diable en personne, autrement dire, le démon des voyages.

Mon Brelindindin prend ça pour de l'argent comptant, dit au revoir à Marie, saute dans sa barque, hisse la voile, se met à la barre et part malgré le mauvais temps, défiant les lames et l'ouragan. Ça, c'est bête et pas chrétien du tout. Il ne faut pas défier l'Océan. Dieu l'a créé pour montrer que l'homme est petit. Brelindindin ne craignait rien. Encore une faute. Celui qui craint tout est poltron; celui qui ne craint rien est impie. Dieu veut se faire craindre. Voilà pourquoi il punit Brelindindin.

Poussé par des vents de noroi, son bateau courant grand largue, se trouvait devant les îles calcaires et les falaises du Calvados qui vont d'Arromanches à Port-en-Bessin. C'est un site sauvage et désolé, dans lequel on trouve les deux roches enchantées des demoiselles de Fontenailles; mais le bateau filait comme le vent. Ce fut dès lors un voyage étrange.

Il laissa à tribord l'île de Saint-Borodon, qu'on rencontre sans la chercher et qu'on cherche sans la trouver, vira de bord au large de Penmarck, cette tête de granit qui lance par ses naseaux d'énormes flocons d'écume; passa le raz d'Audierne, où se lamentent les naufragés privés de sépulture; doubla le bec d'Uraz, qui est la proue de la France et franchit la baie des Trépassés, l'enfer de Plogoff, qu'acun matelot n'a passé sans mal ni crainte. Son bateau pris de vertige vint enfin tomber dans la grotte des Druidesses de l'île de Sein, qui, ayant appris le but de sa visite, le renvoyèrent à Éole, le père des vents. Celui-ci, qui demeure entre les tropiques, dans une région inexplorée, dont aucun navire ne s'approche sans se perdre corps et biens, reçut Brelindindin qui, l'œil hardi, l'aspect résolu, venait lui demander la fameuse perle bleue. Éole ne l'avait plus; il l'avait donnée à Léviathan. En moins de temps qu'il en faut pour dire un *Ave*, Brelindindin arriva sur les côtes de Norwége; là il fut pris par un tourbillon. Il n'eut que le temps de s'accrocher à une épave de sa barque et de se soutenir ainsi sur la vague qui le roulait comme une *balle* de coton.

Cette fois, Brelindindin eut peur, non pas de sa position, mais de l'effayant passage qui l'entourait. De tous côtés des rochers noirs comme de l'encre; dans le fond, une masse de rocs pointus comme des aiguilles, et qui, sous la clarté d'une lune se dégageant d'un ciel sombre, ressemblaient à une ville avec sa cathédrale; ici un immense bloc de granit, ayant la forme d'une tête d'éléphant colossal, qui élèverait sa trompe vers le ciel; au sommet de cette espèce de trompe, quelque chose de noir, un hippogriphe, disent les savants; le diable, disent les imbéciles, — et ma foi, je suis de ceux-là! — Enfin, de tous côtés des débris de mâts, de vaisseaux, épaves des nombreux naufrages qui ont fait cette côte si redoutée; çà et là des corps surnageant, et dont les mouettes viennent en foule faire un repas que les poissons rassasiés ne leur disputent même pas!... Brelindindin sentit une sueur froide lui passer dans les cheveux ; il lâcha la planche qui le soutenait et disparut dans un vire-vire où il tourbillonna plusieurs minutes. Quand il ouvrit les yeux, il se trouva au fin fond de la mer, en face de Léviathan. — Brelindindin, s'écria le potentat des mers, tu es trop curieux; tu veux posséder ce qui n'existe pas. Je te renvoie au diable qui t'a envoyé. Et il souffla sur Brelindindin, qui fut enlevé comme un fétu de paille par une trombe. Un dauphin était sur mer, le pêcheur sauta sur son dos, et là commença un autre voyage plus terrible encore que le premier. Il vit d'abord l'île qui vole, cette île qu'on ne voit qu'en songe ou en délire.

— Oui, reprit Chasse-Marée, c'est elle que le voyageur altéré aperçoit au loin dans le mirage du désert, et qui apparaît aux matelots comme un radeau fleuri sur la vague ou dans les nuages. Il n'y a qu'une seule habitante, c'est l'Espérance. Brelindindin fit mieux que la voir, il lui parla, et l'Espérance lui ré-

pondit : « Je plains tes malheurs, et, bien que je ne puisse te sauver, prends cette branche de verveine. Tant que tu la conserveras sur toi, maléfices ni sorcellerie ne sauraient t'approcher!... Et elle renvoya Brelindindin par le premier navire qui passait au vent. — Ce navire, continua Cartahut, avait à son bord l'Incendie pour capitaine et la Peste pour cuisinier. Brelindindin s'en aperçut à temps ; quand il vit la fumée sortir des écoutilles du capitaine et les matelots tomber comme des mouches sous le souffle empesté de la cuisine, il sauta vivement vers le youyou en porte-manteau, coupa les amarres et se jeta à l'eau, regagnant à la nage l'embarcation, pendant que le brick en feu courait grand largue, filant dix nœuds à l'heure, semblable à un Vésuve en pleine mer. Il resta tout le jour, toute la nuit et le jour suivant au large, sans boussole et sans vivres. Bagasse !...

— Pour en finir, monsieur Paul, car je vois que vous bâillez, dit Rabamor, Brelindindin courut pendant cinquante ans sur tous les navires, sur toutes les mers, dans tous les pays. Un jour, en portant la main à sa poitrine, il sentit sous ses doigts la branche de verveine que lui avait donnée l'Espérance ; il en pressa les feuilles desséchées en prononçant le nom de Marie et fermant les yeux. Le charme était rompu. Au matin, il se trouva seul au bord de la mer, devant une cabane couverte de varech où séchaient étendus des nasses et des filets. Cette cabane était celle de Marie.

— A moi ! fit Antenolle ; dès le moment que Brelindindin a touché terre, je peux parler de lui. Donc, le pêcheur, dès qu'il se retrouva au pays natal, voulut se lever et courir chez lui.
— Te voilà de retour, grand voyageur. As-tu trouvé la perle bleue, lui dit une voix, celle du vieux calier qui l'avait si bien envoyé promener. Il tressaillit à cette voix comme s'il entendait la cloche du bord piquer huit au milieu de la nuit, car il reconnut, dans l'homme qui lui parlait, Éole, Léviathan, Satanas, en un mot, qui sous toutes les formes l'avait accompagné dans son maudit voyage. Mais il fit le signe de la croix en disant : — Marie me reste, je cours chez elle. — Tiens justement la voici, dit le diable en se sauvant. La femme que désignait le calier était une pauvre

vieille de soixante-dix ans, appuyée sur une béquille. — Brave femme, demanda Brelindindin, pourriez-vous me dire si Marie habite toujours cette cabane? A cette voix, à cette vue, la vieille balbutia quelques mots et s'évanouit entre les bras du pêcheur, que son respect pour le grand âge et une émotion inexplicable avaient fait s'élancer auprès d'elle. La voix du calier, qui ne se montrait pas, le gredin, à cause du signe de croix, apostropha de loin le pauvre Brelindindin : Eh bien, comment trouves-tu la vengeance du démon des voyages? Quand je veux, le voyage ne dure qu'une nuit, mais cette nuit dure cinquante ans. Épouse ta fiancée. Elle pourrait être ta grand'mère!... Alors le pêcheur, soutenant toujours la vieille évanouie, prit à la main sa branche de verveine et s'écria : — Espérance, illusion de ma jeunesse, où êtes-vous? O Marie, ma fiancée, je suis parti comme un fou ; je t'ai quittée comme un ingrat. Et aujourd'hui, ton front est ridé, ton cœur est desséché, tes cheveux ont blanchi, mais il ne sera pas dit que je t'aurai délaissée parce que tu auras été fidèle à un coureur d'aventures. Je le jure par ce talisman, tu seras ma vieille compagne comme tu aurais été ma jeune épouse ! A peine avait-il prononcé ce serment que ses yeux se dessillèrent, ce n'était pas une vieille femme qu'il serrait dans ses bras, c'était l'étambot d'un brick vermoulu échoué sur le galet et dont une béquille étayait les bordages décousus. La porte de la cabane s'ouvrit. Sur le seuil était une jeune fille aussi fraîche que la fleur qui s'ouvre à la rosée du matin... Le lendemain, ils se marièrent devant tout le village, mais le matin, Marie avait ouvert la boîte que lui avait laissée sa mère. La perle bleue s'y trouvait! Ce fut le cadeau de Marie à Brelindindin, qui en échange lui remit la branche de verveine.

— Et la morale, dit Yvonnec d'une voix grave, c'est que la folle passion des voyages dure cinquante ans ! Mais les maléfices de Satanas sont déjoués et les voyages abrégés, si vous gardez précieusement la branche de verveine, symbole de l'amour du sol natal, et si dans la chaumière vous attend la perle bleue, un cœur qui vous aime et prie la Vierge pour vous!...

— Ah! Yvonnec, si vous vouliez achever, s'écria Paul.

— Ce serait trop long, et il est trop tard. Un mot seulement, monsieur Paul. Je ne voyage plus parce que j'ai retrouvé sur le seuil de la maison paternelle que j'avais été coupable de quitter quand même, une enfant qui n'avait plus que moi sur terre. Cette enfant était la fille d'une de mes sœurs; la dernière, car la mort avait frappé à coups redoublés dans ma famille. Et vous le savez, chez ceux qui travaillent, la mort est la misère pour ceux qui restent. Cette pauvre petite demandait l'aumône pour s'acheter une robe blanche; elle allait faire sa première communion et il lui fallait cette robe, sinon, disait-elle, le bon Dieu se serait fâché. Elle a eu sa robe et tout ce que j'avais. Mais elle n'est plus de ce monde, la pauvre ange, et sans doute qu'elle prie là-haut pour moi, car je suis plus calme et... je ne voyage plus.

Après un silence qu'on sentait humide de larmes, la voix de Clinfoc se fit entendre.

— Encore un qui faisait bien de ne pas parler!

Une heure après tout le monde dormait à la tour de Cordouan, sauf le Breton qui pensait à sa petite perle bleue et Paul, qui de tout ce qu'on lui avait raconté dans la journée, ne se rappelait que les dernières paroles du Breton.

LA TRAITE DES NOIRS.

Bâtiment négrier.

CHAPITRE VI

ANTENOLLE

La *Blanchette*, navire négrier.—Tombaleau.—La dorade et les poissons volants. — Le canal de Mozambique. — Les tigres. — Un canot attaqué par une tigresse. — Zanzibar. — Les nègres. — Zanbalah et son frère, prisonniers à bord d'un navire portugais. — Le Sénégal. — Vengeance d'un nègre. — Un raz de marée à Saint-Denis. — La douane arabe à bord de la *Blanchette*. — Un navire négrier chassé par les Anglais.—Les Arabes poursuivent la *Blanchette*. — Mascarade à bord. — Révolte des nègres. — Naufrage. — Construction d'un radeau. — Fuite des officiers. — Les nègres et les requins. Dans la forêt. — Le boa. — Combat avec un navire anglais. — Les chaloupes anglaises. — La ruse des barriques. — Le mal de mer. — Bourbon. — Arrivée à Bordeaux.

Quand ce fut à Antenolle de parler, les anciens se récrièrent. Chacun fondait très-peu d'espoir sur l'intérêt que devait inspirer le récit des souvenirs du jeune marin. Antenolle en effet n'avait pas beaucoup voyagé, ni beaucoup souffert, si ce n'est du mal de mer. Paul ne voulut pas cependant le froisser et il le pria de lui raconter un des épisodes de sa vie.

— Il n'y en a qu'un, mais il est long, dit Antenolle.

— Nous écoutons, répondit Paul en souriant, pendant que tout le monde prenait place et que l'assurance d'Antenolle commençait à donner de l'inquiétude aux gardiens, sur la valeur et surtout la longueur du récit de leur camarade.

Antenolle commença :

— Je ne vous dirai rien de mon enfance. — Cet exorde fit éclater de rire. — Je voulais être marin, je me fis mousse. Triste métier quand on a toujours le mal de mer et toujours la fringale. Quand je n'étais pas couché sur les cadres, je rôdais autour de la cuisine. Mal à l'estomac perpétuel. Un beau matin comme le navire était fatigué de moi autant que j'étais fatigué de lui, on me déposa à Calcutta, d'où un trois-mâts bordelais devait me rapatrier.

Mais à peine à terre, je guéris comme de juste et je n'eus rien de plus pressé que de chercher à reprendre du service sur un navire qui ne rentrerait pas en France. Je voulais faire le tour du monde. Je voulais surtout forcer mon estomac à supporter les privations et le mal de mer, car pour un marin, un estomac pareil, c'est une honte.

J'avisai dans le port une corvette qui était sur le point d'appareiller. Or nous étions un vendredi, le 2 janvier, et par conséquent le premier vendredi de l'année. Triste jour pour commencer un voyage ! Je ne pus m'empêcher de faire tout haut cette réflexion, en inspectant de l'œil cette corvette sur laquelle j'aurais déjà voulu être embarqué.

— Tu as raison, petit, fit une voix à côté de moi.

Je me retournai et je me trouvai en face d'un matelot grand et fort, qui, à première vue, me parut être une de ces natures franches, pleines de dévouement, de bonhomie et de ruse, une vraie tête de vieux loup de mer, comme je les aimai, bien que j'aie senti plus d'une fois le bout de leur pied s'égarer dans le bas de ma veste. C'était un des gabiers de la corvette, appelé Tombaleau, un surnom qui valait le mien d'Antenolle. Nous eûmes bientôt lié connaissance. Il m'apprit que le navire en partance s'appelait la *Blanchette*, qu'il allait à Zanzibar chercher de la marchandise, — et en disant cela, il souriait d'un air goguenard, — et que de là il ferait voile vers l'Amérique.

Il faut vous dire que la *Blanchette* avait la coque noire comme celle d'une taupe. Je n'y fis pas attention et la figure de Tombaleau me plaisant, je lui demandai si on avait besoin d'un novice à bord.

— Oh ! me répondit-il, on a toujours besoin d'un gamin pour nous faire enrager et attraper des torgnoles ! Si le capitaine veut te prendre, et je crois qu'il ne demandera pas mieux, tu peux être sûr que je te servirai de matelot.

— Allons voir le capitaine, lui répondis-je.

Deux heures après j'étais à bord de la *Blanchette*. Le soir même on appareilla, et moi, comme d'habitude, je débutai dans mon service par un violent mal d'estomac. Tombaleau me fit coucher sur son cadre et m'y laissa endormir.

Vers minuit, je me réveillai d'un profond sommeil. Il faisait une chaleur étouffante. Je me levai pour monter sur le pont respirer l'air, car dans l'entre-pont il régnait une odeur de musc et de bouc qui était loin d'apaiser mon mal de cœur. Cette odeur me suivit sur le pont. Je n'eus pas le temps de m'en plaindre. Un grave événement venait de se passer et détourna un instant mes pensées en atténuant mon malaise.

Le lieutenant de quart venait d'être tué par un épissoir mal amarré dans la hune qui lui était tombé sur la tête. Le malheureux jeune homme gisait dans une mare de sang, au milieu des matelots sur lesquels cette mort tragique et inattendue produisait une vive impression. — Voilà ce que c'est que de partir un vendredi! murmura Tombaleau qui était derrière moi. Ma foi, si cela avait été en mon pouvoir, je n'aurais pas hésité à m'en aller, non pas à cause du mal de mer auquel je ne pensais plus, mais parce qu'il me semblait, comme à tout l'équipage du reste, que cette traversée, imprudemment commencée un vendredi et dont un fatal événement marquait le début, devait finir par une catastrophe.

Mais il était trop tard et il fallait se résigner. Ce qui m'inquiétait le plus, c'était de savoir ce que c'était que cette corvette qui sentait le bouc et ressemblait à un corbillard. Tombaleau me l'apprit en riant. J'étais sur un négrier!...

L'équipage se composait après la mort du lieutenant de douze hommes, ce qui voulait dire qu'en partant nous étions treize! — Le capitaine, qu'on avait surnommé Tranche-liard, à cause de son avarice, d'un caractère impérieux et dur, d'un égoïsme profond, peu sympathique à l'équipage ; deux officiers bons vivants, un maître, un charpentier, un tonnelier, quatre marins, un cuisinier et un mousse. Le mousse, c'était moi soi-disant.

La corvette était bonne marcheuse. Son coffre était doublé de cuivre et percé au sabord pour y placer une batterie. On avait haussé son tillac d'un bon tiers de plus que celui des corvettes ordinaires pour donner plus de hauteur au parc des noirs construit sur le faux pont, pour arrimer beaucoup de vivres, enfin pour assurer au navire la qualité principale de ne pas embarquer de vagues par le gros temps. De plus on avait construit une espèce de cloison appelée *rambade*, haute de six pieds avec une galerie pour y mettre des factionnaires. Dans cette cloison étaient percés des trous et des embrasures dans lesquelles on place des canons braqués sur l'avant de manière à foudroyer les nègres en cas de révolte. Une tente goudronnée, appelée *tôt*, couvrait le pont de l'avant à l'arrière, pour le préserver de la pluie, du soleil et de la mer, les écoutilles devant rester ouvertes jour et nuit.

Tel était le navire sur lequel ma mauvaise étoile m'avait placé. Je n'avais rien à dire puisque je l'avais voulu. Et encore, j'étais sur un navire négrier, soit ; mais il n'y avait pas de nègres. Quand il y en aurait, que serait donc ma répugnance. Ajoutez à cela que les Anglais font une chasse aux négriers ! gare à ceux qui passent à leur portée ! Toutes ces réflexions jointes à mon malaise persistant ne laissaient pas que de m'attrister, bien que la traversée fût admirable et que nous fussions favorisés par une brise excellente.

Comme j'étais les trois quarts du temps sur le pont, penché sur les bastingages, vous savez pourquoi, j'eus le temps de voir à mon aise la mer et les poissons. C'est un spectacle très-curieux que n'ont pas le temps d'examiner sérieusement les marins. Il faut être gardien de phare pour ça.

Parmi les poissons qui nous suivaient, il y en avait de toutes sortes dont j'ignorais les noms, mais il y avait surtout des dorades et des poissons volants. La dorade a le nez camus et mille couleurs chatoyantes, mais le poisson volant est plus joli et plus gracieux de forme et de couleur. Seulement il n'est pas si bon à la poêle. Ce petit malheureux a tellement de ressemblance avec les mousses que je ne pouvais m'empêcher de m'apitoyer sur son sort. En effet, il a des nageoires pour échapper aux oiseaux de mer et des ailes pour échapper aux dorades, mais il n'échappe ni aux uns ni aux autres : quand il ne tombe pas sous la dent de la dorade, il tombe sous le bec de la mouette. Et pourtant ce n'est pas faute d'être leste et malin, — comme le mousse !

La dorade est son plus mortel ennemi : il échappe encore aux autres poissons ; mais, dès que celle-ci lui donne la chasse, il est perdu. C'est une lutte curieuse, celle de la gourmandise contre la peur. Aussitôt que les deux ennemis se sont aperçus, le poisson volant prend son élan, s'élève dans l'air, puis rase les flots avec une rapidité qui tient du vertige. La fraîcheur de l'eau entretient l'humidité de ses ailes, et la brise dont il suit la direction aide à la rapidité de son vol : mais la dorade n'a pas perdu de vue sa proie, nageant sur le flanc pour mieux la guetter, elle effleure à peine la surface de l'eau et poursuit sa chasse avec acharnement, jusqu'à ce que le pauvre petit mousse, ne pouvant retremper ses ailes dont l'air sèche l'humidité, s'incline comme un navire démâté et tombe dans les dents de la dorade qui le saisit d'un bond.

Quelquefois la dorade en est pour ses frais. Le petit poisson, au lieu de s'envoler avec rapidité, se laisse dépasser par son ennemi, puis, faisant une volte, retrempe ses ailes dans la mer et se sauve en battant une contre-marche.

Très-curieux, je vous assure, ce spectacle, surtout quand on n'est pas malade en le contemplant.

Le capitaine ne m'avait pas pris à son service pour admirer les dorades et plaindre les poissons volants ; aussi était-il très-mécontent de moi et, sans la protection de Tombaleau, il m'aurait guéri à coups de garcette. Maître Tranche-liard me promit de me laisser à terre à la première occasion si je ne me guérissais pas. Cette promesse menaçante me donna à réfléchir et je tâchai de me surmonter. Peine inutile !

Enfin, onze jours après notre départ, nous mouillâmes à une petite île portugaise située à l'embouchure du canal de Mozambique. Un amas de cabanes obscures privées d'air et entourées de mauvais jardins mal entretenus, constituait toute la ville. Au milieu, une masure à un étage, un fortin en ruines, une chapelle représentaient les monuments. La masure était le palais du gouverneur, gardé par un officier, un fifre, un tambour et une garnison de dix-sept hommes !... Quant aux habitants, se disant tous portugais, ils avaient le teint couleur café au lait et les cheveux crépus comme ceux des nègres. Leur costume semblait lugubre, c'était un ramassis de vieux pourpoints démodés du siècle dernier, de vestes brodées, de grands cols, recouverts de manteaux en haillons que soulevait noblement une antique rapière. Et dire que ces grotesques étaient les descendants de ces hardis marins qui doublèrent les premiers le cap de Bonne-Espérance !...

Il paraît que notre capitaine ne put s'entendre avec le gouverneur pour l'achat des nègres que des courtiers lui avaient proposés, car il résolut de mettre à la voile et d'abandonner ce comptoir où il n'y avait rien à gagner. Cependant, avant de partir, il crut prudent de faire du bois. Les habitants voulurent lui en céder, mais comme il avait trop dépensé d'argent, il préféra nous envoyer abattre des arbres dans la forêt voisine qu'infestaient, paraît-il, des animaux féroces, quitte à y laisser quelques hommes, ce qui ne diminuerait pas du moins le poids de sa bourse.

J'aurais pu me dispenser de cette corvée, mais pour prouver mon zèle et aussi pour me promener à terre, je demandai à en être avec Tombaleau, le lieutenant et un autre matelot appelé Noël. Moi seul étais sans armes, sauf une petite hache à fendre le bois. Les autres avaient sabre et fusil.

Le soleil se levait à peine quand nous mîmes pied à terre dans une petite anse, bordée d'une forêt vierge et impénétrable. Nous attachâmes l'embarcation et nous nous avançâmes tous quatre de front. Le lieutenant avait armé son fusil qui était à deux coups. Les autres tenaient leur sabre à la main. Cette précaution n'était pas de trop, car nous avions aperçu sur la grève la trace des griffes d'un lion ou d'un tigre.

— Il vaudrait peut-être mieux s'en retourner, dit Tombaleau.

— Oh! fis-je avec aplomb, quoique le moins rassuré de tous, qu'avons nous à craindre ?

— Oui-da, dit le lieutenant. Eh bien, mousse de mon cœur, tu vas aller à la découverte. Passe devant.

— Merci bien, mon officier, répondis-je blanc comme un linge, ce sera pour une autre fois.

Nous arrivons à la lisière du bois. Par prudence je m'étais mis en arrière. Tout à coup je vis Noël trembler de tous ses membres, le lieutenant pâlir et Tombaleau froncer les sourcils. Dans le fourré un spectacle effrayant, bizarre, imprévu, venait sans

Les tigres.

doute de frapper leur vue, car moi je n'entendais qu'un bruissement de mâchoires occupées à dévorer une proie. J'avançai un peu la tête et je vis dans le brouillard, avec des yeux qu'obscurcissait la peur, un grand corps noir étendu par terre et sur ce corps de monstrueux animaux bondissant en secouant leurs têtes dans lesquelles brillaient deux feux follets ardents. J'en avais assez vu et je me glissai en rampant vers notre canot dont je détachai l'amarre et dans lequel je me blottis.

A peine y étais-je, que ce cri : « Sauvons-nous ! » fut suivi d'un rugissement épouvantable. Le lieutenant et Noël se précipitèrent dans le canot. J'appuyai sur les avirons et poussai de fond pour nous écarter du rivage.

— Et moi donc ? s'écria Tombaleau en se jetant à la mer pour nous rattraper.

Bien m'en avait pris de démarrer à l'avance, car à peine étions-nous à quatre toises que nous vîmes apparaître deux énormes tigres. A la vue de la ceinture d'eau qui nous séparait d'eux, les monstres nous regardèrent sans bouger, mais bientôt le plus petit prit son élan et vint tomber à une brasse de nous. Un instant aveuglé par l'eau, le tigre se mit à nager avec énergie vers notre frêle embarcation. Effrayé de ce danger auquel je ne m'attendais pas, je me couche à plat ventre au fond du canot en criant : Laissez-moi tranquille, et me bouchant les yeux et les oreilles.

Que se passait-il ? Je le sentais sans le voir. Le tigre avait fini par se cramponner à bâbord de notre bateau qui, entraîné par cette surcharge, s'était incliné au point de chavirer. Le lieutenant et Tombaleau se jettent à tribord et ce contre-poids redresse l'embarcation. Le tigre, dont les pattes de derrière ne reposaient sur rien, ne pouvait pénétrer dans le bateau, mais sa grande gueule nous recouvrait d'eau chaque fois qu'il reprenait son souffle, et il esquivait avec adresse tous les coups qu'on lui portait soit sur la tête, soit sur les pattes. Déjà il était à moitié dans le canot. La douleur des blessures que les sabres lui faisaient à la gorge redoublait sa rage, et, dans un dernier effort, il allait embarquer, quand je relevai la tête.

En se sauvant, le lieutenant avait jeté son fusil dans le fond du canot. J'étais couché dessus. Les autres fusils n'avaient pu servir. L'amorce seule avait brûlé. Mais celui-là était bien armé. Je le saisis, et mettant en joue le monstre :

— Ah! brigand! m'écriai-je, ça t'apprendra à me faire si peur!

Le coup partit et le tigre, foudroyé à bout portant, roula dans la mer et disparut sous une nappe de sang! Puis sans autres explications, nous appuyâmes sur les avirons et nous prîmes la mer, nous souciant très-peu de recommencer le combat, si le deuxième tigre venait à la charge.

Une fois hors de danger, on chercha à se rendre compte de ce qui s'était passé. D'abord, on me fit des compliments, mais j'étais redevenu si pâle et si tremblant que personne ne put me rassurer. Je croyais voir des tigres partout.

— Même dans l'eau, dit Clinfoc d'une voix railleuse. Il nous la baillerait belle, Anténolle, si on ne savait pas que les tigres comme les chats ont horreur de l'eau.

— Possible, reprit Anténolle vexé. Mais Tombaleau nous expliqua pour quoi, car ce fut le lieutenant qui, avant vous, monsieur, — et il appuya sur ce mot monsieur! — s'en était étonné. En courant sur la plage pour nous rejoindre, il avait bousculé dans le ressac d'un ruisseau un animal auquel il donna un tel coup de pied qu'il l'envoya à la mer, dont le courant l'emporta en dérive. Or, cet animal n'était autre qu'un jeune et petit tigre. La tigresse ne s'était précipitée à la mer que pour ressaisir son nourrisson, qu'elle croyait que nous emportions. Une mère se jetterait au feu pour sauver son petit, à plus forte raison quand c'est à l'eau et qu'elle sait nager!...

Quant à cette grande masse noire, nous sûmes le soir qu'un

requin s'était introduit pendant le flux de la marée parmi les racines crochues des mangliers qui bordent la côte, et n'ayant pu se dégager à temps pour regagner le large, s'était échoué sur le sable. Vous comprenez comme les tigres de la forêt s'étaient empressés de se donner rendez-vous autour de cette table, ouverte à leur appétit féroce !

Bien entendu que le capitaine ne retrouva personne pour retourner faire du bois, et il fut obligé d'en acheter. Le lendemain, nous mîmes à la voile. Deux jours après nous étions en vue de Zanzibar. J'avais repris mon service, seulement, le mal de mer continuant à me taquiner chaque fois que je me penchais en dehors des bastingages, Tombaleau me criait : « Gare aux tigres ! » et cela suffisait pour me calmer un instant.

Le soir même où nous aperçûmes Zanzibar, le ciel se couvrit à l'horizon de nuages d'un brun violet et les montagnes se cachèrent sous des masses de vapeurs jaunâtres d'un mauvais augure.

En effet, à peine fit-il nuit que des éclairs éblouissants jaillirent des nuages, qui peu à peu avaient envahi le ciel. La lune était rouge comme du sang. Le tonnerre vibrait partout. Les foudres tombaient en sifflant dans la mer écumante et les feux de Saint-Elme dansaient sur les cordages, sur les vergues et en haut des mâts. Bientôt la mâture, les agrès, le gaillard d'avant furent illuminés de flammes fantastiques qui, activées par le vent, nous enveloppèrent dans un réseau de feu.

Je n'avais jamais vu pareil spectacle, et j'avoue qu'il me causa une terreur qui laissa bien loin celle que m'avaient inspirée les tigres.

Cela ne dura pas longtemps. L'air qui était étouffant se rafraîchit. Le vent s'apaisa, et nous commencions à respirer, quand un cri de la vigie nous glaça d'effroi :

— Un homme à la mer !...

C'était notre ami Noël qui venait de tomber dans les flots. On jette la bouée de sauvetage. La barre mise dessous force le navire à prendre le travers, et on se précipite sur le gaillard d'arrière pour mettre à l'eau le canot suspendu en porte-manteau. Par malheur, le vent revient avec plus de force, la lune disparaît dans les nuages, et c'est à grand'peine qu'on affale le canot à l'eau avec deux fanaux allumés. Un énorme ressac roule le canot et éteint un fanal. Impossible d'y descendre. Le capitaine ordonne les manœuvres pour laisser arriver sous le vent et le navire obéit à la manœuvre, en laissant sur la mer notre canot, dont on voyait le fanal ballotté par la vague.

Nous courûmes une bordée pour nous éloigner du lieu du sinistre, les yeux toujours fixés sur cette malheureuse lumière. Enfin l'ouragan se calma de nouveau, et deux heures après nous nous retrouvions près de notre canot, dont le fanal projetait encore quelques lueurs mourantes. Dans le canot, notre camarade agenouillé nous tendait les bras. Vous dire notre joie est inutile, ça me serait du reste impossible à raconter.

Dès le matin, nous laissions tomber notre ancre au milieu d'un nombre considérable de navires dont pas un n'était français, devant le riche comptoir de l'île de Zanzibar. Notre capitaine s'occupa immédiatement de sa cargaison *d'ébène*, comme il appelait les nègres.

— Eh bien! me dit Tombaleau, ça va-t-il mieux?

— Ça ne va pas plus mal, répondis-je, et je crois que j'achèverai le voyage dans de bonnes dispositions, s'il plaît à Dieu et à mon estomac.

— Oh! fit-il avec amertume, nous ne sommes pas au bout. N'oublie pas que nous sommes partis un vendredi. Ce qui nous est arrivé, la mort du second, les tigres, la tempête, le bain de pieds de Noël, ce n'est que le commencement du commencement. Je ris au nez du grognon qui, sans se fâcher, ajouta :

Mais suffit !... tu verras, mon garçon. Je ne te dis que ça, tu verras !

Dès le jour même, on disposa la *Blanchette* pour recevoir deux cent cinquante noirs. Le navire fut réparé, les gamelles et les baquets furent confectionnés, le charnier à eau et la grande marmite furent installés, une nouvelle couche de noir fut passée sur la coque, on ensevelit le pont sous un énorme *tôt*, on haussa le faux pont et la *rambade*, enfin on plaça en batterie douze canons... dont deux seulement étaient véritables.

Pendant que ces travaux s'exécutaient à bord, notre capitaine faisait marché avec le gouverneur. Celui-ci reçut un pot de vin de 2,600 francs en sus des 22 francs d'impôt qu'il percevait par tête de nègre embarqué. Mais le père Tranche-liard comptait sur la contrebande pour esquiver ce dernier impôt. D'un autre côté, le gouverneur, qui se méfiait de lui, avait exigé que toutes nos embarcations lui fussent remises sauf une seule, indispensable au service du bord. Le capitaine s'en moquait bien ; il avait pris ses précautions.

Dès que les acquisitions furent en train, les douaniers escortèrent à bord les noirs inscrits et déclarés, les firent embarquer devant eux, puis montaient derrière eux ; comme cette opération se faisait toujours au coucher du soleil, ils fermèrent avec soin le cadenas de la chaîne qui attachait notre canot à l'arrière du navire et allèrent se coucher sur la dunette. J'avais placé près d'eux une bouteille de rhum et un flacon d'ariak, — c'était l'ordre du capitaine. Je ne savais pas pour quel motif, mais comme je les guettais, je les vis boire et s'endormir ivres-morts. Le capitaine les guettait aussi, car, aussitôt qu'il les vit endormis, il me dit tout bas :

— Eh ! gamin, à l'ouvrage ! Dédoublons le canot !

Machinalement, sans rien y comprendre, je le suivis. Le canot avait été construit en double, c'est-à-dire qu'il contenait une seconde embarcation très-facile à démonter et à mettre à flot ; c'est au moyen de cette embarcation que le capitaine devait chaque nuit aller chercher à l'embouchure de la rivière, de l'autre côté de la ville, les nègres que lui vendaient à très-bon compte des courtiers de contrebande. Vous comprenez quelle économie devait en retirer maître Tranche-liard. Restait à savoir comment il s'en tirerait quand la douane visiterait notre navire.

La traite des nègres étant aujourd'hui défendue, on ne voit plus de négriers. Les Anglais leur font la chasse, mais pourtant je sais qu'il y en a encore beaucoup, surtout de ces côtés-là ; voici, à cette époque, comment ça se passait à Zanzibar.

Il n'existe pas de vente à l'encan. Les habitants se défont de leurs esclaves par besoin d'argent ou ne les livrent à la traite que parce qu'ils sont mécontents de leurs services. Les noirs arrivent par cargaisons, soit des îles environnantes, soit de la côte. Ils ne se révoltent jamais et se sauvent encore moins, car s'ils retournaient chez eux, ils seraient massacrés par leurs compatriotes ; l'esclavage est considéré en Afrique comme une dette sacrée.

Ces malheureux perdent leur liberté de plusieurs manières. D'abord tout plaideur qui perd son procès devient esclave du roi ; aussi tous les monarques excitent leurs sujets à plaider les uns contre les autres. Ensuite le mari peut vendre sa femme et ses enfants quand bon lui semble, et le maître qui a mis son esclave pour enjeu est obligé de le remplacer si celui-ci prend la fuite. Ajoutez-y tous les vaincus, car dans ces pays-là on se bat toujours et l'esclavage est le châtiment de la défaite.

Et maintenant voici comment les esclaves étaient et sont peut-être encore traités à bord d'un négrier :

D'abord et avant tout, la santé du navire dépend de sa propreté : on lave à grande eau, chaque soir, le pont supérieur dès qu'il est évacué par les nègres, ce qui fait que le plancher peut sécher la nuit. Les noirs séjournent dans le faux pont depuis le coucher du soleil jusqu'à son lever, les écoutilles toujours ouvertes. A partir de l'âge de vingt ans et au-dessus, ils sont accouplés deux à deux et mis aux fers. Une petite barre rivée à ses deux extrémités et garnie d'anneaux coulants sert à attacher leurs pieds : on en exempte ceux dont la conduite et les paroles ne respirent ni la vengeance ni la révolte.

Les négresses et les enfants occupent la grande chambre entre les cabines de l'état-major. Du reste chacun des esclaves occupe, pendant la nuit et durant toute la traversée, la même place. Le jour, on change leurs places quand ils sont sur le pont.

Tous les matins, une demi-heure après le lever du soleil, on les fait monter sur le pont quatre par quatre. Là, ils font leur toilette, c'est-à-dire qu'ils se lavent la figure et les mains dans un grand baquet rempli d'eau de mer et se rincent la bouche avec du vinaigre pour éviter le scorbut. Puis, ils prennent leurs places pour la journée.

A dix heures, on leur sert le premier repas, six onces de riz, de millet ou de farine de maïs cuits à l'eau, auxquels on ajoute du sel, du sucre, de la viande ou du poisson salé, mais en très petite quantité ; chaque gamelle est pour six personnes.

Dès que l'heure du repas est sonnée, les nègres qui, les yeux fixés sur le guichet de la rambade par où sont introduits les vivres, attendent en silence qu'on satisfasse leur gloutonnerie, font entendre un murmure joyeux. Aussitôt quelques hommes de l'équipage aidés par les petits nègres se rangent de l'avant à l'arrière pour faire parvenir les gamelles jusqu'aux places les plus reculées. Sans cette précaution pas une n'arriverait intacte à destination. Il faut voir comme c'est vite expédié !....

Un coup de balai sur le pont suit le repas et, tout étant remis en place, on leur distribue les travaux de la journée, car le travail les distrait de leurs pensées de révolte. Les uns font de petits cordages ou de la tresse, d'autres trient les légumes, ceux-là grattent les planches de leur lit. Pendant ce temps des interprètes apprennent aux esclaves des chansons, ou leur racontent des récits merveilleux. Puis viennent les tours de force et les jongleries exécutés par les plus adroits matelots.

A quatre heures, nouveau repas : mêmes dispositions, même nourriture, même avidité. Après le repas, les danses commencent, avec un orchestre composé d'une calebasse, d'un bambou vide et d'un tam-tam qu'ils accompagnent des pieds et des mains en poussant des hurlements bizarres. Un nègre et une négresse entrent dans l'arène ; d'abord froids, impassibles, ils font des mouvements de tête, de bras, d'épaules et des grimaces grotesques. Bientôt s'échauffant, ils changent d'allure. Oh! alors ce ne sont plus des créatures humaines ! D'autres groupes les imitent, c'est de tous côtés des cris, des contorsions à se boucher les oreilles et les yeux !

Enfin haletants, accablés, brisés de fatigue, essoufflés à force d'avoir crié, ils tombent brutalement à terre et d'autres danseurs les remplacent, jusqu'au coucher du soleil, où le capitaine donne le signal de la retraite et tous les esclaves redescendent après avoir été minutieusement fouillés.

La nuit venue et la toilette du pont terminée, nous nous retranchons avec nos armes en arrière de la rambade ; la moitié de l'équipage est de quart jusqu'à minuit, l'autre moitié de minuit à quatre heures du matin. Dans le jour personne ne se repose.

Vous voyez qu'il y a loin de ce traitement aux relations exagérées des voyageurs qui ont fait des esclaves de misérables victimes et des négriers d'affreux bourreaux. Je sais bien qu'il y a des exceptions, mais elles sont rares. Étant à l'île Bourbon, j'eus l'occasion de voir un nègre affranchi qui avait eu affaire à un de ces féroces négriers.

Je vous demande la permission de vous raconter son histoire :

On l'appelait Zambalah. Il fut fait prisonnier au Sénégal, voici comment. Un navire portugais qui faisait la traite et à qui les Anglais donnaient la chasse, profita d'un gros temps et d'une nuit obscure pour fuir et gagner la Sénégambie. Il remonta le fleuve et mouilla très-loin de l'embouchure où il se mit à l'abri de toutes poursuites. Zambalah, qui connaissait parfaitement la côte, avait prêté aux Portugais le secours de son expérience : comme il était chef d'une peuplade de noirs, il vendait lui-même les prisonniers qu'il faisait dans ses excursions guerrières. Ses gens vinrent le rejoindre au rendez-vous donné et le trafic eut lieu selon la coutume ordinaire. Seulement, au moment de débarquer, Zambalah et son frère se virent entourés, garrottés et jetés à fond de cale avec les autres esclaves.

Après quinze jours d'une traversée difficile le long des côtes d'Afrique dont les vents éloignaient le négrier, le lâche capitaine alla voir sa marchandise. Zambalah lui dit :

— Maître, je t'appartiens, fais de moi ce que tu voudras ; mais voici mon frère qui est malade, donne-lui de l'air, un peu d'eau fraîche, laisse-le sur le pont quelques heures et, si tu lui sauves la vie, je te promets de te servir jusqu'à la mort, sans jamais te reprocher ta perfidie.

— Quelles garanties me donneras-tu ? demanda le Portugais.

— En voici une. C'est un couteau qu'un matelot a laissé tomber à mes pieds ; si tu me refuses, je tue mon frère et me tue ensuite. Parle vite, au moindre geste tu as deux esclaves de moins.

— J'accepte, mais toi aussi tu resteras sur le pont pour aider à la manœuvre, car j'ai des matelots malades.

— Sauve mon frère.

— Ton couteau ?

— Le voici.

— Je vais te délier.

— Délie d'abord mon frère.

— Vous voilà libres. Attends, je vais le faire porter sur le pont.

— Je le porterai bien moi-même.

On arrive à l'air, mais Zambalah ne portait plus qu'un cadavre.

Le nègre Zambalah.

Il se retourna vers le capitaine après avoir embrassé les restes inanimés de son frère :

— Commande, dit-il, je suis ton esclave.

Cependant le mauvais temps durait toujours et le navire fut plus d'une fois en péril de sombrer. Une fois il donna une si forte bande, qu'avant qu'il pût se relever, une lame déferla sur le pont en enlevant trois hommes. Zambalah jeta un coup d'œil rapide autour de lui. Le capitaine et deux matelots avaient disparu.

— Je suis son esclave, s'écrie Zambalah, mon devoir est de le sauver.

Et fouillant du regard, dans les débris que la houle promenait çà et là, il vit le capitaine luttant avec peine contre le flot. Il saisit un filin qu'il passe à son bras et dont il noue un bout au bastingage, puis se précipite. Bientôt il arrive près de son maître, lui donne le filin, remonte à bord et, aidé de deux matelots, il parvient à hisser le capitaine sur son navire.

— Va, tu es libre, Zambalah, dit celui-ci dès qu'il eut repris ses forces.

— Ta parole, maître ?

— Je te la donne.

La parole d'un négrier est, paraît-il, chose sacrée, car le lendemain à son réveil Zambalah... était rivé au même anneau où il avait demandé un peu d'air pour son frère !...

Les vents opposés continuant à souffler, le négrier fut obligé de doubler le cap de Bonne-Espérance et de courir vers Bourbon, pour débarquer clandestinement sa marchandise sur quelque point de l'île peu surveillé.

En effet, au milieu d'une nuit sombre, on vit deux ou trois barques gagner la terre à force de rames. Chaque embarcation contient cinquante noirs retenus par de solides liens. On les débarque sur la plage. A la lueur de plusieurs torches, un débat s'engage entre le colon et le négrier, on se serre la main et on se dit adieu.

Mais une voix s'écria :

— Je ne suis pas esclave, moi, n'est-ce pas capitaine ?

— A propos, dit le Portugais à l'acquéreur, j'ai oublié de

vous dire que cet homme a des moments de folie furieuse. Il rêve qu'il est libre ou qu'il l'a été. Je le guérissais à grands coups de lanières.

— Et moi je le guérirai à coups de fouet.

L'air siffla et le sang qui coula des épaules de Zambalah lui apprit qu'il était encore et pour longtemps esclave.

De tous les noirs de l'habitation où le malheureux esclave fut employé à défricher les terres, il fut le plus laborieux, le plus sobre, le plus intrépide. Zambalah s'était soumis à sa destinée. Il attendait. Rien de plus patient qu'un nègre qui couve sa vengeance, rien de plus terrible que le nègre qui se venge. Je les ai vus à l'œuvre.

Son maître, satisfait de ses services, dit un jour à Zambalah :

— Je suis content de toi. Que veux-tu pour récompense ?

— La liberté, dit l'esclave.

— Qu'en ferais-tu ?

— J'irais de par le monde chercher l'homme qui m'a vendu quand j'étais libre et le tuer, répondit Zambalah.

— Voilà ta folie qui te reprend. Prends garde au fouet.

— Pardon, maître, je n'en parlerai plus.

Un soir que le planteur était à Saint-Paul, il se vit forcé de partir pour Saint-Denis et se décida à faire la traversée à l'aide d'une de ces rapides pirogues que les noirs sont si adroits à manœuvrer. Zambalah gouvernait l'embarcation qui volait sur les eaux, et, la brise aidant un peu, on devait arriver avant la nuit au périlleux débarcadère, la capitale de Saint-Denis. Mais qui peut répondre à Bourbon d'entrer dans le port ? Déjà l'on voyait la plage de galets, quand une chaleur étouffante se fit sentir ; la mer devint unie comme un lac d'huile, puis le ciel se montra tout brillant d'azur. A la côte, les arbres cessent leurs ondulations et se reflètent dans le cristal paisible des flots, tandis que sur le fort de Saint-Denis s'élève un pavillon noir. Un terrible ras de marée était signalé, et les navires à l'ancre jetaient leurs signaux de détresse.

C'est qu'on ne connaît pas beaucoup la valeur de ce mot lugubre : raz de marée ! — Ceux qui croient qu'il n'y a de tempête sur l'Océan que lorsque la foudre éclate et tombe, lorsque les vents tourbillonnent, et que les eaux s'amoncèlent, ne savent pas que le raz de marée est le plus terrible des fléaux de la mer. Il a lieu dans les détroits, les canaux et le long des îles volcaniques, quand les feux sous-marins n'ont pas assez de force pour faire surgir de nouvelles montagnes.

Tout est silencieux et frais à terre et dans les airs. L'Océan seul se gonfle, bondit et retombe. Les ancres dérapent, les gros câbles se brisent, les voiles coiffent les mâts. Toute manœuvre est inutile, tout effort est impuissant. Il n'y a qu'à se croiser les bras, faire sa prière si on est chrétien, dire adieu à sa famille si on en a encore et attendre la mort.

Au milieu de ce calme si parfait de la terre et du tumulte des flots, Zambalah et son maître se regardaient sans rien dire et les nègres de l'embarcation chantaient leur hymne de mort.

— Eh bien, dit le colon à son pilote, vois-tu un moyen de nous sauver ?

— Aucun. Dans quelques heures je serai aussi libre que vous. Ah ! que je voudrais vivre pour le retrouver !

— Qui donc voudrais-tu retrouver ?

— Mon premier maître, celui qui m'a vendu quand j'étais libre.

Et la barque bondissait au gré de la lame, au milieu des mille débris des navires à l'ancre que les flots avaient fait déraper. Sur la plage, le peuple et les soldats recueillaient tous ceux qui étaient échappés à la mer. La pirogue du planteur a le sort des autres, elle chavire et s'engloutit. Zambalah, qui ne veut pas mourir sans vengeance, lutte contre les flots et se trouve côte à côte avec son maître, auquel il présente un débris de vergue dont il s'était saisi lui-même. Une vague les pousse, les soulève et les jette sur la plage. Une deuxième vague les reprend, et, au moment où son maître va disparaître, l'esclave le saisit en se cramponnant au sol. La foule les entoure, leur prodigue ses soins. Ils sont sauvés !

Zambalah, sans rien dire, se rejette à la mer. Il y avait six nègres dans l'embarcation. Il faut les sauver. Mais le flot ne le veut pas et par trois fois le rejette seul sur le rivage.

— Tu es libre, Zambalah, lui dit son maître, et je serai fidèle à ma parole.

En effet, l'esclave le lendemain partait pour Calcutta sur un navire, où il prit passage en qualité de matelot. Il en revint avec un bras de moins, car il eut le bonheur d'y rencontrer le capitaine négrier qui l'avait fait prisonnier dans la Sénégambie, et l'avait tué dans un combat à outrance. Quand on lui en parlait :

— Le Portugais ne mentira plus. Il m'en a coûté un bras, mais j'y ai mis bon ordre, disait-il, en se gonflant les narines de joie.

Depuis, il vit à Bourbon comme un sauvage qu'il est, mais il est libre !

Mais je reprends mon récit, car si je me laissais emporter par mes souvenirs, je n'en finirais plus de vous raconter des histoires de nègres et de négriers, d'autant mieux que mon histoire va encore rouler sur ces moricauds !

Donc, notre chargement était au grand complet, il ne nous restait plus qu'à mettre à la voile; mais il fallait avant notre départ subir la visite de la douane. Or, nous avions embarqué cent cinquante esclaves en contrebande. Qu'allait-il se passer ?

Le capitaine résolut de partir et de s'acquitter avec les bagnes du petit foc, autrement dit, de lever le pied sans payer. Voici ce qu'il imagina : comme on ne pouvait appareiller du mouillage même, à cause du bruit de la manœuvre, sous prétexte d'installer une *palangre*, c'est-à-dire un grand cordage avec des hameçons pour la pêche, on allongea une immense touée qui s'étendait du navire jusqu'au nord de la ville. Sur cette touée on halerait le navire sans avoir besoin de voiles.

Dès que la nuit fut venue, on commença à haler la *Blanchette*, dans le plus grand silence. Une fois que le navire fut en dehors de la partie nord de la ville, à l'abri de la surveillance des sentinelles, nous levâmes toutes nos voiles à la brise de la terre. Bientôt, nos voiles orientées et favorisées par le vent, nous voguâmes pleins d'espoir, en adressant un adieu ironique à la douane de Zanzibar.

Quant à nos gardiens arabes, qu'on avait enivrés plus que de coutume, ils ronflaient si bien que leur sommeil ne fut pas troublé par nos cris de triomphe. Mais il ne faut pas vendre la peau de l'ours avant de l'avoir tué, car, au moment où nous chantions victoire, la brise tomba tout à coup et fut remplacée par un calme tellement plat, que nous ne pûmes résister au courant qui nous poussait vers la ville. Il nous fallut mouiller nos voiles à deux lieues de la rade. L'intention du capitaine était de déposer nos douaniers endormis à l'extrémité de l'île. Ce contre-temps aurait dû le faire changer d'avis, et pourtant on résolut de les descendre dans leur embarcation que nous traînions à la remorque, pour les abandonner au courant qui les ramènerait à la côte.

On les réveilla et Dieu sait quelle figure ils firent en apprenant notre escapade. Quelques minutes après, jetés dans leur canots, ils disparurent à nos yeux emportés par le courant. Leurs menaces et leurs imprécations retentirent dans le silence de la nuit et, moi, qui avais tant ri de leur grotesque figure quand je les eus réveillés, je me sentis froid dans le dos en les entendant jurer comme des païens qu'ils étaient, les Arabes.

Vers deux heures du matin le tonnerre éclata, signe de calme dans ces parages. Et en effet le calme était plus profond que jamais. Le capitaine consulta l'équipage.

— M'est d'avis, dit Tombaleau, que si nous n'en imposons pas à ces brigands, nous sommes fichus, car ils vont revenir et en nombre. Le mieux est de leur faire peur. Voilà mon avis.

— De quelle façon t'y prendrais-tu pour effrayer les Arabes ?

— Ce n'est pas malin, nous avons le temps. Déguisons notre corvette en trois-mâts de guerre avant que le jour se lève.

— Ma foi, oui, tu as raison, Tombaleau, déguisons le navire.

— Si ces brigands nous reconnaissent, eh bien, capitaine, nous taperons dessus. Ca nous amusera !

Il faut vous dire que le capitaine s'y connaissait à déguiser un navire. Tombaleau m'avait déjà raconté ses prouesses. Il avait plus d'une fois fait la traite sur une de ces jolies goëlettes espagnoles qui remontent toutes les rivières des côtes d'Afrique pour prendre leur chargement de *bois d'ébène*, en dépit des croiseurs anglais et français qui sont là, battant la marche en long et en large devant les rivières soupçonnées de traites.

Le petit navire sort cependant, rasant la terre, et semble jouer au milieu des récifs où il a à peine de l'eau en suffisance pour flotter, mais il court toujours.

La corvette qui le surveille, court sur une ligne parallèle, mais au large. Commandant, officiers, équipage, tous ont bien reconnu le gredin ; c'est une goëlette à hunier. Son perroquet est très-échancré et la moitié de ses laizes sont neuves. Sa coque est peinte en noir. C'est bon va, rase bien la terre, dès que tu prendras le large, tu seras pincée ! mais la nuit vient et gare à la métamorphose.

Une nuit, sur la côte des Graiwes, un croiseur anglais se

tenait en vue et au large d'une petite rivière. Quelques navires étaient au mouillage à trois milles de terre. Dans la soirée on aperçut, à travers les arbres qui bordent la rivière, les hautes voiles d'une goëlette, s'avançant vaillamment au milieu des brisants de la barre, qu'elle franchit aisément, comme un cheval de course saute une barrière. Sa coque était entièrement noire et sur le pont on voyait une foule de boules rondes et crépues. C'était mon capitaine Tranche-liard qui venait de faire son chargement d'ébène pour le compte d'un armateur espagnol.

— Hurah ! nous l'aurons ! crient les Anglais.

La goëlette, le cap au large, se dérobe et serre la côte de si près qu'on croirait qu'elle navigue sur le sable du rivage. La nuit vient. Pas de lune. Temps à grain. On veille à bord de la corvette. A chaque instant le commandant demande des nouvelles du négrier.

— Rien en vue, répond la vigie.

Sur la goëlette on veille aussi et il s'y fait un grand travail.

A minuit, la vigie anglaise signale une tartane en vue courant sur la corvette. Le commandant monte sur la dunette et aperçoit, aux rayons de la lune qui montre son nez tout exprès, une longue tartane à batterie blanche qui vient innocemment, vent arrière, et passe à portée de voix sous la batterie du croiseur.

On la hèle :

— D'où venez-vous ?

— D'Antibes.

— Votre nom.

— L'*Alerte*.

— Avez-vous rencontré une goëlette ?

— *Voui*, monsieur, à quatre milles d'ici, le long de terre...

C'était mon capitaine Tranche-liard qui venait de jouer un

bon tour au croiseur anglais. En deux heures, il avait eu le temps de transformer sa goëlette en tartane sans oublier, pour compléter la métamorphose, de lui peinturlurer une batterie blanche.

Vous comprenez que, le capitaine n'en étant pas à son premier coup d'essai, nous eûmes bientôt fait de déguiser la *Blanchette*.

D'abord, nous commençâmes par orner le triste flanc noir du navire d'une ceinture jaune plaquée à grands coups de pinceau, puis nous allongeâmes les mâts du perroquet des deux bouts-dehors. La corne fut placée sur les plats-bords, nous élevâmes un troisième mât sur notre arrière. Le tôt fut enlevé et les bastingages élevés au moyen de faux pavois, puis nous ouvrîmes les sabords. Enfin des canons en bois, ajoutés à nos deux seules caronades, nous complétèrent une batterie de six pièces à tribord. Pour dernière précaution, nous bondâmes le navire d'un espèce de filet d'abordage. Au jour, la *Blanchette* offrait, à s'y méprendre, l'aspect d'une corvette montrant douze bouches à feux.

Le navire étant déguisé, nous songeâmes à nous déguiser aussi pour rendre l'illusion plus complète. Les quelques nègres dévoués qui nous aidaient à faire le service à bord, furent bientôt transformés en matelots. On les barbouilla avec un mélange de farine, de sang de poulet et d'eau. On les affubla de perruques d'étoupe et on les revêtit d'un costume de marin. Le capitaine prit son grand costume d'officier, le lieutenant un frac d'officier anglais. Cinq ou six grands chapeaux de paille noircis à la hâte, tordus en forme de tricornes et surmontés de panaches de plumes de coq abritèrent nos têtes. Enfin, l'étamine d'un pavillon fournit des ceintures à tout ce brillant état-major.

Je ne m'étais jamais trouvé à pareille fête. J'étais le plus heureux de tous, d'autant mieux que, le navire étant en panne, je n'avais pas le mal de mer.

Il était temps. Une flottille d'embarcations se dirigeait vers nous. C'étaient des pirogues, pleines de gens armés faisant force de rames pour rallier la *Blanchette*.

Aussitôt le son aigu du sifflet se fait entendre. On hale sur l'embossure, et notre navire obéissant à la force de ce cordage se place en travers de l'ennemi et lui montre sa batterie. Le pavillon anglais monte à la corne et on l'assure d'un coup de canon.

Les Arabes pour répondre à cette politesse lèvent leurs rames et arborent leur pavillon. Puis ils tournent autour de nous et, ne reconnaissant plus la *Blanchette*, vont s'éloigner, quand Tombaleau qui était chargé du service des caronades, s'ennuyant de voir « ces chiens » rôder autour du navire, leur envoie une décharge à mitraille.

Stupéfaits un instant par cette trombe de fer qui tue et blesse beaucoup d'entre eux, les Arabes se regardent, mais reviennent en poussant des cris de fureur. Tombaleau a eu le temps de recharger ses deux caronades. Cette fois une trombe de flammes et de fer tombe sur les draws, les coule, tue leurs matelots et nous délivre en cinq minutes de nos ennemis.

Au même instant la brise s'élève, et cette fois, pour tout de bon, nous nous éloignons de Zanzibar, non sans avoir déshabillé la *Blanchette*, les nègres et nous-mêmes du travestissement qui nous avait si peu servi. Je dois dire que c'est ce qui me fit le plus de peine. Je m'étais habitué à mon costume.

Du reste, le mal de mer me reprit plus que jamais. Il fallut, pour m'en guérir provisoirement, ce qui nous arriva, vingt jours après, un vendredi, 13 mars !...

Depuis quelque temps, nos nègres ne mangeaient plus de bon appétit. Ils négligeaient leurs travaux, ne se livraient plus à la danse et répondaient avec insolence à nos observations. De plus, ils se livraient à des chuchotements furtifs qui cessaient aussitôt à notre approche.

Le 13 mars au matin, j'étais couché sur mon cadre quand

j'entendis un grand bruit sur le pont. Je me levai comme je pus, car j'étais vraiment malade, et je monte sur la galerie. Les nègres venaient de se révolter !...

Une révolte de nègres est terrible en ce sens qu'on ne peut pas tirer sur eux, chaque homme valant au bas mot mille francs. Il faut donc se servir d'autres moyens que ceux de la force.

L'équipage s'est réfugié sur la dunette pour fuir la masse hurlante des nègres qui envahit le pont, car ils se sont débarrassés de leurs fers et nous opposent une barrière infranchissable en nous jetant à la tête tout ce qu'ils trouvent à leur portée. On essaie de parlementer, on presse, on crie, on menace. Ils n'en continuent pas moins d'avancer. Dans un instant nous ne pourrons plus nous maintenir à notre poste.

RÉVOLTE SUR UN BÂTIMENT NÉGRIER.

— Gare aux *pigeons* ! s'écrie Tombaleau en traînant un sac de toile grossière.

Ces *pigeons* sont des espèces de clous à quatre pointes très-aiguës dont une extrémité se trouve toujours relevée. C'est d'un excellent secours à bord des négriers, car les esclaves, dont les pieds et les jambes sont nus, ne peuvent franchir ces dangereux obstacles. C'est ce qui arriva.

A la vue de ces pointes redoutables dont, grâce à Tombaleau, le pont fut inondé, les esclaves, épouvantés, s'arrêtent au milieu de leur élan. Leurs cris de fureur redoublent et ils nous jettent à la tête leurs gamelles et des barres de fer. Pendant ce temps, les derniers rangs des esclaves, qui ne savent pourquoi les premiers se sont arrêtés, passent sur eux et montent à l'assaut.

— Allons, dit le capitaine, avec un profond soupir, la vie avant la fortune. Feu sur ces gredins et ajustez de votre mieux, bien que chaque coup doive me coûter mille francs !...

A peine cet ordre est-il donné, que fusils et pistolets commencent leur œuvre. Chaque balle trouve un corps. Le sang coule partout, mais la rage des révoltés est telle qu'ils ne reculent pas, et, pour éviter de marcher sur les *pigeons*, ils se servent des cadavres des leurs, qu'ils entassent et montent sur cette barricade de chair humaine pour nous atteindre.

Impossible de charger nos armes. Cela demande trop de temps. Nous nous servons de longues piques et de sabres. C'est un affreux carnage.

Moi, je ne suis plus malade ou plutôt je deviens enragé. A côté de Tombaleau, dont la hache abat beaucoup de victimes et qu'on est obligé de retenir, car, emporté par son ardeur, il va se précipiter au milieu des nègres, je suis un des combattants les plus furieux.

Certes, de tous les hommes de l'équipage, j'ai le plus pâli et tremblé en entendant les Africains pousser leur cri de révolte, mais bientôt je ne sais quelle réaction s'est opérée en moi. Le sang me monte à la tête, et je m'écrie en m'emparant d'un sabre :

— Ah! brigands, vous venez m'humilier et me mécaniser,

La révolte.

vous que je pouvais gifler à mon aise et faire marcher comme des chiens! Attendez, moricauds, pan! pan!

Et je tape, sans me douter que je suis au poste le plus dangereux, c'est-à-dire au premier rang. Qu'est-ce que ça me fait? Je n'ai plus le mal de mer.

Malgré le nombre des ennemis abattus, la victoire semble ne pas nous appartenir encore, et le danger n'en devient que plus grand devant la résistance des esclaves et notre propre fatigue. Déjà le capitaine est tombé frappé d'un coup de bouteille à la tête. Tombaleau, qui glisse sur le fronton, est saisi par les nègres qui l'entraînent, et moi, ne me connaissant plus, je me suis élancé au secours de mon matelot. Le lieutenant et les autres matelots, ne pouvant pas nous laisser périr sans défense, s'abattent du haut de la dunette sur la foule des révoltés.

C'est à coups de poignard que nous nous frayons un passage dans les rangs des esclaves, qui nous entourent, nous pressent, nous étouffent et paralysent nos mouvements. Un miracle peut seul nous sauver. Le miracle arrive pour nous débarrasser de nos ennemis, mais pour nous mettre dans une position plus périlleuse.

Trop occupés de nous battre pour nous occuper des manœuvres, personne ne fit attention à l'état de la mer et au navire. Un grain banc venait de nous assaillir et le gouvernail étant abandonné, la *Blanchette* s'inclina d'une façon tellement effrayante que le désarrimage le plus complet s'ensuivit. Hommes et objets roulent pêle-mêle et avec fracas du côté du tribord. Nous essayons de nous relever, un torrent d'eau nous renverse, on s'accroche à la mâture et aux points de la carène que la mer n'a pas envahis et nous regardons d'un œil hébété les vagues qui bondissent et nous couvrent de leur écume.

La corvette a chaviré et s'est couchée sur le côté. Heureusement qu'elle ne s'enfonce pas dans l'abîme, mais une minute d'hésitation peut nous perdre. Si la tempête arrive, nous sommes infailliblement perdus. Le capitaine revenu de son évanouissement et quoique faible encore donne les ordres.

— Lieutenant, dit-il, sautez dans le canot avec le charpentier et allez détacher en toute hâte les épaves qui nous aideront à construire un radeau.

On se rappelle que ce canot était la seule embarcation que nous avions, les autres étant restés en gage à Zanzibar. Il nous fallait donc un radeau au plus vite.

Le navire gisait sur le côté et sa mâture battait la vague à chaque roulis : c'était donc très-pénible et très-dangereux de construire un radeau, cependant on finit par détacher les basses-vergues, mais le danger nous avait fait oublier les nègres, et eux ne nous oubliaient pas.

Le pont avait été vite balayé des cadavres qui le jonchaient et d'une grande partie des révoltés, qui, surpris par le roulis, étaient allés boire un coup à la grande tasse. Ceux qui étaient enfermés dans l'entre-pont avaient essayé de fuir la lame qui les inondait

La corvette s'est couchée sur *babord*

et s'étaient réfugiés près de nous, sur la galerie et la dunette. Ils ne songeaient plus à la vengeance, mais leur effroi était grand, surtout à la vue de leurs camarades tombés dans la mer et dont une bande de requins qui tournaient depuis le matin autour de la *Blanchette*, — les gredins ! ils sentaient la chair fraîche ! — faisaient tranquillement leur repas. On apercevait une tête, puis cette tête s'enfonçait et un filet de sang en marquait la place. Ce n'était pas plus rassurant pour nous que pour eux. Les requins ne quittaient pas de vue le bâtiment échoué.

Mais quand les nègres s'aperçurent que nous avions pris le canot, ils crurent qu'on allait les abandonner. Dominés par la peur, insensibles à notre voix, ils nous accablèrent d'injures et, nous menaçant de mort, ils recommencèrent la lutte.

Nous étions désespérés. Le lieutenant reste stationnaire à quelques brasses de la *Blanchette*, car les nègres veulent envahir le canot, mais sur un ordre du capitaine, il accoste le couronnement en ayant soin de déguiser son évolution pour leur donner le change.

En effet, on dirige le canot sur l'avant du navire, où les noirs se portent en foule pour se saisir de notre embarcation, mais l'officier tourne et accoste la poupe avant qu'ils puissent se douter de son dessein. Le capitaine et un matelot sautent dans le canot qui prend le large; mais à peine les nègres qui attendaient à l'arrière s'en furent-ils aperçus qu'ils crurent qu'on les abandonnait définitivement et se jetèrent à la mer pour se mettre à notre poursuite. Le canot prend chasse devant eux.

Mais un nègre plus agile est parvenu à le rattraper. En désespéré, il s'accrocha à l'arrière, et pendant que le matelot tient la voile que le vent déchire, le capitaine enjoint au nègre de se retirer, et sur son refus, lui casse la tête d'un coup de barre. A ce moment, deux autres matelots les rejoignent et, grâce à ce renfort, la barque par une habile manœuvre échappa aux autres nègres.

Peu à peu le nombre de ces malheureux diminue. Les uns sont trahis par leurs forces, les autres deviennent la proie des requins. A chaque restant un cri retentit, une malédiction est adressée au capitaine, et un homme disparaît. Sur la *Blanchette*, le spectacle est affreux. Chaque lame entraîne dans son ressac femmes et enfants.

Encore si c'était fini là!... Mais tous les nègres ne se noient pas. Il en est qui parviennent jusqu'à l'embarcation, mais le canot

D'un coup de barre, le capitaine lui cassa la tête.

va couler si un seul parvient à monter. Alors, à coups d'avirons, on les assomme... Cette dernière lutte dura deux heures!...

Heureusement que je n'ai pas vu ce terrible spectacle : c'est Tombaleau qui me raconta plus tard ce qui s'était passé, moi, je cherchais le chat du bord!...

Ne riez pas, monsieur Paul. La mort du chat est d'un très-mauvaise augure. Il est vrai qu'il ne pouvait rien nous arriver de pire que ce qui venait de nous arriver, mais pour moi et Tombaleau cela nous annonçait une catastrophe encore plus terrible. Et puis je l'aimais ce pauvre chat, il couchait sur mon cadre et, quand je souffrais trop, me léchait la figure.

— Ah ! fit Tombaleau tristement quand il apprit la nouvelle, nous sommes bien perdus cette fois. Mort le chat, mort le navire, mort l'équipage.

Pour tous les vieux marins, cette superstition est passée en article de foi.

— C'est vrai, murmura le père la Gloire.

Mais la perte du chat ne nous fit pas oublier notre position, car elle se compliquait. Vraiment, quand j'y songe aujourd'hui, je ne m'y attendais pas, Tombaleau non plus !

Le capitaine, le lieutenant et trois matelots nous abandonnaient !…

Nous étions sur le navire chaviré, Tombaleau, Noël, le tonnelier et moi.

— Mes amis, nous cria le capitaine, nous allons chercher du secours. Vous le voyez, nous ne pouvons prendre aucun de vous dans le canot, il chavirerait. La côte n'est pas très-loin. En deux jours nous y arrivons et nous revenons vous délivrer.

Tombaleau monte sur la partie la plus élevée de la coque du navire, le poing gauche appuyé sur la hanche, la tête orgueilleusement rejetée en arrière, le regarde avec mépris et, loin d'implorer sa pitié comme nous le faisions :

— Bien du plaisir, lui répondit-il et sans rancune, nous nous en tirerons comme nous pourrons. Mais entre nous, vous avez fait une brioche énorme de partir un vendredi. Si encore notre pauvre chat n'était pas mort ?

Laissons le canot disparaître et revenons à la *Blanchette*.

Il y avait encore à bord une trentaine de nègres qui, au lieu de nous attaquer, vinrent nous supplier de les sauver. Tombaleau les rassura et leur dit que nous allions faire nos efforts pour nous sauver tous, s'ils voulaient nous aider. Ils acceptent et nous voilà à la besogne.

Sous la direction du tonnelier nous amarrons toutes les mâtures de rechange qui composaient la drôme, le guy, la corne, les deux basses vergues et la civadière, ça nous fait une première planche très-solide. Nous étions donc assurés d'avoir un bon radeau. Deux jours après, notre travail était complétement achevé. Il ne nous fallait plus qu'un souffle de brise pour nous éloigner.

Par malheur un calme plat nous force à rester en panne. Moi, dont l'estomac était calmé et qui avais plus travaillé que d'habitude, j'avais une faim canine et je voyais bien, non-seulement que mes compagnons avaient faim aussi, mais que les nègres faisaient entendre de sourdes menaces, ce qui voulait tout simplement dire : « Blanc, bon à manger. » Je fais part de mes craintes à Tombaleau, qui me dit d'aller à la recherche de vivres dans le navire.

Je trouvai d'abord des sacs de biscuits un peu endommagés par l'eau de la mer, du lard et un jambon que je m'empressai de cacher sous ma veste, puis quelques bouteilles de rhum et de l'eau fraîche. Aidé des nègres, je fis descendre ces provisions sur le radeau. Ce fut un seul cri de joie. On était sûr de ne pas mourir de faim, du moins de quelques jours.

Seulement, les nègres affamés et impatients, pendant que nous faisions sécher notre biscuit, avalaient le leur, tout imprégné de l'eau de mer. Il arriva alors ce qui devait arriver. Les Africains, pris de coliques atroces, tombèrent comme des mouches. Ce qui les acheva, c'est qu'ils découvrirent à fond de cale un tonneau d'eau-de-vie. Inutile de vous dire ce qu'ils en firent.

Quatre jours après, des trente nègres qui restaient dix n'étaient pas morts, mais ils succombaient le lendemain, et ayant jeté leurs corps à la mer, nous nous retrouvions entre amis.
 Le vent commença à se lever et nous poussa dans la direction de la terre. Huit jours après, nous aperçûmes une barque de pêcheurs que nous hélâmes et qui vint à notre secours. Enfin nous sommes à terre !
 Mais pendant notre séjour sur le radeau, il s'était passé un événement que j'ignorais et que je n'appris que plus tard, en voyant mon ami Tombaleau maigre comme un squelette, la jambe gauche enflée et enveloppée d'un morceau de toile, enfin ne ressemblant en rien au joyeux et vigoureux matelot dont la gaieté, le courage et l'énergie ne se démentaient jamais.
 Que s'était-il passé pendant que je dormais ou que j'allais me cacher dans la coque grignoter mon jambon ? C'est Tombaleau lui-même, qui va nous le dire :

— Il y avait sept jours qu'on était sur le radeau, et depuis l'avant-veille on n'avait rien mangé. — Le tonnelier me dit, en me montrant des petits requins qui nous suivaient, attirés par les cadavres que nous leur avions jetés les jours précédents : Tombaleau, mon vieux, si nous avions encore un ou deux moricauds, nous nous en servirions comme d'appât pour ces requins-là. J'ai justement un harpon. Tiens, que je lui dis, c'est une idée. Voyons voir si nous pourrons remplacer les moricauds.
 Or justement, voilà un coquin de petit requin qui frise le radeau avec ses nageoires. Va chercher ton harpon, que je dis au tonnelier, et dépêche-toi. Alors, moi, je me fais le raisonnement suivant : Si le tonnelier parvient à harponner ce requin, ça va nous mettre un fameux morceau sous la dent, ça nous sauvera peut-être. Faut absolument prendre un petit requin ! Quant à toi, mon ami Tombaleau, si tu es endommagé, car j'avais mon idée, ça t'apprendra à partir un vendredi. Or, j'achevais de me faire

ce raisonnement quand le tonnelier revint avec son harpon. Le requin faisait toujours la planche le long du radeau. Eh bien, dit-il, voilà la mécanique, où est l'appât? — L'appât, mon vieux, que je lui réponds, c'est moi. Je sais bien que ce n'est pas d'un fameux embonpoint, mais les requins sont plus gloutons que délicats.

Mais le tonnelier se rebiffe. Il ne veut pas que je me jette à l'eau. Non, mon vieux, que je fis, je ne me jetterai pas à l'eau, je laisserai traîner mes jambes, voilà tout. A toi de bien viser, et de ne pas me laisser trop endommager.

Aussitôt dit, aussitôt fait. Je me cramponne au radeau et je m'affale à moitié dans la mer. Ah! mon Dieu, il n'y avait pas une minute que j'y étais, quand mon requin se rapproche de moi, se retourne et ouvre une mâchoire comme un four. Ma foi, j'ai peur, et je lui envoie un coup de soulier, mais là bien appliqué. Et je veux remonter, mais crac! en voilà un autre sournois que je n'avais pas vu qui se retourne et me bafre le mollet. Cristi! quand j'ai senti les dents du requin m'égratigner, — il appelait ça égratigner! — j'avais bien envie de crier, mais le tonnelier lançait son harpon. La peau de ce damné requin était si dure que le fer glissa sans y entrer et que le gredin s'enfuit au plus vite en m'emportant la moitié d'un mollet. C'est nous qui étions mangés et lui qui mangeait; quand ce devait être tout le contraire!

Ce récit de Tombaleau me fit pleurer comme un enfant et je ne pus m'empêcher de me confesser de mon crime.

Il y avait quelque temps que nous étions à terre et que des Arabes nous avaient donné l'hospitalité, quand nous aperçûmes une voile à l'horizon. Cette voile approcha, et nous vîmes se détacher un canot, qui une heure après débarqua sur le rivage, notre lieutenant et deux des matelots qui nous avaient abandonnés. Grande fut notre joie, nous les reçûmes comme des libérateurs, oubliant qu'ils avaient failli être nos bourreaux. En route, un capitaine négrier, ami de maître Tranche-liard, les avait recueillis ; ils étaient allés jusqu'à la *Blanchette*, croyant nous y trouver encore, et ne nous y trouvant pas, comme de juste, ils avaient pensé que nous aurions suivi le chemin qui menait à la côte la plus prochaine. Le hasard qui nous avait servis, les servit à leur tour. Ils arrivèrent à temps.

Ce qui nous inquiétait, c'était que la voile avait disparu. Mais le lieutenant nous rassura en nous disant que le capitaine faisait voile pour Zanzibar, qui n'était distant que de dix lieues, pour faire son chargement *d'ébène* et que, dès que nous serions reposés, nous irions le rejoindre en suivant la côte.

Il y avait bien à redouter notre entrée à Zanzibar, où notre escapade était connue et où le gouverneur pourrait bien nous faire arrêter pour avoir démoli ses sujets et avoir fait de la contrebande, mais les deux capitaines se chargeaient d'arranger l'affaire.

Le lendemain nous partîmes, excepté Tombaleau qui ne pouvait marcher et que les Arabes se chargèrent de transporter à Zanzibar. Notre troupe se composait de dix hommes, le lieutenant Noël, deux matelots de la *Blanchette* et moi, plus cinq matelots ou négriers, bien armés et bien équipés. Noël et moi n'avions qu'une grande pique. On nous donna un guide pour traverser une forêt, assez dangereuse, paraît-il, mais rien ne nous effrayait.

Pourtant quand nous fûmes perdus dans la masse sombre et épaisse de la forêt, nous ralentîmes le pas. Le chant et les rires cessèrent, et nos regards effarés en dirent long. Ce fut pire quand la nuit arriva et qu'il nous fallut camper. La végétation qui nous entourait dans ses liens de verdure, nous faisait un rideau si épais, qu'on n'apercevait rien du ciel ni de la terre qui disparaissait sous des touffes de hautes herbes. Personne ne put dormir. Dès que le soleil perça l'ombrage, chacun se coucha et se mit à rattraper le temps perdu en ronflant à qui mieux mieux.

Mais le guide ne nous laissa pas le loisir de reposer. Depuis un moment, une odeur infecte ressemblant beaucoup à l'odeur du pont d'un négrier, s'était répandue autour de nous. C'était l'indice certain que nous étions dans le voisinage d'un serpent boa.

Le lieutenant, averti par le guide, nous éveilla l'un après l'autre en silence, et à peine le dernier était-il éveillé, que l'on entendit craquer des branches et, à quarante pas de nous, on vit le monstre ramper à notre rencontre. Sa tête plate s'élevait à six pieds du sol et, à l'ondulation des broussailles, on devinait la longueur et la grosseur de son corps qui disparaissait dans les hautes herbes. Le boa, en nous apercevant, s'arrêta net, cinq ou six coups de fusil retentirent à la fois. Des craquements affreux produits par les arbustes qu'il broyait sous son poids en se débattant, et une pluie de feuilles qu'il soulevait autour de lui, nous prouvèrent bientôt qu'il était touché.

Le serpent boa, la tête percée d'une balle, gisait près de nous.

Eh bien, je ne vous cacherai pas que cette vue nous causa presque de l'effroi. En tous cas nous étions très-émus. Le corps du monstre, d'un jaune sale et terreux, bariolé de lignes noires, pouvait bien avoir vingt-cinq ou trente pieds.

Nous continuâmes notre route en nous tenant serrés les uns contre les autres et en marchant avec précaution. Tous les arbres inclinés ou tordus que j'apercevais devant moi, me semblaient autant de serpents boas. La forêt avait un aspect fantastique. Enfin nous en sortîmes et je ne respirai que dans les rues de Zanzibar où nous attendait un danger d'un autre genre.

On nous arrêta pour nous conduire devant le gouverneur, et les soldats qui nous conduisaient, après nous avoir lié les mains, nous firent passer à travers une foule hostile, qui ne voulait rien moins que nous écorcher tout vifs.

Enfin nous entrâmes dans la salle d'audience, où, assis sur un

LA FORÊT AVAIT UN ASPECT FANTASTIQUE.

divan crasseux, le gouverneur rendait ses arrêts en fumant sa pipe. Mais à peine y fûmes-nous entrés, que nous vîmes se lever un homme assez grand, vêtu d'un costume de capitaine de corsaire, qui s'écria :

— Voilà mes matelots et leurs nouveaux camarades. Pourquoi enchaînés ? Quelle est cette violence ?

Le gouverneur pâlit. Il avait espéré se venger au moins sur nous, et il comptait que notre arrivée précéderait ou suivrait le départ du capitaine Cuisinier, — c'était le nom du négrier corsaire qui avait sauvé notre maître Tranche-liard et ses dignes camarades.

Il n'avait pas froid aux yeux, le capitaine Cuisinier, et le gouverneur qui était en relations d'affaires avec lui, le redoutait beaucoup. Aussi fit-il patte douce, ordonna qu'on nous déliât les mains et qu'on nous rendît à la liberté sans conditions, et se prosterna devant Cuisinier qui venait de lui faire gagner beaucoup d'argent en le débarrassant d'un grand nombre de nègres, qu'il avait volés à un négrier, pour se rattraper de ce que Tranche-liard lui avait fait perdre.

Nous étions sauvés, et pourtant nous ne fûmes certains de l'être qu'à bord du *Tigre*, nom du vaisseau négrier qui nous ralliait. La malechance nous poursuivait, car nous ne fûmes jamais plus en danger que sur ce maudit vaisseau.

Tout à la joie d'avoir retrouvé mon vieux Tombaleau et de quitter cette île maudite de Zanzibar, je ne m'occupai plus qu'à me soigner, — le mal de mer m'avait repris de plus belle ! — quand j'entendis crier, par la vigie, ce mot qui fait toujours dresser l'oreille aux négriers :

— Voile ! forte corvette ; qui gouverne pour nous accoster sous le vent !

— Oh, oh ! murmura le capitaine, c'est un Anglais. Ça sent la poudre. J'ai moyen de lui échapper.

Et nous voilà à prendre chasse. Dieu ! que j'étais malade ! Il paraît que le navire qui nous poursuivait était de beaucoup plus fort que nous, car j'entendis faire le branle-bas de combat, et je sentis que le navire se mettait en panne.

Mais ce n'était qu'un calme plat, et le capitaine se frottait les mains en disant :

— Voilà un contre-temps pour l'Anglais. Ne pouvoir nous attaquer. Il doit être furieux.

Je montai sur le pont, et de là sur la galerie, mais je fus très-étonné quand je m'aperçus que ce petit navire était admirablement disposé pour la lutte. Ses sabords étaient ouverts, et je voyais la gueule de vrais et bons canons en sortir.

— Ah ! voilà qui est trop fort, s'écria le capitaine en voyant trois embarcations se diriger vers nous, ces Anglais sont assez fous pour m'attaquer avec leurs canots ? Pour qui me prennent-ils donc ? pour un négrier, sans doute. Je vais leur apprendre que je suis corsaire aussi et leur donner une leçon.

En effet, on laissa approcher les embarcations à portée de fusil, et quand, pleins d'arrogance, les Anglais nous hélèrent, une trombe de fer partie de la batterie les fit disparaître à nos yeux. Quand la fumée se fut dissipée, nous n'en vîmes plus qu'une qui s'éloignait en toute hâte. Les deux autres avaient sombré, et à la place qu'elles occupaient, des malheureux, pour la plupart blessés, nageaient en appelant au secours.

Le capitaine fit mettre une embarcation à l'eau, et tous les naufragés anglais furent recueillis et amenés à bord où ils furent bien soignés et bien traités.

Mais ce n'est pas par intérêt que le capitaine les avait sauvés. Il avait son plan.

— Ces gaillards-là, dit-il, me serviront à échapper à la corvette.

Comme on ne savait pas ce qu'il pensait en dessous, nous

n'étions pas rassurés, car la brise se faisait déjà sentir, la corvette se couvrait de voiles et on faisait la manœuvre pour pren-

Trois embarcations se dirigeaient vers nous.

dre chasse. C'est alors que le capitaine fit apporter sur le pont de grandes barriques vides, qu'on défonça par un bout de façon à y passer une corde. A cette corde on amarra, à distance d'une demi-brasse, trois boulets de douze pour que cette barrique mise à la mer pût conserver son équilibre et ne pas chavirer.

Nous n'y comprenions rien, et chacun se préoccupait davantage de la corvette qui gagnait sur nous. Un éclair brilla le long de ses sabords, et un boulet vint mourir en ricochant à deux encâblures de notre navire. Alors j'entendis le capitaine crier :

— Vite, fourrez-moi deux de nos Anglais dans cette barrique, puis affalez la barrique à l'eau.

L'ordre fut exécuté au milieu des rires de l'équipage qui commençait à comprendre.

A mesure que le sillage rapide du *Tigre* nous éloignait de la barrique, nous voyions et entendions les deux Anglais effrayés de leur position — deux ou trois requins rôdaient autour — faire des signaux à la corvette qui arrivait sur eux. La corvette en les apercevant se mit en panne et envoya un canot à leur secours. Nous, nous filions et plus vite que ça. Avant que l'Anglais ait orienté ses voiles et se soit remis à notre poursuite, nous avions l'avance.

Tous les Anglais recueillis par nous passèrent par les barriques. Le soir, nous n'apercevions l'ennemi qu'au loin. Pendant la nuit, qui fut très-obscure, on fit fausse route et on déguisa le navire en gros caboteur hollandais, mais le lendemain nous n'aperçûmes aucune voile sur l'océan.

Après cinquante-cinq jours de mer, nous arrivâmes à Bourbon. Le mal de mer ne m'avait pas quitté. Un bateau de commerce qui faisait voile pour Bordeaux me prit comme passager, et je partis pour la France, me promettant bien de quitter ce métier de marin si dur pour mon pauvre estomac.

Mais j'aimais la mer malgré tout ce qu'elle m'a fait souffrir, et, pour ne pas l'abandonner, je me suis mis gardien de phare. Je ne suis plus malade que lorsque la tempête fait plier notre tour comme un jonc... Ne riez pas, je l'ai sentie plier !...

Chacun éclata de rire, mais Paul ne put s'empêcher de remercier Anténolle pour son récit qui l'avait plus d'une fois ému et charmé.

La *Junon*.

CHAPITRE VII

LA JUNON — LA VIE DANS LES PHARES

Naufrage de la *Léonie*. — La *Junon*. — Le vaisseau sombre. — Les naufragés se réfugient sur les mâts et dans les hunes. — Le radeau. — La faim. — Ceux qui meurent et ceux qui vivent. — La côte. — Les indigènes. — A la nage. — Sur la grève. — Les gardiens des phares. — Leur vie. — Le phare de Berk. — Son gardien sauve deux naufragés. — Le phare d'Eddgstone sous les vagues. — Un drame dans un phare. — Le mort dans la lanterne. — Le vaisseau qui se brise sur les rochers du phare par la faute du gardien qui n'a pas allumé. — Départ de Paul. — Adieux aux gardiens. — Retour à Saint-Georges.

Le lendemain, Paul, en s'éveillant, fut surpris d'entendre un bruit inaccoutumé. Il se leva tout seul, car il commençait à n'avoir plus besoin d'aide, et ouvrit la petite fenêtre de la casemate qui donnait sur le mur de ronde. Il vit son oncle et Clinfoc en grande discussion, au milieu des autres gardiens du phare dont un surtout, le bas Breton, avait l'air consterné.

— Mon oncle, demanda-t-il, que faites-vous là ? Est-ce que le phare va s'écrouler ?

Le bon et franc sourire du père Vent-Debout lui répondit, mais ses jambes ne furent pas assez lestes, et le premier qui apparut dans la chambre suivi du père Clinfoc fut le petit Anténolle.

— Bonjour, monsieur Paul, dit-il. Ah ! nous avons du nouveau à vous conter. Allez !…

La chambre fut bientôt pleine. Voici ce que Paul apprit de la bouche de son oncle, car, par déférence pour le capitaine, les matelots lui laissèrent conter ce qu'ils savaient mieux que lui, l'ayant appris de première main.

Se substituant de sa propre autorité au héros de l'aventure qui les avait tous émus, le père Vent-Debout débuta :

— Mon ami, c'est encore un naufragé. Tu dois en avoir les oreilles un peu rabattues, mais celui-là c'est de l'actualité. Le navire qui s'est perdu dans les parages des Açores s'appelle la *Léonie*. Je ferais mieux de dire : s'appelait. Enfin ! nous en connaissions tous l'équipage, moi-même j'ai été recueilli par ce trois-mâts. Quand nous avons appris ce matin par le vapeur de Bordeaux ce désastre qui frappe plusieurs familles de nos côtes, nous avons été tellement émus que nous t'avons laissé, mon cher enfant, et si tu n'avais pu te lever, tu serais encore au lit.

Donc figure-toi que je monte encore le *Jean-Baptiste* et que je te raconte ma propre aventure. Nous faisions voile de Pisagua à Bordeaux ; après trois mois de coups de vent presque incessants, nous fûmes assaillis par un violent cyclone près des Açores. Déjà, en doublant le cap Horn, une voie d'eau s'était déclarée dans la coque, mais, grâce à une pompe puissante, le navire s'était maintenu à flot. Dans la nuit, vers une heure du matin, un ouragan furieux se déclare, on a beau réduire la voilure, pomper constamment, la mâture est bientôt tordue, tous les bastingages sont enlevés ; les coups de mer brisent à bord comme sur des roches. La journée se passe ainsi, mais le soir, à la nuit tombante, le petit foc est enlevé, il ne reste que les ralingues, tout est balayé sur le pont jusqu'au logement de l'équipage. Le navire s'abîme.

Nous sommes perdus sans ressources. L'eau est dans la cale à deux mètres de hauteur. La tourmente enlève encore le foc de cape d'artimon et le grand hunier.

Heureusement qu'à soixante lieues de nous se trouve aussi un navire qui est en cape abîmé par la tempête. Il ne peut résister à la tourmente et, comme il est près d'engager, le capitaine se décide à fuir vent arrière pour le salut commun. Depuis la veille au matin il a franchi la distance qui nous séparait et nous apparaît comme notre seul moyen de salut.

Je mets le pavillon en berne. La *Léonie*, c'est le nom du bâtiment, gouverne pour se mettre sous le vent du *Jean-Baptiste*. Tout l'équipage étant d'avis qu'il faut abandonner le navire, nous prenons nos dispositions. L'ouragan furieux rend la mer si grosse qu'il est impossible de mettre une barque à l'eau. Et pourtant, le navire coulant sous nos pieds ne nous laisse pas d'autre ressource.

La *Léonie* nous envoie des bouées et des échelles. Nous ne pouvons rien attraper. Une de nos embarcations est mise à l'eau et, après avoir couru les risques de se briser vingt fois le long du bord, huit hommes réussissent à s'embarquer. Ils partent vent arrière, disparaissent et reparaissent bientôt entre les montagnes d'eau qui séparent les deux navires. Ils accostent sous le vent de la *Léonie*. Ils me paraissent sauvés. Peu après je vois mon canot filer sur une amarre à l'arrière de ce navire ; mon anxiété est grande, car en voyant cette manœuvre, que je ne comprends pas, je crains que personne n'ose plus venir à notre secours.

Enfin, on essaie de nous renvoyer notre canot en le laissant glisser sur une amarre. Cette opération échoue. Il faut absolument tenter de nous rapprocher. Le *Jean-Baptiste*, quoique plein d'eau, sent encore son gouvernail. Je laisse porter. L'autre navire en fait autant pour passer à mon avant. La manœuvre allait se terminer heureusement quand une lame énorme prend la *Léonie* par l'arrière et la fait lancer dans le vent. Un abordage est imminent. Je mets toute la barre dessous. Le navire n'obéit plus et tombe sur l'avant de la *Léonie*, casse son bâton de foc, son petit mât de perroquet, hache son gréement et déchire le cuivre de la muraille. Une seconde de plus et les deux bâtiments vont se défoncer. Une lame les sépare heureusement.

Deux de mes hommes ont sauté sur la *Léonie* au moment du choc. Nous ne restons que quatre. La roue du gouvernail est brisée, les débris de la baume et de la corne fouettent en pendant et empêchent d'approcher du gouvernail. Une heure se passe à couper tout ce qui les retient à bord. Enfin je peux m'approcher du gouvernail et mettre la barre pour aller rejoindre la *Léonie* qui est à une grande distance. Enfin j'en suis à deux encâblures, mais mon canot a sombré. Il y a encore une baleinière à bord de la *Léonie* : au bout de quelques temps je vois manœuvrer pour sa mise à l'eau. Cinq hommes s'y embarquent sans reculer devant le péril auquel ils s'exposent, pour essayer une dernière fois de nous sauver. Ils arrivent sous le vent à nous. Là, nouvelles difficultés et nouveaux dangers.

Le *Jean-Baptiste* roule comme une barrique. Les lames le couvrent de l'avant à l'arrière. L'un de mes hommes est obligé de se jeter à la mer pour gagner le canot. Nous parvenons tous à y embarquer et nous fuyons aussitôt vent arrière.

Pendant ce temps la *Léonie* était sur le point d'essuyer un second abordage. Après l'avoir évité, elle avait laissé porter pour rejoindre le canot de sauvetage et avait repris la cape. Nous l'accostons sous le vent. On nous lance des cordes auxquelles nous nous accrochons. Au moment où nous mettons le pied sur le navire, l'embarcation se brise le long du bord sans qu'on puisse la sauver.

Il y avait sept heures que nous luttions contre la mort ! ...

— Ce que vous ne dites pas, — pardon, mon capitaine, si je prends la parole, — dit le père la Gloire, c'est qu'à deux encâblures de nos camarades se passait un drame terrible et que des naufragés demandaient en vain des secours qu'une heure plus tard devaient leur donner d'autres naufragés.

— Vraiment ? Racontez-nous ça, père la Gloire.

— Ce ne sera pas long. Une barque de pêche montée par neuf marins se trouvait depuis huit jours perdue dans l'Océan, grâce à la tempête qui avait brisé mât et gouvernail. Les pauvres diables avaient beau faire des signaux de détresse à la *Léonie* et au *Jean-Baptiste* ; ceux-ci étaient bien trop occupés de leur position pour faire attention à la leur. Aussi le patron de la barque, un homme énergique pourtant, s'accrocha au mât, ôta son bonnet et les yeux au ciel :

— A genoux enfants, Dieu nous rappelle à lui, cria-t-il.

L'un d'eux, qui était breton, tira son chapelet et joignit les mains. Mais les autres, sauf un, hâve, échevelé, à moitié fou, qui ne savait plus ce qui se passait autour de lui, n'en continuèrent pas moins à disputer leur vie et leur barque à l'Océan. L'un tombe à la mer, un de ses camarades a le temps de le saisir par le bras et de le sauver, deux autres sont cramponnés aux cordes qui tiennent ce qui reste du gouvernail. La voile déchirée flotte avec un bruit sinistre. La mort plane sur eux. La *Léonie* les aperçoit au moment où elle a recueilli les naufragés du *Jean-Baptiste*, et bien que ce soit pour elle une question de vie ou de mort, elle attend la vague qui jette sur ses flancs la barque démantelée dont elle recueille les matelots.

— Eh, bien ! après, s'écria Clinfoc. En voilà une affaire. Ce n'est pas un naufrage ça ; c'est une tempête pour rire.

— Clinfoc est jaloux, dit le capitaine en souriant.

— Jaloux de quoi ? Je parlerais bien si je voulais.

— Je te mets au défi !

— En tous cas, dit Chasse-Marée, le capitaine nous a raconté le désastre d'un bateau par lequel il a été sauvé et que montaient nos meilleurs amis. C'est de l'actualité toute chaude. Faut pas jeter de l'eau froide dessus.

— D'autant mieux, ajouta le père la Gloire, que les naufragés sont de Royan et que demain ou après, chacun de nous pourra se renseigner auprès d'eux.

— Oh ! le capitaine a bien tout dit, répliqua Chasse-Marée.

— Ah ! il a tout dit, cria Clinfoc et vous appelez ça un naufrage ?

— Clinfoc, mon vieil ami, dit Paul, tu veux parler, je le vois, et je ne sais pourquoi ce que tu as à nous dire est, je crois, très-intéressant. Si mon oncle veut ?

— Il serait malade, s'il ne parlait pas. Moi je connais son histoire et j'avoue qu'elle est très-intéressante, si elle est vraie.

— Capitaine, dit Clinfoc, elle est vraie comme vous êtes un honnête homme. Écoutez, monsieur Paul. Vous, les anciens, écoutez aussi, bien que vous connaissiez l'histoire de ce naufrage.

— Nous ne la connaissons pas, firent les marins, sauf Chasse-Marée et la Gloire.

— Alors pour lors et d'une, commença Clinfoc.

A ce moment Yvonnec entra sans faire de bruit et prit sa place derrière le narrateur.

Celui-ci se retourna comme si le fluide électrique l'eût touché. Quelque chose l'avertissait que son ennemi était là, sa bête noire, comme il disait. A peine eut-il aperçu le Breton, debout, les bras croisés et l'air légèrement ironique, qu'il crispa les poings et s'arrêta tout court.

— Eh bien, fit-on à la ronde.

— Oh! le Breton est là. Il ne parlera pas, dit le capitaine à l'oreille de son neveu.

— Non. Je ne parlerai pas devant cet oiseau-là, riposta Clinfoc qui avait entendu.

— Et vous faites bien, ce que vous auriez conté ne vaut pas ce que je conterai si monsieur Paul me donne la parole, dit le Breton avec son sourire moqueur.

— Ne lui donnez pas la parole, monsieur Paul !

— Yvonnec, je vous serai bien obligé d'attendre que Clinfoc ait parlé, dit Paul.

— C'est ça, cria le vieux matelot, il faut la permission du Breton, à cette heure. Je veux avoir le dernier, moi. Qu'il parle d'abord ! Je lui cède le pas.

— Monsieur Paul, dit Yvonnec, sans plus tarder, il ne fallait rien moins que le malheur arrivé au *Jean-Baptiste* pour me délier la langue.

— Je te la couperai quelque jour, murmura Clinfoc.

— Comme vous allez bientôt nous quitter, je ne veux pas vous laisser partir sans vous raconter un de mes plus sensibles souvenirs. Clinfoc, qui a le bonheur de rester près de vous, aura tout le temps de causer : mes amis et moi nous vous demandons ce dernier sacrifice, d'autant plus grand qu'un naufrage n'est pas chose agréable à entendre, mais celui que j'ai sur les lèvres et dont je n'aurais pas parlé à tout autre moment mérite votre attention.

En mai 1835, j'étais à Rangoun, sans place, c'est-à-dire sans navire. Dans le port était un bâtiment appelé *la Junon* qui était en partance pour Madras. Son second maître venait de mourir. Le capitaine cherchait, pour le remplacer, un homme qui connût le golfe du Bengale dont la traversée n'est pas sans danger surtout au milieu de la mousson du sud-ouest. Moi, je l'avais exploré en tous sens. Quand on me proposa la place de second maître, j'acceptai; mais, une fois sur le navire, j'en eus presque regret.

La *Junon* était dans un très-mauvais état. L'équipage, composé de cinquante hommes, comptait quarante Lascars et dix Européens. Hommes et bâtiment m'inspiraient peu de confiance. Je m'en ouvris au capitaine, qui pour toute réponse me montra sa femme, une créole de vingt ans qu'il emmenait dans son voyage avec une servante malaise.

— Ma foi, me dis-je, je serais mal venu, moi qui ne risque que ma peau, d'insister sur les dangers que court un bâtiment auquel son capitaine confie sa famille et sa fortune.

En effet, le chargement, tout en bois de teck, était la fortune du capitaine.

Malgré tout, je n'étais pas tranquille. Le navire était si vieux qu'il m'inquiétait. Aussi, dès les premiers jours, je mis un homme à fond de cale pour veiller si une voie d'eau ne se déclarerait pas. Bien m'en prit, car, deux jours après, ce que j'avais craint arrivait. L'eau entrait dans la cale et comme le lest était de sable, les pompes ne nous furent d'aucune utilité. Pour comble de malheur le vent fit une saute et tourna au sud-ouest, la mer grossit et fatigua énormément le navire.

Enfin, à force de persévérance, on put tarir la voie d'eau qui venait de la ligne de flottaison et la boucher comme l'on put, avec de l'étoupe et une toile goudronnée. Ce fut très-difficile, car nous n'avions ni charpentier ni outils. Le vent diminua. La mer calmit et nous continuâmes notre route vers Madras, l'équipage gaiement, moi toujours craintif.

Voyage et gaieté ne durèrent pas. Le 12 juin, à midi, comme il ventait grand frais, un matelot monta prévenir que la voie d'eau s'était rouverte. Trois pompes sont mises en mouvement, mais le sable engorge les tuyaux et l'eau monte toujours. On risque le tout pour le tout. On met toutes voiles dehors, depuis les grandes voiles jusqu'aux bonnettes et on essaye de gagner le point le plus rapproché de la côte de Coromandel.

Le navire dès lors marcha rapidement, mais comme l'équipage était aux pompes, personne ne songeait à la manœuvre. Le vent enleva nos voiles à l'exception de la misaine et nous fûmes obligés de mettre en travers.

Nous enfonçons peu à peu, car l'eau gagne le premier pont. On oriente la misaine pour marcher vent arrière à sec.

Le soir, vers sept heures, on sentit deux ou trois secousses et l'on entendit comme des gémissements. C'était le navire qui s'enfonçait de plus en plus. Les vaisseaux ont leur agonie comme les hommes, ils se plaignent et se raidissent.

Les Lascars qui avaient déjà refusé de travailler se révoltent et veulent mettre les embarcations à la mer, mais il n'y a à bord qu'un vieux canot et une péniche à six avirons. Personne ne peut s'en servir. Le seul moyen qu'on ait de se soutenir sur l'eau pendant quelque temps, c'est de couper le grand mât. Aussitôt dit, aussitôt fait. Par malheur le mât, au lieu de tomber dans la mer, tomba sur le pont en tuant les hommes qui sont au gouvernail. La *Junon* embarque aussitôt une lame énorme et l'eau pénètre de tous côtés. On avait cru retarder la catastrophe, on venait de la hâter.

— Nous sombrons! nous coulons bas! ce cri retentit de tous côtés.

En sentant le bâtiment se dérober sous ses pieds, le capitaine vole au secours de sa femme, mais ses pieds s'embarrassent dans les cordages et il n'a que le temps de me crier :

— Ma femme!

Je m'élance vers l'écoutille et j'aide la pauvre femme à sortir.

Je saisis les lisses de l'arrière et je gagne avec elle les haubans d'artimon, où nous rejoint le capitaine.

Pendant ce temps, l'équipage s'est accroché à tout ce qu'il trouve sous sa main. Au moment où nous nous cramponnions à notre refuge, l'air comprimé dans la coque du navire fait éclater le pont, comme un coup de tonnerre. Le navire s'enfonce lentement et les malheureux réfugiés dans les cordages montent au fur et à mesure qu'il descend.

La hune d'artimon où je m'installe avec le capitaine et sa femme est bientôt pleine. Le reste de l'équipage s'accroche aux manœuvres du même mât. Un seul matelot a pu gagner la hune de misaine. C'est dans cette position que nous attendons ce que Dieu va décider de nous.

Nous passâmes ainsi notre première nuit. Quoiqu'on fût au mois de juillet, la brise était glacée. Je donnai ma veste à la femme du capitaine pour qu'elle pût envelopper son corps frissonnant. Puis la fatigue était telle, que presque tous nous nous endormîmes. Ce sommeil fut fatal à bien des hommes. Au jour il en manquait une dizaine à l'appel qui étaient tombés à la mer.

La situation était terrible. Le vent soufflait avec violence. La mer s'élevait à une hauteur prodigieuse, le pont et les parties supérieures du navire se disloquaient. Enfin les manœuvres, où s'accrochaient quarante naufragés, semblaient prêtes à chaque instant de céder. A partir de ce moment, les uns se laissèrent emporter par la vague, les autres furent violemment arrachés à leur refuge ; chaque heure était marquée par la mort.

Et le navire marchait toujours poussé par la tempête.

Jusqu'à ce moment, à l'aspect du gouffre sur lequel nous étions suspendus, au spectacle de ceux qui y tombaient, au désespoir de ne pas voir une seule voile à l'horizon, nul de nous n'avait songé à la faim ; mais dès que le vent se calma et qu'on put concevoir l'espérance que le mât se soutiendrait hors de l'eau sans se briser, quand le ciel fut devenu pur et qu'un soleil dévorant, un soleil de l'équateur eut brûlé nos fronts et desséché nos lèvres, alors on commença à éprouver les souffrances de la faim et surtout celles bien autrement sensibles de la soif.

Il y avait déjà cinq jours que nous flottions entre le ciel et l'eau, le corps glacé la nuit et brûlé le jour, le gosier sec et le ventre vide, cherchant dans le sommeil un soulagement à nos douleurs, quand mon estomac m'avertit qu'il ne pouvait plus attendre.

La mort est effrayante sur un champ de bataille, quand, seul, étendu parmi les morts, vous attendez quelquefois en vain qu'on vienne vous secourir, et que vous succombez, écrasé par les pieds des fuyards ou les roues des attelages de canons en retraite. C'est le sort du soldat. La mort est terrible quand la mitraille pleut sur le vaisseau et qu'on sent la membrure craquer de toute part, le flot envahir le pont et balayer morts, blessés et vivants. C'est le sort du marin. Mais, mourir de faim, suspendu à un cordage ou à une vergue, c'est épouvantable. Aussi, je comprenais le suicide de ceux qui étaient las de souffrir. Malgré cela, j'avais toujours de l'espoir. Le vaisseau marchait poussé par le vent et roulé par les lames. Qui sait si nous n'atteindrions pas la terre, ou si une voile ne nous rencontrerait pas ?

Mais pour vivre jusque-là, fût-ce un jour, fût-ce une heure, sans manger ni boire, comment faire ? On m'avait souvent raconté que des naufragés qui s'étaient trouvés dans la même position que nous, avaient été soulagés en s'enveloppant tour à tour d'une couverture trempée d'eau de mer. La peau, tout en laissant le sel à la surface, absorbait la fraîcheur de l'eau, ce qui calmait en même temps la faim et la soif. Il ne coûtait rien d'essayer.

Je défis mon gilet de flanelle, et à l'aide d'un fil de caret, je le trempai dans la mer et le revêtis, l'ôtant quand il était sec, le trempant de nouveau et le revêtissant encore. Les autres m'imitèrent et ma foi nous en éprouvâmes un soulagement réel.

Cela dura vingt-quatre heures!... Le lendemain, j'éprouvai quelque chose comme un commencement de délire. La mort m'apparut sous un effroyable aspect. J'avais envie de crier et je ne pouvais pas : heureusement que je m'endormis et un rêve me fit grand bien.

Quand on arrive au seuil de la vie, ou quand on se croit sur le bord de la tombe, tous nos anciens souvenirs arrivent en foule. Tout mon premier âge me revint avec son cortége de mes vieux grands parents morts depuis longtemps, des voisins oubliés, des amis perdus dans ce monde, où il est si rare de se retrouver dès qu'on s'est quitté. Puis, toutes ces visions disparurent pour faire place à une vision plus chère que toutes. Il me semblait que j'avais la fièvre et que, dans le plus violent accès de cette fièvre, mon père en larmes priait à côté de mon lit. Ce fut une grande joie pour moi que cette présence de mon père, que je n'avais pas revu depuis l'âge de huit ans ! Pendant que le vieux père priait, la fièvre me quittait et je me sentais doucement rafraîchi. Dès que le vieillard cessait de prier, la fièvre revenait plus intense que jamais.

A mon réveil, je me trouvai infiniment mieux. Des larmes mouillèrent mes yeux, et de ce rêve, je tirai cet augure que mon père était mort et que du ciel, où il priait pour son fils perdu, il était descendu pour adoucir les souffrances de l'enfant auquel il avait jadis fermé son cœur et son foyer.

Il y avait donc six jours que nous luttions contre la mort. La faim tua deux hommes sous mes yeux : l'un qui tomba comme foudroyé, l'autre qui s'éteignit lentement au milieu d'angoisses affreuses. Au premier moment de calme, on essaya de confectionner un radeau, projet qui était le seul espoir des naufragés, avec la vergue de misaine, celle de beaupré et tous les petits espars qu'on traînait à la remorque. Les meilleurs nageurs se mirent au travail. Le lendemain le radeau était achevé. Ce fut à qui s'y embarquerait. Et ce fut une lutte terrible. Les plus forts chassaient les plus faibles du radeau, et ceux-ci furent obligés de regagner les manœuvres qu'ils venaient de quitter.

Quelques-uns se noyèrent, mais nul n'y fit attention. Avant de couper le câble qui retenait encore le radeau au vaisseau, je demandai au capitaine s'il persistait à abandonner son navire. Le capitaine ne répondit pas. Alors, je le suppliai, en son nom et au nom de sa femme, de retourner dans la hune et de ne pas se hasarder sur ce radeau qui ne présentait aucune chance de salut. Il tourna les yeux vers sa femme qui ne voulait pas quitter son mari et se trouvait mieux sur le radeau que dans la hune ; il resta insensible à ma prière. Je coupai le câble, et l'on s'éloigna en ramant avec des morceaux de bois arrachés aux cordages et façonnés en forme de pagaies.

Pour moi, nous courions à une mort certaine. Nous n'avions ni compas ni boussole. Nous ignorions où était la terre. Du haut de notre hune d'artimon au moins nous dominions la mer, nous pouvions voir et être vus, mais sur ce radeau, perdus au milieu des vagues, nous n'avions même pas cette chance. Aussi, je résolus avec d'autres de retourner vers nos deux hunes flottantes où des grappes de malheureux étaient suspendues sur l'abîme. Comme nous n'avions plus la force d'y retourner en nageant et que notre départ allégeait le radeau, on nous y ramena avec empressement.

La nuit vint et le radeau disparut. Le lendemain, au point du jour, nous vîmes se rapprocher de nous un objet flottant. C'était le radeau qui était parti la veille et revenait du côté opposé. Les hommes avaient épuisé leurs forces à ramer, puis s'étaient couchés attendant que Dieu décidât de leur sort.

Le hasard les avait fait se retrouver auprès du bâtiment échoué. Ils tendirent leurs bras vers nous et chacun les aida à reprendre leurs places. Le radeau fut abandonné.

Par un sentiment de pitié qui sommeillait encore au milieu de nos souffrances, les deux places qu'ils occupaient dans la hune d'artimon furent rendues au capitaine et à sa femme. Le capitaine était sans connaissance, lui, un homme robuste et vigoureux, un marin endurci à toutes les privations et à toutes les souffrances de la mer qu'il sillonnait depuis trente ans ! Sa femme, au contraire, créature faible et nerveuse, avait tout supporté avec une force merveilleuse.

A peine installé dans la hune, le délire prit le capitaine et dans ce délire croyant voir une table servie, il demandait en se débattant pourquoi on lui refusait les aliments qu'on étalait devant lui. Le spectacle de cette agonie fut terrible. Enfin, il expira onze jours après notre catastrophe !...

A partir de ce moment, les agonies se succédèrent rapidement... Non, je n'essayerai pas de vous les raconter, cela me serait impossible. Je continuerai mon récit en effaçant les couleurs sombres de ce triste tableau, de vingt hommes mourant de faim sur deux mâts ballottés par les vagues !

Moi-même, je ne comprenais pas comment je pouvais être encore vivant ! Il est vrai que ces fortes bourrasques nous avaient amené de la pluie, ce qui nous avait permis au moins d'étancher notre soif. Quelques gorgées d'eau fraîche avaient suffi pour ranimer mes forces.

Vingt jours après, oui, vous avez bien entendu, monsieur Paul, vingt jours !... nous eûmes la joie immense d'apercevoir la terre !...

Et encore je me trompe en disant : la joie. Cette nouvelle fut reçue sans émotion, d'autant plus que la journée était trop avancée pour vérifier si le fait était vrai ou faux. La nuit vint et alors seulement cette terre, qu'on avait à peine entrevue, sembla se faire visible à nos désirs ardents. La conversation se ranima. Chacun fit ses observations ; j'avoue que je fus le seul, non-seulement à nier l'existence de cette terre, mais encore à soutenir qu'il nous serait impossible de guider ce qui restait de notre navire vers un port.

— Enfin, dis-je, peu importe si cette terre est la fin de nos malheurs.

Le lendemain, en nous éveillant, il me fallut une grande force de volonté pour m'arracher à la position commode où je me trouvais et me retourner du côté où on avait entrevu la terre. C'était bien en effet les côtes qui se dessinaient sur l'azur du ciel. Mais à quel pays appartenaient-elles? Nul ne le savait.

L'espérance me revint pourtant. Il était impossible que Dieu eût permis que nous souffrissions si longtemps, pour mettre, au moment où il nous rendait l'espoir, la mort à la fin de ces souffrances.

Le vent était favorable et nous poussait vers la terre; mais plus on approchait, plus cette côte nous semblait déserte. La nuit vint, — encore une nuit! — Chacun prit ses arrangements pour bien dormir, mais l'inquiétude était si grande que personne ne ferma l'œil. Un peu avant le lever du soleil, on ressentit un choc violent. Le vaisseau venait de toucher un rocher.

Nous attendîmes en silence. La *Junon* éprouvait secousses sur secousses. Les mâts de misaine et d'artimon en étaient ébranlés et, ne pouvant nous tenir debout, nous fûmes obligés de nous coucher et de nous cramponner aux traverses. La mer baissa. Notre pont sortit peu à peu de l'eau, et ce qui en restait demeura à nu.

Alors on essaya de descendre sur le pont. Une grande affaire! Jugez de l'état où vingt jours de famine nous avaient mis! Cependant on réussit et nous pûmes même commencer à descendre la pauvre dame du capitaine; mais, les forces nous manquant, nous fûmes obligés de l'abandonner. Les Lascars, qui étaient les moins abattus, s'offrirent pour achever cette besogne délicate; mais, comme ils savaient qu'elle avait de l'argent, ils en exigèrent la moitié. La somme leur fut payée dès que la malheureuse fut descendue sur le pont. Elle leur eût même donné tout, si je ne lui avais fait observer que le seul argent qui lui restait, était la fortune de tous et qu'il valait mieux le conserver pour notre salut que de l'abandonner aux deux misérables qui avaient osé se faire payer leurs services.

Chose étrange! La vue de la terre avait eu une heureuse influence sur nous. Depuis qu'on l'avait aperçue, personne n'était mort. Vers midi, nous vîmes sur le rivage comme des ombres se mouvoir; c'étaient des hommes qui nous regardaient, mais qui se dispersèrent bientôt sans venir à notre secours, sans voir nos signaux, sans entendre nos cris, — hélas! ils étaient si faibles! — ce qui nous fit douter que ce fussent véritablement des hommes. Cette vue nous rendit pourtant de la force. On commença à parler de gagner la terre à tout prix.

Les plus vigoureux s'emparèrent de quelques espars qu'ils jetèrent à l'eau. A la marée montante, six Lascars se mirent à la mer en se cramponnant à ces espars et se laissèrent pousser vers la plage par le flux. Malgré un ressac très-violent, ils y arrivèrent et nous les vîmes aborder, trouver un ruisseau et y boire avec avidité; puis, n'ayant plus le courage d'aller plus loin, se coucher sur le sable et s'endormir.

Le lendemain, — oui, monsieur Paul, encore une nuit, ce fut la dernière! — en regardant la côte, nous vîmes un grand nombre d'hommes se rassembler sur la plage autour de nos naufragés. A cette vue, notre attention redoubla. Ce qui allait se passer déciderait de notre sort. Le groupe d'hommes fit du feu, réveilla nos camarades et les fit manger, pendant que d'autres nous faisaient des signes comme pour nous inviter à aller à terre.

Oh! alors notre émotion fut plus grande. Mais comment atteindre ce rivage? La vie nous était devenue précieuse. Nous voulions vivre à toute force! Il résulta de cet espoir que nous résolûmes d'aborder. Avec des efforts inouïs, aidé d'un jeune mousse qui avait encore mieux suppporté que moi les fatigues des jours passés, je réussis à lancer à la mer un bout de mât que nous fixâmes par un câble à un autre débris.

Au moment de me mettre à la mer, le cœur me manqua. Mon jeune compagnon m'encouragea et je risquai le tout pour le tout. Je pris tristement congé de la femme de mon capitaine que j'étais obligé d'abandonner, en lui promettant un prompt secours dès que je serais arrivé. Elle me donna un peu d'argent et, après avoir fait ma prière, je me jetai à l'eau en tenant mon espar qui se mit à flotter vers le rivage. Une fois à la mer, mes membres reprirent leur souplesse et une partie de leurs forces; mais je m'aperçus bientôt que l'espar me fatiguait horriblement. Je roulais par-dessus et plusieurs fois je fus obligé de le laisser aller; mais comme je me sentais couler, j'étais obligé de le reprendre. La marée me poussait le long de la côte et, pour pouvoir diriger mon espar, je me couchai dessus en nageant d'un seul bras. Cette manœuvre me réussit, mais tout à coup une vague énorme vint briser sur moi et me roula, entre deux eaux, tout étourdi et à moitié mort du choc. Une fois encore, je revins à la surface de la mer et je parvins à respirer; mais une autre vague vint me submerger. Cette fois, je crus que tout était fini. Je faisais ma dernière prière, quand l'espar revint à moi, ramené par une autre vague. Je le saisis encore et je pus me diriger vers un rocher auquel je me cramponnai. Une fois là, je tournai la tête pour voir ce qu'était devenu mon compagnon; je le vis nageant avec peine vers le rivage. Le mât, qu'il avait lâché, lui avait meurtri les mains et le visage. Je lui tendis la main; il la prit après plusieurs tentatives, car le flot le séparait à chaque instant de moi et j'étais trop faible pour lâcher le rocher où je me tenais pour ainsi dire suspendu. Enfin, il put me saisir fortement le bras et je le ramenai à moi, presque évanoui.

Je le hissai tant bien que mal, de l'autre côté du rocher que les flots enveloppaient comme une île, et l'ayant placé de manière à ce qu'il fût à l'abri de la vague, je tâchai de rejoindre les camarades qui étaient à terre. Les lames ne purent m'arrêter, et me traînant sur les pieds et les mains, m'accrochant aux pierres, j'atteignis la côte; mais, arrivé là, je me couchai sur le sable à l'abri d'un rocher, et je m'endormis sans pouvoir me rendre compte si ce n'était pas du sommeil de la mort.

Ils arrivèrent sur les rochers de la plage.

Quand je me réveillai, je me trouvai au milieu de mes camarades et de leurs sauveurs, dont le langage m'apprit bientôt où j'étais. Cette terre appartenait à la Compagnie anglaise des Indes.

Le bonheur que j'éprouvais, la joie d'être sauvé et l'espoir de manger du riz qu'on faisait cuire à mon intention, me rendirent presque fou. Il en résulta que j'oubliai complétement cette pauvre femme que j'avais laissée sur le navire. Quand le riz fut cuit, j'en mis quelques grains dans ma bouche, je ne pus avaler, et il fallut une cuillerée d'eau pour le faire couler. L'ardeur du soleil avait gercé mes lèvres et l'intérieur de ma bouche. A chaque mouvement de la mâchoire, le sang jaillissait des gerçures, ce qui me causait des douleurs insupportables. Mais tout cela cessa avec le sommeil qui revint plus impérieux que jamais. Ce qui me réveilla fut le souvenir de la femme de mon capitaine. Je rêvais qu'elle était morte et qu'elle venait me reprocher sa mort. Je m'écriai avec remords :

— Ah ! pauvre femme !

Puis, m'adressant aux Indiens, je les suppliai de voler au secours de ceux qui étaient restés sur la *Junon*. Ils me le promirent et je me rendormis sur cette espérance.

A minuit on me réveilla pour me dire que la dame et ses compagnons venaient d'être transportés à terre. Je me levai aussitôt pour aller les rejoindre. La jeune femme était assise près du feu, elle avait pu manger et boire. Jamais visage n'exprima une plus grande joie que le sien en me revoyant.

Le lendemain nous fîmes marché avec les Indiens qui nous transportèrent dans la ville la plus voisine où nous trouvâmes des secours.

Voilà, monsieur Paul, le récit authentique du plus épouvantable naufrage qui se soit passé sur mer, du moins à la connaissance de ceux qui ont survécu à de tels désastres.

Ce récit un peu long ne fut pas interrompu une fois. Les gardiens l'écoutaient comme s'ils en connaissaient déjà tous les détails. De temps en temps, leurs yeux se portaient sur Clinfoc qui écoutait plus attentivement que les autres.

Quand le Breton eut fini, Clinfoc se leva, alla lui prendre les deux mains et le regarda bien en face :

— Comment t'appelais-tu, à bord de la *Junon*, lui dit-il ?

— Que vous importe !

— Il n'y avait qu'un second maître, il se nommait d'un nom anglais.

— Vous y étiez donc, dit le Breton en souriant.

— Oui, et je te reconnais à présent...

— Il y a longtemps que je vous avais reconnu, moi.

Je le ramenai à moi presque évanoui.

— Et tu ne le disais pas? Et tu te laissais agoniser de sottises?

En même temps qu'il disait ces paroles, Clinfoc sautait au cou du Breton qui lui rendait son accolade sans rancune pour les mauvais traitements passés.

— Qu'est-ce que cela veut dire? demanda Paul, à son oncle.

— Le récit d'Yvonnec et celui que voulait faire Clinfoc n'en sont qu'un, répondit le capitaine. Clinfoc était à bord de la *Junon*.

— Oui, monsieur Paul, dit Clinfoc, j'y étais. Et je vous dis carrément que ce Breton est un héros. Eh bien ! où est-il donc ?

Yvonnec avait disparu.

On vint annoncer que le déjeuner était prêt. Après le déjeuner, Paul fit sa première promenade sur l'esplanade du phare.

— Mon cher oncle, disait le jeune homme, une chose m'étonne, c'est qu'un marin puisse être gardien d'un phare.

— Pourquoi, mon ami ?

— Parce qu'il y a une grande différence entre la vie active du marin et la vie sédentaire du gardien. Comment ont-ils pu quitter la mer ?

— Ils ne la quittent pas. Au contraire.

— Je m'entends...

— Moi aussi, je t'entends. Le marin sur son vaisseau est libre comme l'air ; il voyage, il voit tous les jours du nouveau, tandis que le gardien est en cellule, c'est le prisonnier de la mer. Voilà ce que tu voulais dire ?

— Oui, mon oncle, mais voici papa Chasse-Marée, je veux l'interroger à ce sujet.

— Oh ! oh ! monsieur Paul, s'écria le bon vieillard quand Paul lui eut posé sa question, ce que vous me demandez là est grave, je vous répondrai dès ce soir, car j'ai peur que votre oncle ne profite du beau temps pour vous emmener demain...

Le soir arriva, Anténolle seul manquait à l'appel. Il était de service.

— Je pourrais intituler ce récit, la vie dans les phares, dit Chasse-Marée qui prit la parole sans y être invité, au grand étonnement des gardiens qui n'étaient pas dans le secret ; je vais, monsieur Paul, vous donner quelques détails un peu froids peut-être sur notre existence, mais ils seront courts et vous en reconnaîtrez l'utilité plus tard, si toutefois vous voulez bien me prêter votre attention.

— Je suis tout oreille, dit Paul.

— Ma foi, moi aussi, dit Clinfoc, il faut bien enfin qu'on me aconte quelque chose que je ne sache pas et que tous les marins devraient savoir.

— En France, commença Chasse-Marée, notre personnel se recrute de préférence parmi les anciens volontaires de terre ou de mer. Les maîtres touchent 1,000 francs par an. Les appointements des gardiens varient entre 850 et 472 francs. Ceux qui sont au service des phares isolés reçoivent une indemnité.

Notre règlement est des plus simples : allumer les lampes à la tombée de la nuit et les éteindre au lever du soleil. Pendant le jour nettoyer et préparer l'appareil.

Quant à notre vie, elle est la même partout, plus ou moins agréable selon les stations.

Les phares qui n'ont besoin que d'un seul gardien sont confiés à des hommes mariés qui sont logés avec leur famille dans l'établissement. Le logement est placé en dehors, c'est une ou deux pièces avec cheminée entre une cour et un jardinet. Il est placé à proximité de la tourelle de telle sorte que le feu est en vue d'une des fenêtres. Dans d'autres cependant la maison est accolée à la tour de manière que si le gardien est obligé de se lever pour s'assurer de l'état de la flamme, au moins n'est-il pas forcé de sortir. Nous avons tout près de nous le phare de Pontaillac que vous connaissez et dont le gardien loge en dehors.

Dans les grands phares, comme le nôtre, où la flamme doit être surveillée pendant toute la nuit, il est nécessaire d'avoir des gardiens qui veillent à tour de rôle. Autrefois on y logeait aussi les familles des gardiens; mais, il n'y avait pas moyen de s'entendre entre ménages. Le service en souffrait. C'est pourquoi on les a éloignés d'abord, puis comme cette famille logée au dehors était un surcroît de dépenses pour des malheureux trop peu payés, on a remédié à ces inconvénients en isolant les logements des gardiens les uns des autres. Pourtant, il a bien fallu que le gardien des phares situés en mer, surtout ceux qui ne se composent que d'une tour, fussent privés de leurs familles. Aussi dans ces stations la vie n'est pas des plus gaies.

Le vent souffle quelquefois avec tant de violence qu'ils peuvent à peine respirer. Ils sont alors forcés de se renfermer étroitement dans la tour obscurcie par un sombre brouillard ou par l'écume des hautes vagues qui les enveloppe comme d'un voile. L'été, ils s'amusent à pêcher. Si leur demeure n'est pas entourée de rochers qui leur permettent de tendre les lignes, ils nouent autour de l'édifice au-dessous de la porte une corde à laquelle ils attachent une cinquantaine de lignes longues comme le bras. Quand la mer monte, le poisson qui rôde le long du mur s'attrape, et lorsque l'eau baisse, on aperçoit accrochée aux hameçons et suspendue autour du phare, une guirlande de poissons.

Nous avons sur nos côtes, du moins à ma connaissance, deux cent soixante-quinze feux allumés depuis longtemps à terre, en outre cinq phares flottants mouillés dans les endroits où il a été impossible d'élever des constructions, comme par exemple, tout près d'ici à Mapon et à Talais dans l'intérieur de la Gironde et sur le plateau de Rochebonne à l'entrée du golfe de Gascogne.

L'Angleterre abuse de ces bateaux. Elle les a trouvés, et toutes ses côtes en sont garnies pour faire honneur à son invention. C'est un bateau ordinaire variant entre soixante-dix et trois cents tonneaux. Il a deux mâts au sommet desquels est placée la lanterne, sorte de boule ronde qui de loin dans le brouillard ressemble assez à la lune. Cette lanterne se monte et se descend soir et matin, le soir pour l'éclairer, le matin pour la nettoyer ; au pied de chaque mât est une petite cabine où on peut nettoyer et allumer l'appareil à l'abri. Le service est composé de telle sorte, que les officiers ont quinze jours de congé et les matelots huit jours, pour un mois de service à bord.

Phare flottant.

Du reste, de retour à Royan, vous pourrez par un beau temps faire une excursion au phare flottant de Mapon, votre oncle y connaît certainement le capitaine Massion, un brave et bon marin, et un excellent homme, qui vous montrera dans tous ses détails la disposition intérieure de son phare.

La tempête les éprouve souvent, ils reçoivent pour quinze jours de vivres ; malgré cela, il n'est pas rare que ces phares flottants restent plus longtemps sans qu'un navire puisse les aborder.

Mais assez parlé des phares, revenons à leurs gardiens.

Parfois ils ont de nobles délassements, celui de sauver les naufragés. Le gardien du phare de Longstone sauva une nuit, aidé de sa fille, neuf passagers de l'équipage d'un vapeur qui s'était brisé sur les récifs : trente-huit personnes périrent.

Le sieur Ledoux, gardien du phare de Berk, en a sauvé beaucoup. Il en sauve peut-être encore, plaise à Dieu qu'il soit toujours de ce monde ! La porte de ce phare est sans cesse prête à s'ouvrir pour donner asile et secours aux marins que sa lumière n'a pas éloignés du danger.

Une nuit que la tempête balayait des flots de sable, le trois-mâts anglais, *le Parangon*, vint se briser contre la côte. L'obscurité était telle, que Ledoux ne vit pas ce qui se passait ; mais il entendit les cris de l'équipage. Il ouvrit la porte, mais il ne put faire deux pas en dehors tant la bourrasque était forte. Il écouta. Rien. Il se coucha mais ne put dormir. Il lui semblait entendre dans le vent des voix qui appelaient au secours.

Un homme, un seul avait pu se sauver en effet. Il avait crié, mais les hurlements de la tempête avaient couvert le bruit de sa voix. Alors il se dirigea vers la lumière du phare, mais il est situé si haut, au milieu de grandes herbes coupantes et piquantes ! comment y parvenir ? Il tombe épuisé à moitié chemin en poussant un dernier cri de désespoir.

Cette fois le gardien a entendu, il ouvre la porte et se dirige du côté de la voix qui l'appelle et n'est plus qu'un gémissement. Il voit le naufragé, l'enveloppe de sa veste, le transporte dans sa chambre, le frictionne devant un bon feu et ramène chez lui la chaleur et la force.

A peine le malheureux a-t-il repris les sens qu'il s'écrie :

— Mais j'ai des camarades, il faut aller les chercher.

— Restez là, dit le gardien.

Et il repart avec des couvertures et un flacon d'eau-de-vie pour aller explorer la grève. A la lueur vacillante d'une petite lanterne dont il est muni, il découvre un homme presque enfoui dans le sable. Il le frictionne, le couvre chaudement et court sonner à l'hôpital qui n'est pas loin du phare. On lui ouvre, des secours suivent, et le naufragé se trouve bientôt hors de danger.

Voilà, monsieur Paul, ce que fait parfois, souvent même, ce fainéant de gardien de phare.

Paul rougit jusqu'au blanc des yeux à ce reproche indirect mais mérité, car le père Chasse-Marée avait bien deviné que le jeune homme, en ignorant la manière de vivre de ces gens dévoués, en ignorait surtout la vie d'abnégation et de sacrifices.

Chasse-Marée reprit gaiement :

— Si peu variée que soit notre existence, elle trouve des partisans. On m'a cité un cordonnier qui se fit gardien d'un phare isolé parce que la réclusion lui déplaisait. Il se trouvait moins prisonnier sur son rocher que dans son échoppe. Monsieur aimait l'indépendance !...

J'en ai connu un, qui est resté quatorze ans dans un phare des côtes de Bretagne. Il avait conçu un tel attachement pour sa prison qu'il renonça pendant deux ans à son tour de congé. Enfin on le décida à profiter du droit que lui donnait le règlement. Une fois à terre, il se trouva dépaysé et se mit à boire jusqu'à l'ivresse. On le révoqua. Il languit quelques jours et mourut.

D'autres sont devenus fous. Il y a de quoi, car il y a certains phares des côtes d'Angleterre, qui souvent disparaissent sous les vagues pendant plusieurs heures. Il en est un surtout que j'ai vu dans ma jeunesse à qui il est arrivé un accident étrange. La mer enleva la calotte de la lanterne. L'eau entra et éteignit les lampes. Il fallut beaucoup de travail et encore plus de présence d'esprit pour la repousser. C'est du reste un lieu terrible. Le phare est construit sur une caverne ouverte par une longue crevasse à l'extrémité du rocher. Quand la mer est mauvaise, le bruit produit par le vent dans cette caverne est si violent que les hommes ne peuvent dormir. L'un d'eux fut frappé d'une telle frayeur que ses cheveux blanchirent en une nuit.

Un jour, c'est plus récent, deux drapeaux noirs flottèrent en haut du phare. C'était un signal de détresse. Des trois gardiens du phare, celui qui était de garde venait de s'ouvrir la poitrine avec un couteau. Ses compagnons avaient essayé d'étancher le sang avec de l'étoupe, mais sans y parvenir. Trois jours se passèrent sans qu'on pût leur porter secours. La mer était si rude et le débarquement si dangereux qu'on fut obligé de lancer le blessé au bout d'une corde dans un bateau venu à leur appel. Le blessé mourut quelque temps après. On constata qu'il s'était frappé dans un moment d'aliénation mentale. Le vertige de l'abîme monte à la tête des gens faibles.

En France, nous avons rarement d'exemples de folie. Nous savons prendre notre mal en riant, mais l'Anglais est trop sérieux!... Non, vrai, cela vous fait sourire. C'est, comment appelez-vous ça? un paradoxe, je crois. Eh bien, franchement, c'est la vérité.

Ce qui ajoute aux horreurs de cet emprisonnement au milieu des flots est de vivre avec des gens dont les goûts et les humeurs ne s'accordent pas toujours. Oh! je ne parle pas pour nous! D'abord ici, il y a la discipline. Mais quand on n'est que deux, par exemple, c'est bien plus difficile. Ainsi, je prends un des plus beaux phares d'Angleterre, celui d'Eddystone, en face de Plymouth. Ils ne sont que deux là-dedans. Jamais ils n'ont pu s'accorder. J'en ai connu un, — cela date des pontons — qui m'assura n'avoir jamais entendu causer son compagnon.

— Il était peut-être muet, lui demandai-je.

— Ma foi, fit-il, je n'en sais rien. Je ne lui ai jamais parlé !...

Et tenez, il me revient à la mémoire un fait historique qui s'est passé dans ce même phare d'Eddystone. Il finira dignement ce bavardage, qui ne doit pas avoir beaucoup d'intérêt pour celui auquel depuis six semaines on corne aux oreilles des récits de marins.

— Au contraire, il m'intéresse beaucoup, s'écria Paul qui tenait à se faire pardonner de Chasse-Marée.

— Un jeune homme, marin à bord du *Neptune* et dégoûté du métier, résolut un jour de se faire gardien de phare. Il n'aimait pas le travail outre mesure : la position de gardien dans un phare lui souriait mieux que celle de marin de l'État. Il entra donc à Eddystone, comme postulant, avec un engagement de six mois. Bons appointements, abondance de vivres, chaude retraite, vie facile. Que lui fallait-il de plus? Aussi cherchait-il vainement le motif qui avait pu contraindre ses prédécesseurs à quitter le service, et, ne le trouvant pas, il les avait rangés au nombre de ces gens que rien ne satisfait et qui ne sont bien que là où ils ne sont pas.

Le séjour du phare devant paraître quelquefois monotone, il fit quelques emplettes propres à le divertir. Il acheta un jeu de cartes, une boîte à musique et un livre de chansons.

Trois heures après son départ de Plymouth, la chaloupe le déposait à la tour d'Eddystone avec les provisions de la semaine, et il se trouvait seul avec son compagnon de garde.

Celui-ci était un vieil Écossais, hargneux, à la figure rébarbative, sombre et peu communicatif. Il lui fit pourtant les honneurs de sa nouvelle demeure qui lui convint. C'était encore heureux.

Comme il n'avait jamais vu de phare, il fut tout étonné de voir qu'une simple tour pût être emménagée comme un navire. C'était quatre chambres superposées et dominées par la lanterne. Celle du bas servait de magasin, celle du milieu de cuisine, la dernière de chambre à coucher. Le seul exercice qu'on pût se donner était de monter et de descendre; car il y avait trop peu de largeur dans chacune d'elles. Mais, enfin, on ne peut pas tout avoir!...

— Quand on a couru le monde, se dit-il, on est bien aise de rencontrer un tel asile! Que diable! il n'est pas agréable de faire le quart sur le pont d'un navire, par une nuit froide et pluvieuse, ballotté par le tangage et le roulis, ou bien de grimper dans la mâture pour prendre des ris pendant un coup de vent. Maudit *Neptune!* m'en as-tu fait voir de dures? Pendant trois semaines pour te sauver, il a fallu vivre au milieu de fatigues continuelles, sans ôter nos vêtements, sans pouvoir dormir une heure. D'un côté, la mer avec ses lames courtes et dures, de l'autre, la brise aiguë qui nous fouettait le visage et les mains. Jour et nuit aux pompes, quand on n'était pas à la manœuvre! Et pas de provisions! Tandis qu'aujourd'hui, je n'ai qu'à entretenir une lampe et à veiller pendant quelques heures dans un bon fauteuil. Un bon lit, une bonne nourriture m'attendent à l'abri des tempêtes. Il n'y a que mon camarade qui ne soit pas bon! C'est une éducation à faire.

Voilà ce que se disait le nouveau gardien le premier jour, ne se doutant pas que bientôt il regretterait la destinée à laquelle il se félicitait d'avoir échappé, et qu'il ne tarderait pas à échanger son bien-être contre les plus dures épreuves de la vie de matelot.

Les veillées de nuit se faisaient par moitié. Jusqu'à minuit, c'était le tour du vieux. A minuit, il descendait se coucher, et notre héros prenait sa place jusqu'au matin.

Une nuit, il s'ennuya, et pour se distraire descendit chercher un verre de grog. L'Écossais avait le sommeil très-léger; il l'entendit et se leva avec effroi :

— Qu'y a-t-il? La lampe est éteinte!
— Mais non, j'ai soif et je viens chercher à boire!
— Quoi, vous osez?...

Et le vieux se précipita dans l'escalier pour aller reprendre le poste abandonné. L'Anglais, — je l'appelle ainsi puisque l'autre était Écossais, — fit son grog, alluma sa pipe, fit aller sa boîte à musique et remonta sans se presser. L'Écossais ne bougea pas; mais sur l'assurance du nouveau gardien qu'il n'abandonnerait plus son poste, il alla se recoucher.

L'Anglais s'arrangea dans son fauteuil et s'endormit pour ne se réveiller qu'au jour.

L'Écossais lui tint ce langage :

— Jeune homme, vous avez navigué. Vous savez qu'on ne doit pas quitter son poste, quand on est de quart. Un phare est un vaisseau. Il n'est pas exposé à la tempête, c'est vrai; mais, si le phare se dérangeait et cessait d'avertir les marins, que deviendraient les hommes qui comptent sur sa lumière pour les guider sur les flots? Si, par votre négligence, un navire se perdait sur les rochers qui nous entourent, la mort de chaque homme pourrait nous être imputée à crime. Nous serions des assassins, des meurtriers....

L'Anglais haussa les épaules et lui tourna le dos.

Je ne vous raconterai pas la vie de ce malheureux jeune homme. Il en vint, comme je vous l'ai fait pressentir, à regretter son vaisseau. J'arrive au fait capital, afin de bien vous démontrer le mal que peut faire la négligence d'un gardien de phare.

L'Anglais s'endormait toutes les nuits dans la lanterne. Le vieillard le surprit et lui fit de nouveaux reproches. Il lui raconta même l'histoire d'un malheureux gardien, qui s'étant endormi laissa la lanterne prendre feu. Le plomb fondu tomba dans sa bouche et l'étouffa.

Mais rien ne fit, ni reproches, ni menaces. Le jeune homme s'ennuyait de cette vie, et il voulait s'en aller. Le vieillard fit son rapport, la première fois que le canot vint apporter des provisions, et ne pouvant compter sur son camarade fit la veillée tout seul.

Une nuit, le malheureux Ecossais l'appela à son secours. Quand l'Anglais arriva près de lui, il était trop tard, le vieillard dont les forces étaient épuisées venait de s'éteindre comme une lampe sans huile, victime de son devoir à son poste.

Le jeune homme restait seul dans le phare avec un cadavre dont l'œil hideux semblait lui dire encore : n'oubliez pas mes recommandations ! Ce cadavre lui fit tellement peur qu'il courut se cacher dans sa chambre, dont il n'osa pas sortir de la journée, même pour faire des signaux de détresse. La peur l'avait rendu presque fou.

La journée s'écoula. Ce n'était qu'un jour, mais il dura un siècle. Le soir vint. Il ne songea même pas à allumer la lampe, mais quand le sentiment du devoir lui revint, il n'osa pas, tant l'idée de demeurer auprès du cadavre le remplissait de terreur.

La nuit vint, une nuit épouvantable. Il se tint auprès d'une croisée ouverte suivant de l'œil les vagues qui se brisaient contre le rocher avec le bruit du tonnerre et en flots d'écume phosphorescente. Soudain il lui sembla voir une lumière du côté d'où soufflait le vent ; elle disparut, se montra de nouveau, et il acquit bientôt la certitude que c'était le fanal d'un vaisseau caché, puis démasqué par l'ondulation de la mer. Il naviguait vers l'écueil sur lequel est élevé le phare.

Sa stupeur, son apathie se changèrent en colère.

— Lâche ! fit-il, c'est toi qui seras cause de la destruction de ce navire. Monte allumer ta lampe, misérable, mais monte donc !

Et le cadavre se dressait devant lui, et la peur le reprenait, et ses yeux agrandis par la fièvre semblaient dévorer le vaisseau qui comptant sur la lumière du phare venait se heurter contre cette ancre de salut qui allait devenir son tombeau.

Cependant il brava l'horreur que lui inspirait le cadavre et monta, mais la lampe n'était pas arrangée. Il n'y avait pas d'huile. Il lui fallait une demi-heure pour réparer ce mal causé par sa négligence, et dans quelques minutes le navire serait sur l'écueil.

Le fanal arrivait rapidement. Il perdit tout sentiment. Quand le vaisseau ne fut plus qu'à une encablure du phare, il se roidit et poussa un cri de désespoir. Le bruit de la vague domina sa voix. Mais la lumière dévie, sans doute le timonier a vu l'écueil et change la position du gouvernail, trop tard ! Il entendit le heurtement des vergues contre les mâts et le claquement des voiles. Une d'elles, détachée de sa ralingue, disparut dans l'air, vint frapper le malheureux au visage et l'envelopper comme d'un linceul. Presque au même moment, la lumière disparut, un fracas se fit entendre, puis un instant de silence. Enfin les cris de l'équipage, le tintement de la cloche d'alarme, et ce fut tout. Hommes, navire, marchandises, tout s'était englouti dans les flots.

Le gardien lâcha l'appui de la fenêtre et tomba évanoui. Quand il s'éveilla, le jour venait de paraître. Il tâcha de se fortifier contre le souvenir de la nuit et crut que c'était un mauvais rêve. En effet, la mer était calme, et rien ne faisait présager qu'un vaisseau avait pu se perdre sur un récif protégé par un phare.

Mais la conscience se révolte quand le raisonnement lui impose silence. Le remords ne tarda pas à s'emparer du jeune homme, et une voix qui lui criait : Assassin ! meurtrier, le poursuivait sans cesse. Il lui semblait que c'était encore la voix de l'Ecossais.

Heureusement que ce jour-là, on put débarquer, et la chaloupe apportant des provisions amena avec elle deux matelots et l'inspecteur du phare. Ce dernier fit des reproches au gardien de s'être endormi pendant sa veillée, lui infligea une forte punition et lui demanda où était l'Ecossais.

— Mort, dans la lanterne, répondit-il sans lever les yeux.

En voyant sa prostration, sa pâleur, son air hébété, chacun crut à un crime. On monta dans la lanterne et on trouva le corps de l'Ecossais. Une enquête s'en suivit, mais le gardien fut bien vite reconnu innocent et révoqué pour sa négligence.

Aujourd'hui il est fou, et, dans sa folie, il raconte ce qui s'est passé et que personne ne veut croire. En effet, dans cette nuit, on avait vu briller un fanal dans l'ombre. Ce fanal qu'on avait pris pour la lumière du phare n'était autre que celui du navire échoué sur le roc d'Eddystone.

Vous voyez, monsieur Paul, quel mal nous pouvons faire aux vaisseaux par notre négligence. Jugez par là des services que nous pouvons leur rendre.

Paul serra la main de tous ces braves gens avec beaucoup d'émotion. Il voulait leur parler mais ne trouvait rien à leur dire.

Les gardiens eux aussi étaient très-émus. Ils aimaient Paul et s'étaient habitués à lui, puis ils le remerciaient tout bas de leur avoir fait parcourir cette mer qu'ils avaient quittée à regret, d'avoir réveillé des souvenirs toujours chers à ceux qui vivent du passé, de leur avoir procuré enfin de bonnes soirées, si monotones quand ils sont livrés à eux-mêmes.

Chacun était triste. Paul devait partir le lendemain, et cette soirée étant la dernière, on eût voulu la prolonger par de nouveaux récits, mais personne ne songeait à parler. On se sépara avec plus d'affection que de coutume, mais aussi avec plus de regrets.

Le lendemain, après des adieux touchants, Paul, son oncle et Clinfoc retournèrent à Royan. Le jeune homme n'était pas assez guéri pour reprendre la route de Paris. Il fut obligé de passer l'hiver auprès de son oncle. Celui-ci ne s'en plaignit pas.

Enfin le jeune homme dut partir, mais il profita d'une belle journée pour retourner à Cordouan. Chacun des gardiens lui promit de nouvelles anecdotes s'il voulait rester. Le père La Gloire lui demanda de le prendre à son bord dès qu'il serait officier, Anténolle voulait être son matelot, Cartahut son ordonnance. Yvonnec seul ne dit rien, mais il regardait avec émotion la jolie et mâle figure de Paul, sur laquelle on pouvait lire avec certitude tous les bons sentiments qui germent dans une âme loyale. Chasse-Marée était de tous le plus ému, et il fit promettre au capitaine de lui donner des nouvelles de son neveu.

FIN.

TABLE DES CHAPITRES

La Tour de Cordouan.. 1

CHAPITRE PREMIER. — Récit de Chasse-Marée. — Chasse-Marée, mousse à bord du *Brûle-Gueule*. — La *Preneuse* et le capitaine l'Hermite. — Vaisseaux anglais au mouillage. — L'Ile-de-France. — Croiseurs anglais. — Combat. — Madagascar. — La baie de Lagoa. — Combat de nuit. — Fuite. — Combat contre le *Jupiter*. — Après la bataille. — Tristesse à bord. — Retour à l'Ile-de-France. — La chasse. — Combat désespéré de la *Preneuse*. — L'Hermite fait prisonnier. — La *Preneuse* est coulée. — Les pontons. — Combat d'un Breton et d'un nègre. — Évasion. — Retour de Chasse-Marée au ponton. — Le *Triton*, corsaire. — Saint-Mâlo. — Abordage du *Kent*.............. 53

CHAPITRE II. — Paul et le docteur. — Le vaisseau *le Suffren*. — Un mousse à bord. — Abordage de deux vaisseaux. — Ouragan la nuit. — Le mousse se sauve dans un canot. — Ile inconnue. — Les caïmans. — Réception du mousse par les sauvages. — Sa peur d'être mangé. — Les sauvages le poursuivent. — Retour à bord. — La *Pauline*. — Les baleiniers. — La chasse à la baleine. — La Tastanie. — Hobart-Town. — Un homme à la mer ! — Le grand baleinier. — Conte fantastique raconté à bord. — Le Diable et le capitaine Bon-Œil. — Les îles Chatam. — Une baleine et son cafre. — La vengeance d'une baleine. — La Nouvelle-Zélande et la baie des Meurtriers. — Les sauvages à bord et les Français à terre. — Le capitaine Marion. — Assassinat du capitaine et de ses matelots. — Combat des sauvages contre les Français. — La goëlette *la Gloire*. — Iles Marion et Clozet. — Naufrage. — Chasse aux pingouins. — Construction d'une barque. — Abordage de deux navires pendant la nuit sur les côtes d'Angleterre...................... 103

CHAPITRE III. — Cartahut. — L'escadre en route pour la Crimée. — Les Dardanelles. — Le désastre de Sinope. — La déclaration de guerre. — Bombardement d'Odessa. — Le *Tiger* à la côte. — Batchich et Varna. — Le choléra. — Débarquement des troupes. — L'Alma. — Transport des blessés. — L'armée en marche. — La baie de Kamiesh. — La flotte et l'armée devant Sébastopol. — Attaque des forts par l'escadre. — La *Ville de Paris*, maltraité par les obus ennemis. — Les marins à terre. — Leurs batteries. — Bataille d'Inkermann. — Le siége. — Naufrages. — Le *Henri IV* et le *Pluton*. — Eupatoria : sortie des Russes. — Les Cosaques sur les côtes. — La mer d'Azof. — La *Tchernaia* et *Traktir*. — Assaut et prise de Malakof. — Retraite des Russes. — La *Sémillante*. — Tombeau des naufragés.................. 159

CHAPITRE IV. — Rabamor. — Rabamor et le Rouget. — L'île Poulo-Pinang. — Lutte de Rabamor et d'un Indigène. — Sa fuite. — Les pêcheurs Malais. — L'île Maurice. — Bornéo. — Capture d'un vaisseau chinois. — Un matelot

pris par un requin. — Les jungles. — Un orang-outang. — Chasse au tigre.
— Les petits éléphants chasseurs. — Excursion dans l'île avec les insulaires.
— Leur trahison. — Combat. — Retour. — Le brick le Pinson. — La mer
Rouge. — Les Seychelles. — Chasse au Crocodile. — Bombay et Goa. —
Conspiration à bord. — Mort du Rouget. — Attaque des pirates. — Le Pinson
à la côte. — Débarquement. — Inhumation du Rouget. — Le rocher forte-
resse. — Nouvelles attaques des Indiens. — Une frégate anglaise. — Dernier
combat avec les pirates... 211

CHAPITRE V. — Le Breton Yvonnec. — Les naufrageurs de la Bretagne. —
Naufrage du *Colibri*. — Les vaches porte-falots. — Les pilleurs de mer en
Écosse. — Les côtes de la Bretagne. — Les lutins. — Le *Korigan* et le *Drac*.
— Le *Doub'e*. — Saint-Malo et les chiens du port. — Le Breton recueilli par
un vieux pêcheur. — En Islande. — Le tour du monde. — Jaffa, Ophir, les
Cyclades, l'Afrique, les pôles, les Lapons. — Le Gobelin, lutin des navires.
— La statue de Saint-Antoine. — Les Hirondelles. — Le Voltigeur-hollandais.
— Le grand Chasse-foudre. — Le voyage fantastique. — Un village du Cal-
vados. — Retour au village. — La fiancée de 70 ans. — La 1re communion
de la sœur du matelot... 269

CHAPITRE VI. — Anténolle. — La *Blanchette*, navire négrier. — Tombaleau.
— La *Dorade* et les poissons volants. — Le canal de Mozambique. — Les tigres. — Un canot attaqué par une tigresse. — Zanzibar. — Les nègres. —
Zanbalah et son frère, prisonniers à bord d'un navire portugais. — Le Sénégal. — Vengeance d'un nègre. — Un ras de marée à Saint-Denis. — La douane
arabe à bord de la *Blanchette*. — Un navire négrier chassé par les Anglais. —
Les Arabes poursuivent la *Blanchette*. — Mascarade à bord. — Révolte des
nègres. — Naufrage. — Construction d'un radeau. — Fuite des officiers. —
Les nègres et les requins. — Dans la forêt. — Le boa. — Combat avec un
navire anglais. — Les chaloupes anglaises. — La ruse des barriques. — Le
mal de mer. — Bourbon. — Arrivée à Bordeaux......................... 315

CHAPITRE VII. — Naufrage du *Jean-Baptiste*. — La *Junon*. — Le vaisseau
sombre. — Les naufragés se réfugient sur les mâts et dans les hunes. — Le
radeau. — La faim. — Ceux qui meurent et ceux qui vivent. — La côte. —
Les indigènes. — A la nage. — Sur la grève. — Les gardiens des phares. —
Leur vie. — Le phare de Berk. — Son gardien sauve deux naufragés. — Le
phare d'Idingstone sous les vagues. — Un drame dans un phare. — Le mort
dans la lanterne. — Le vaisseau qui se brise sur les rochers du phare par
la faute du gardien qui n'a pas allumé. — Départ de Paul. — Adieux aux
gardiens. — Retour à Saint-Georges. — Paul et son oncle............. 367

FIN DE LA TABLE DES CHAPITRES.

CORBEIL. — Typ. et stér. de CRÉTÉ FILS.

www.ingramcontent.com/pod-product-compliance
Lightning Source LLC
Chambersburg PA
CBHW071905230426
43671CB00010B/1484